粤港澳大湾区
规划和全球定位

国世平◎主编

SPM 南方出版传媒 广东人民出版社
·广州·

图书在版编目（CIP）数据

粤港澳大湾区规划和全球定位/国世平主编. —广州：广东人民出版社，
2018.6（2019.5 重印）

ISBN 978 - 7 - 218 - 12743 - 9

Ⅰ. ①粤… Ⅱ. ①国… Ⅲ. ①城市群—区域经济发展—研究—广
东、香港、澳门 Ⅳ. ①F299.276.5

中国版本图书馆 CIP 数据核字（2018）第 078393 号

YUEGANGAO DAWANQU GUIHUA HE QUANQIU DINGWEI

粤港澳大湾区规划和全球定位

国世平 主编

出 版 人：肖风华

责任编辑：赵世平 郑 薇
封面设计：水玉银文化
责任技编：周 杰

出版发行：广东人民出版社
地　　址：广州市大沙头四马路 10 号（邮政编码：510102）
电　　话：(020) 83798714（总编室）
传　　真：(020) 83780199
网　　址：http://www.gdpph.com
印　　刷：佛山市浩文彩色印刷有限公司
开　　本：787mm × 1092mm　1/16
印　　张：18.5　字　数：240 千
版　　次：2018 年 6 月第 1 版　2019 年 5 月第 4 次印刷
定　　价：58.00 元

如发现印装质量问题，影响阅读，请与出版社（020 - 83795749）联系调换。
售书热线：(020) 83795240

作者名单

主　　编：国世平　李　橙
副主编：吉　洁　赵根宏

第一章　国世平　王　栋
第二章　魏　伟
第三章　吉　洁　潘　凤
第四章　范逸男
第五章　蔡凌楠
第六章　赵根宏
第七章　国　际
第八章　李　橙
第九章　陈丽娟
第十章　方　媛

序

粤港澳大湾区为我国带来新机遇

2017 年 3 月 5 日，李克强总理在《政府工作报告》中首次提出要研究制定粤港澳大湾区城市群发展规划，这使得粤港澳大湾区成为现实，从地方战略层面一下提升到国家战略层面。如果说纽约湾区、旧金山湾区、东京湾区是全球湾区经济发展的典范，那么，在珠江三角洲地区出现的我国第一个湾区经济——粤港澳大湾区，将成为我国发展湾区经济的实验者，给我国推行湾区经济带来新的机会。广东将不再叫"广东省"，而是叫"广东都市群"。2018 年 3 月 22 日，李克强总理在十三届全国人大一次会议上作《政府工作报告》时，将粤港澳大湾区纳入 2018 年政府工作建议，建议出台实施粤港澳大湾区发展规划，全面推进内地同香港、澳门互利合作。

粤港澳大湾区将成为世界上最大的湾区经济带

粤港澳大湾区将我国发展潜力最好的城市包括在内，我们可以看到，珠江三角洲 9 个城市在全球的地位令人震惊：广州已经赶超新加坡，深圳已经赶超香港，珠海与意大利的佛罗伦萨相当，佛山直追阿姆斯特丹，东莞已经超过拉斯维加斯，中山已经超过日内瓦，惠州已经超过德国不莱梅，肇庆与英国的利物浦相当。可以肯定，粤港澳大湾区一旦建立，必然超过纽约湾区、旧金山湾区和东京湾区世界三大湾区。

粤港澳大湾区拥有金融中心的支持

从世界三大湾区来看，一个最大的优势就是都有金融中心：东京是国际金融中心，纽约有华尔街国际金融中心，旧金山的金融也非常发达。经济高速发展的大湾区经济，没有金融作为支撑，经济的可持续发展是不可能的，因为金融中心可以给大湾区经济提供巨量的资金支持，而且使用资金的成本最低。粤港澳大湾区和世界上公认的三大湾区经济比较，金融优势非常明显：首先，香港作为国际金融中心，其地位超过东京，一直服务世界，尤其服务亚洲，今后，香港完全可以给粤港澳大湾区提供强有力的资金支持。其次，广州作为区域性的金融中心，在服务珠江三角洲地区的过程中发挥了重要作用。再次，深圳作为区域性金融中心，其金融地位完全不逊于北京和上海。深圳的交易所、私募股权基金、风险投资基金、创业投资基金等都处在全国的前列。香港、广州和深圳三大金融中心可以给粤港澳大湾区提供源源不断的资金支持，同时也给泛珠江三角洲地区提供源源不断的资金支持。

粤港澳大湾区也为广东金融乃至全国金融的发展提供了新的机会。广东省有两个区域性金融中心深圳和广州，它们为珠江三角洲地区提供金融服务，可以在大湾区中发挥重要作用：一是深圳和广州可以成为香港金融的后援基地。粤港澳大湾区的建立，让香港、澳门、深圳和广州连成一片，香港作为国际金融中心，以粤港澳大湾区为基地，向全国金融提供服务，同时作为人民币的离岸中心，为全世界境外人民币提供结算服务。深圳和广州邻近香港，完全可以为香港提供金融后援服务；香港很多银行可以在深圳和广州结算；香港很多证券公司的结算，也可以放在深圳和广州。二是深圳和广州可以帮助香港融入粤港澳大湾区。香港是国际金融中心，几乎全世界的金融机构都将亚洲总部放在香港，都希望通过香港来为中国各地金融提供服务。然而，香港与内地金融体制不同，金融的服务方式也有差别，完全依靠香港，往往效果不理想。香港如果通过深圳和广州中转基地来投资内地金融，会收到非常好的效果。

粤港澳大湾区以开放、自由作为基础

纽约湾区、旧金山湾区和东京湾区最重要的共同点就是开放型经济，不仅商品和服务可以自由进出湾区，资金、人才等要素也能在湾区内外自由流动，资源配置和经济效益都处于最高水平。三大湾区的空港体系完善，对外贸易发达，关税等贸易壁垒及资本管制相对较低，为湾区发展开放型经济奠定了基础。此外，三大湾区的管理部门对市场偏向引导和风险防范，强调"无形的手"的作用。再者，三大湾区与国际市场联系紧密，多层次参与国际分工，是全球价值链、供应链的重要节点。

与国内其他城市群和经济区相比，粤港澳大湾区是中国最开放的区域。首先，香港是世界开放程度最高的自由贸易港，大部分商品可以免税进出香港，对近170个国家和地区免签，对外汇的管理也十分宽松。其次，澳门经济也高度开放，外汇管制相对较低，对近130个国家和地区免签，人员往来便利且限制较低。再次，珠江三角洲作为港澳地区的经济腹地，一直采取非常开放的政策，贸易的绝大部分是对外贸易。广州长久以来是华南地区对外贸易的枢纽，深圳更是我国对外开放的示范窗口。总体而言，粤港澳大湾区的对外贸易水平和对外开放程度在国内处于领先地位，具备发展成为世界一流湾区的基础条件。

粤港澳大湾区会形成强大的辐射动力器

粤港澳大湾区经济作为我国最重要的湾区经济，会成为一个强大的辐射动力器，产生的效益绝不可能只是一加一等于二，而是一加一等于三、等于四的放大效应。粤港澳大湾区本身的构造可以分为三个层次，形成差异化叠加效应：核心层次是珠三角的9个城市加上香港和澳门，也就是通常说的"9+2城市群"。据初步测算，这一核心区域2016年经济总量超过9.11万亿元，约1.37万亿美元，其中珠三角9市合计近6.8万亿元，正在逐步接近全球发达湾区经济体经济规模；第二个层次主要是广东省欠发达城市，具体包括汕尾、汕头、揭阳、河源、阳江等广东其他地区，尽管这些区域目前处于欠发达状态，但它们为粤港澳大湾区提供了广阔腹地；第三个层次可以延伸到福建、广西、海南和江西，依托东南沿海湾区资源，以粤港澳大湾区核心区为核心，以厦门湾区为东翼、北部湾区为西翼，形成"一核引领、双翼齐飞"的发展态势，并带动湖南、贵州、云南、四川等区域的发展。

粤港澳大湾区经济带的建立，将为广东省经济的进一步发展提供广阔的空间。深圳和广州作为全国的科技中心，可以为这些地区提供科技支持。在北京、上海和深圳的科技竞争力比较中，深圳排在第一，而我国工业目前开始朝3.0、4.0迈进，急需科技力量的支持，巨大的科技需求为深圳和广州的科技发展提供巨大的市场空间。

深圳和广州作为全国的物流中心，这些地区的对外海运，完全可以通过深圳和广州来运出去。深圳的盐田港是世界上最大的港口之一，也是世界单港集装箱吞吐量最高的码头之一，装货、卸货速度非常快，完全可以为这些地区提供海运支持。广州港是华南最大综合性枢纽港，也可以发挥同样的作用。

此外，深圳和广州作为我国的文化产业中心，由于粤港澳大湾区的建立，会吸引越来越多的文化项目落户深圳和广州，吸引越来越多的文化人才来到深圳和广州工作。深圳和广州拥有中国最大的文化交易市场，文化产业的市场化程度非常高，在粤港澳大湾区经济带形成后，深圳和广州文化产业的发展空间会无限扩大。

国世平

深圳大学当代金融研究所所长、教授、博士生导师

目　录

第二章　世界三大湾区发展概况

第三章　粤港澳大湾区经济与世界上其他湾区经济的比较

第六章　粤港澳大湾区的经济空间结构

第一章

绪　论

全球区域经济一体化是粤港澳大湾区经济提出的全球背景。区域经济一体化的概念可以定义为：为了维护共同的经济和政治利益，互相邻近的两个或两个以上的国家或地区，通过政府间的条约或协定，制定共同的政策、措施，使行动准则统一化，甚至各国让渡部分国家主权，建立共同机构，长期而稳定地行使超国家力量，进行经济调节，达成经济甚至政治上的联盟。

2017 年十二届全国人大第五次会议上，李克强总理宣布，将建立粤港澳大湾区经济，给粤港澳地区带来重大的利好消息。

2017 年 7 月 1 日，在国家主席习近平的见证下，香港特别行政区长官林郑月娥、澳门特别行政区行政长官崔世安、国家发展和改革委员会主任何立峰、广东省省长马兴瑞在香港共同签署了《深化粤港澳合作推进大湾区建设框架协议》。

全球区域经济一体化是粤港澳大湾区经济提出的全球背景。区域经济一体化的概念可以定义为：为了维护共同的经济和政治利益，互相邻近的两个或两个以上的国家或地区，通过政府间的条约或协定，制定共同的政策、措施，使行动准则统一化，甚至各国让渡部分国家主权，建立共同机构，长期而稳定地行使超国家力量，进行经济调节，达成经济甚至政治上的联盟。① 区域经济一体化给经济增长带来的绝不只是一加一等于二，是一加一等于三、等于四。

一、粤港澳大湾区建立的背景

粤港澳大湾区由广州、深圳、珠海、佛山、惠州、江门、东莞、肇庆、中山 9 个珠三角城市和香港、澳门两个特别行政区组成，区域面积约 5.6 万平方公里，人口约 6600 万。

在粤港澳区域经济一体化的过程当中，香港与澳门作为国际大都市，在企业融资、公司管理以及信息技术等方面，与广东地区相比具有较为明显的比较优势，然而港澳经济发展受制于地理空间与自然资源的限制，因此与广东地区丰富的自然资源、劳动力、土地等生产资料形成互补。粤港澳大湾区的建立，有经济、政治和社会三个方面的背景。

---

① 康学芹：《粤港澳增长三角次区域经济一体化研究》，中国社会科学出版社，2014 年版。

（一）粤港澳大湾区经济建立的经济背景

区域经济一体化的一个最直接的动机，在于突破各区域各自面临的经济发展瓶颈。对于广东地区而言，当前面临的主要问题在于生产要素成本的上升，产业结构高度化动力不足，以及产业同质化严重。对香港而言，最大的问题在于有限的空间使得地价不断上涨，从而迫使制造业迁离，造成香港工业空洞化。另一方面，香港的房地产大亨利用房价上涨所带来的资金优势垄断民生行业，使得中小企业难以拓展经营。过高的地价同时也会增加初创公司的成本，严重制约高科技产业、文化产业等高风险、回报周期长的企业发展，使香港产业空洞化的现象进一步恶化。对澳门而言，博彩旅游为其主导产业，然而过于依赖博彩业所带来的产业结构单一化，以及由博彩业所带来的一系列社会负面效应，也是不得不克服的一大难题。

我国改革开放以来，广东省和香港、澳门迎来快速发展时期，就是因为广东省和香港、澳门进行了最紧密的合作。

改革开放后粤港澳经济合作大致经历了四个阶段：

（1）1979—1982 年的试点合作阶段。港澳资本主要以家族企业方式投入到特区当中的旅游、娱乐等领域。

（2）1984—1992 年的工业合作阶段，即形成"前店后厂"的珠三角经济发展模式。

（3）1993—1999 年的深入合作阶段。香港、澳门的先后回归以及亚洲金融风暴影响下珠江三角洲经济的"软着陆"，促使粤港澳的经济合作达到高峰，港澳资金大量涌入广东金融和房地产等领域。

（4）2000 年以来的全面合作阶段。广东对港澳的单向依赖减弱，开始承接香港部分服务业发展，粤港澳逐渐成为相互依赖的区域经济整体。①

"十一五"规划当中有一个重要纲要是"积极参与国际区域经济合作机

---

① 周运源：《粤港澳经济非均衡发展趋向一体化研究（粤港澳区域合作研究丛书）》，中国社会科学出版社，2011 年版。

制；积极参与多边贸易、投资规则制定，推动建立国际经济新秩序"。"十二五"规划纲要中提出"坚持扩大开放与区域协调发展相结合，协同推动沿海、内陆、沿边开放，形成优势互补、分工协作、均衡协调的区域开放格局"。① 2003 年 6 月 29 日，中央政府与香港特别行政区政府在香港共同签署了《内地与香港关于建立更紧密经贸关系的安排》；2003 年 10 月 17 日与澳门特别行政区政府在澳门共同签署《内地与澳门关于建立更紧密经贸关系的安排》。CEPA 与《内地与澳门关于建立更紧密经贸关系的安排》有别于跨太平洋伙伴关系协定（TPP）当中的发达国家与发展中国家主权国家间的合作，粤港澳区域合作是基于"一国两制"之下的具有中国特色的发展模式，为人类多元化发展提供了宝贵的经验。

1997 年亚洲金融风暴席卷泰国，并在此后打击了亚洲众多国家与地区，国际资本纷纷逃离香港等亚洲主要资本市场。然而在 2008 年次贷危机当中，香港虽然受到了一定冲击，但同时也成了世界资本的避风港，并借此巩固了自身作为世界金融中心的地位。香港抗风险能力的提高与中国内地经济的繁荣密不可分，同时 CEPA 等一系列协议使得香港可以在内地的全方位支持下，集中精力把握中国内地与世界经济发展过程当中的机遇，并从容应对国际上的各种挑战。

自 CEPA 实施以来，粤港澳三地在区域经济一体化的进程当中取得了一定成果，然而在金融领域合作方面仍存在以下几点问题：其一，人民币现金脱离银行体系跨境流通的现象依然存在；其二，票据结算方式单调，实时支付系统优势不明显；其三，广东银行在引进境外金融机构参股方面滞后，香港银行在参股广东银行方面尚无实质性运作；其四，监管部门合作层次低，缺乏制度创新，金融业缺乏制度性的合作与协调。② 这类问题归根到底来源于"一国两制"制度下两种不同的制度对双方经济合作造成的阻

---

① 《中国中央关于制定国民经济与社会发展第十二个五年规划建议》，《文汇报》2011 年 3 月 17 日第 7 版。

② 周运源：《粤港澳经济非均衡发展趋向一体化研究（粤港澳区域合作研究丛书）》，中国社会科学出版社，2011 年版。

碍，也就是接下来要探讨的粤港澳大湾区的政治背景。

（二）粤港澳大湾区经济建立的制度与法律背景

1997 年之后香港与澳门相继回归祖国，然而作为特别行政区，香港、澳门在经济制度与司法体系上与中国内地存在较大的差异：在经济制度上，香港与澳门分别作为单独关税区，独立于内地的税务条例；在司法体系上，澳门的法律制度以内陆法为根基，而香港的法律制度在《香港特别行政区基本法》的担保下继续以普通法为依归，并由条例、习惯法等本地法例为补充，因而与内地法律体系截然不同。内地法律体系经过三十多年的努力日趋完善，然而香港、澳门的一些主要产业（如服务业）的相关立法仍存在较大的改进空间。为了寻求司法上的协调合作，为区域经济发展铺平道路，中央一直寻求制定适应于粤港澳客观条件、与中国国情的一系列法律法规和与国际接轨的经济政策，将粤港澳大湾区融入到"一带一路"全球战略之中。同时，为了继续深化粤港澳经济联系与合作，港澳政府也尝试突破现有行政体制阻碍，为实现粤港澳大湾区的产品和生产要素自由流动提供最大限度的优惠和便利条件，减少双方在"一国"与"两制"问题上的分歧。

（三）粤港澳大湾区经济建立的社会背景

按照国际法的定义，国家的边界是指划分一个国家领土和另一个国家的领土，或一个国家的领土和未被占领的土地、一个国家的领土和公海以及国家领空和外层空间的想象的界限。边界是有主权国家行使其主权的界限。边界两侧的人们在各自主权之下逐渐形成独具特色的生活习俗、社会风气与语言文化。边界的显性屏蔽效应主要体现在边界两侧彼此间的戒备心理和由此产生的一系列贸易壁垒。在经济全球化的影响之下，大部分国家的边界显性屏蔽效应逐渐下降，然而人类作为群居动物，在集体意识与民族荣誉等社会属性的号召下，会使当初基于保护主义而设置的贸易壁垒等显性屏蔽效应逐渐转型为隐性屏蔽效应，即在心理、文化、风俗、语言、意识、价值观等人文方面的差异及由此而产生的行为差异所导致的边界两侧之间的隔阂。在粤港澳大湾区当中，广东毗邻港澳，港澳同胞80%祖籍在广东省，而粤语作为香港与澳门特别行政区的通行方言，在中国内地粤语核心地区广东省近8000万的本地人口中，使用者近4000万。① 相近的人口特征与语言体系使得广东与香港、澳门之间的隐性屏蔽效应大为弱化。然而，由于过去英、葡两国的殖民统治以及中国在探索社会主义建设道路中遇到的挫折而产生的文化差异，回归后"一国两制"所带来的粤港澳三地之间的制度差异，以及西方资本主义与具有中国特色的社会主义之间的冲突所带来的文化与价值观差异引起的隐性屏蔽效应，在一定程度上也会阻碍三方经济与社会领域的相关合作。

二、建立粤港澳大湾区经济的战略意义

自香港与澳门回归以来，中央高度重视粤港澳三地合作机制的建设，粤港澳之间的经贸关系也随着改革开放，大致经历了四个阶段而不断深化加强。2017年3月5日召开的十二届全国人大五次会议上，李克强总理在政府工作报告中提出，"要推动内地与港澳深化合作，研究制定粤港澳大湾区城市群发展规划，发挥港澳独特优势，提升在国家经济发展和对外开放中的地位与功能"，意味着粤港澳经济合作从2017年开始进入一个新的阶段，即从区域经济合作上升到国家战略。

（一）建立粤港澳大湾区的经济意义

半封闭边界条件下的合作模式一般有通道型、口岸型、跨境经济开发

---

① 资料来源于广东省人民政府（http: // www. gd. gov. cngdgksqgmrkyy201303/ t20130312_176012. htm）。

区型的经济活动。① 粤港澳过往的合作从形式上来看属于半封闭状态下的跨境经济开发区型，其特征为在生产要素相互流通的经济一体化趋势之下，以商业贸易为主的边界合作模式往往不能满足各方经济发展的需求，因此相关国家一般以口岸为基础，适当拓展商业范围，将口岸所在的地区建设成为集边界贸易、市场、投资于一体的自由贸易区与口岸开发区，形成边界经济跨国界合作的产业集聚区域。② 粤港澳大湾区的成立从经济战略层面上来看，有助于在粤港澳三地形成全面开放的经济体系与高效的资源配置能力，成为对外沟通的窗口，促使珠三角区域整合进入新的阶段。

广东最近几年正在进行大规模的产业结构调整，在大力提升传统产业的同时，加速打造以云计算与人工智能为代表的高新技术产业与基于移动互联网的高级服务业。过去发展相对滞后的珠江西岸地区也将随着港珠澳大桥等基础设施的竣工而逐步繁荣，有望成为广东继广州、深圳外的第三个经济增长点。对于广东企业而言，粤港澳大湾区的建设可以使其充分利用港澳高度国际化的优势，一方面更容易从世界资本市场中募集资金，另一方面也可以借助港澳的技术、管理与服务上的优势，加快企业国际化的进程，进一步拓展国际市场。同时广州、深圳两地地处"海上丝绸之路"的战略要地，在粤港澳大湾区的框架当中，也会获得叠加优势，对珠三角经济区的发展以及"海上丝绸之路"的建设发挥积极作用。对于香港而言，香港公司在筹资、项目运营和管理等方面具有优势，可以配合粤东基础设施建设方面的发展，与"一带一路"倡议相辅相成，在缓解粤港澳经济同质化严重所产生的内部竞争问题的同时，在内地的国际经济战略布局当中"搭顺风车"，为自身带来更多的发展机遇。

---

① 张建中、张兵、陈瑛：《边界效应与跨国界经济合作的地域模式——以东南亚地区为例》，《人文地理》2002 年第 1 期。

② 张旭华：《跨境经济合作区的构建与中国的跨边境合作策略探析》，《亚太经济》2011 年第 4 期。

（二）建立粤港澳大湾区的政治意义

从政治层面看，进一步深化粤港澳合作的一大难点在于粤港澳处在"一国两制"的框架之下，不同的政治制度使得城市间存在明显的行政边界与屏蔽效应。粤港澳大湾区的建设是真正意义上以经济为主导、打破政治壁垒的一次创新。当然，每次创新都会面临着反对的声音，譬如香港西九龙高铁站的建设就在"内地人员在香港境内是否应享有执法权"方面遇到很大分歧。另一方面，粤港澳大湾区建设的一个重点在于加强粤港澳在以大数据、云计算、人工智能、虚拟现实等为代表的高新技术产业合作，这需要中央针对三方的客观条件制定特殊政策，弥补港澳地区因地价、机会成本等因素遏制的高新科技产业的研究与开发。广东的工业与基础产业相对完善，同时拥有较为完整的科研体系，可以支持大量科技人才进行高新技术研发。但广东缺乏顶尖高校以及优秀科技人才，顶尖高校的不足导致科研资金相对于北京与上海而言有所欠缺。与之相对的，香港与澳门拥有众多国际顶尖高校，教学制度与西方接轨，同时对于知识产权有较为完善的法律保护，因此学术与科研成果可以及时商品化，从而获利。由此可见，粤港澳大湾区从政治上而言，将会引领政策为经济与创新服务的战略局面，为将来的其他区域经济体与创新企业的发展带来更多的机遇，开创中国经济发展历程中的新篇章。

对于中国而言，粤港澳大湾区的成立同时意味着十一届三中全会以来实施的改革开放政策将进入新的阶段。如今中国已经成为世界第二大经济体，是世界经济不可或缺的重要组成部分。粤港澳大湾区作为"一带一路"倡议的重要枢纽，粤港澳三地的政治角色也将从开放初期引入外部资金与技术的"引水渠"，转型为对外传述中国经济发展经验的"导师"。改革开放以来，面对复杂的世界政治经济形势，中国对外政策的核心在于"韬光养晦"；随着改革开放政策进入新的阶段，中国作为一个大国，有责任也有能力为后进国家展示出一条基于自身发展历程客观可行的和平发展道路，中国的政治视野也将会变得更加开阔。

（三）建立粤港澳大湾区的社会意义

广东、香港与澳门三地的旅游产业各具特色，广东省的旅游资源十分丰富，其中境内的5A级旅游景区（截止到2016年）有9处，分别是广州长隆旅游度假区、深圳华侨城旅游度假区、广州白云山风景区、梅州梅县区雁南飞茶田景区、深圳观澜湖休闲旅游区、清远连州地下河旅游景区、韶关仁化丹霞山景区、佛山西樵山景区以及惠州市罗浮山景区，而境内的4A级旅游景区则达到了61处。同时，广东省拥有国家历史文化名城7个，分别是广州、潮州、佛山、肇庆、梅州、中山以及雷州；省级历史文化名城16个。香港作为著名的国际城市，是亚太地区的交通中枢，拥有亚洲第一、世界第三大海港维多利亚港，以及诸多著名的地标景点，享有"东方明珠"的美称。同时，香港由于受到了英国文化的影响，形成了别具一格的中西合璧文化风格，对国内外游客而言具有较强的吸引力。澳门具有浓郁的葡萄牙文化风情，拥有包括大三巴牌坊、妈阁庙等在内的二十多处著名历史建筑。同时作为中国境内唯一合法的博彩地区，澳门拥有诸多颇具特色的娱乐场所，这成为澳门旅游业最大的优势。

近年来，随着中国经济的增长与对外开放程度的增加，越来越多的国人选择出国旅游。粤港澳三地虽然各自别具一格，然而在世界范围内来看不乏有力竞争者，譬如随着韩国济州岛对中国内地的免签，济州岛的博彩业分流了部分澳门的游客，而日本、欧盟与英国等发达国家对中国内地游客签证要求的放宽，也对香港的旅游业造成了较大冲击。粤港澳大湾区的建设对于三地旅游业而言将会是优势互补，从而产生文化领域上的协同效应。粤港澳大湾区旅游业的整合发展不仅在经济上具有重要意义，同时也会促进粤港澳三地人民之间相互交流与理解，化解彼此之间由于误解与偏见所造成的隔阂。

三、粤港澳大湾区经济的全球定位

湾区经济凭借开放的经济体系、高效的资源配置能力、强大的对外凝结效应和发达的国际网络，成为牵引全球经济引擎运转的重要增长极和推动技术革命的先锋。当前世界三大著名湾区中，纽约湾区打造出了世界金融中心华尔街，旧金山湾区诞生了世界创新中心硅谷，东京湾区的临港经济为日本贡献了约1/3的经济总量。根据2015年的统计数据显示，粤港澳大湾区所囊括的11个城市的GDP是旧金山湾区的两倍，接近纽约湾区的水准；进出口贸易则约为1.5万亿美元，大致是东京湾区的3倍以上；区域港口的集装箱吞吐量则达到7200万标箱，是三大湾区总和的5.5倍。①

从纽约湾区、旧金山湾区以及东京湾区的发展经验来看，打造粤港澳大湾区与打造全球其他区域经济体一样，其目的在于对该区域国际竞争力的提升。迈克尔·波特（Porter）认为，影响一个国家或地区竞争优势的因素包括生产要素、需求条件、相关产业和支持产业的表现、企业的战略、结构和竞争对手。政府在当中应起到催化剂的作用，鼓励甚至推动企业朝竞争优势方面努力，为优势行业创造环境而不是直接创造优势行业。同时，优势产业的建立与企业竞争力的源泉是创新，而创新则是由各种技术上的突破累积而成。② 由此可见，粤港澳大湾区的一个核心部分是引导企业向高新技术制造业发展，以领先的技术优势而不是传统的比较优势在全球经济中扮演创新领导者的角色，将科研成果与高新技术产业转化为区域经济体在全球当中的竞争优势。

除了技术创新，金融中心、商业中心与交通枢纽也是粤港澳大湾区建

---

① 颜彭莉：《粤港澳大湾区：全方位对外开放新坐标》，《环境经济》，2017 年。

② Michael E. Porter, *Competitive advantage: creating and sustaining superior performance*, FreePress, 1985.

设的核心目标。为了将粤港澳大湾区建设成世界范围内的金融中心，一个关键点在于人民币的国际化程度——一方面中国要积极推进跨境金融创新，逐步开展广东省境内金融机构与港澳地区之间的跨境人民币业务，另一方面充分利用"一带一路"倡议中资助沿线国家基础设施建设的相关项目，以人民币为基础设立相关的海外基金。商业中心的核心在于服务业，而成熟专业的服务业离不开会展业、旅游业的发展以及专业人才的培养。交通枢纽从客观上看依赖于所处的地理位置与交通状况。对于粤港澳大湾区而言，有香港和澳门两个自由港，有深圳和珠海两个经济特区，有南沙、横琴和前海蛇口三个自由贸易试验田，从客观条件上看，具备建设世界一流湾区与物流中心的基础条件。同时我们也必须承认，现阶段粤港澳大湾区与纽约湾区、旧金山湾区以及东京湾区等经过多年建设的区域经济体相比，仍有一定距离，而当中最主要的问题不在于资金与技术上的欠缺，而是反映在港澳与内地在两种政治制度、三种关税制度之下难以达成完全的互联互通上。另一方面，粤港澳大湾区之间的城市群目前缺乏各自可接受的明确分工——虽然粤港澳三者之间谁都不希望成为对方的"后花园"，但是不清晰的城市定位所带来的高度同质化问题将会为大湾区建设带来过多的内部竞争与损耗，反而阻碍了粤港澳大湾区的经济建设。

四、粤港澳大湾区与"一带一路"的战略关系

粤港澳区域经济合作随着中国的改革开放而逐渐加深，取得了丰硕的果实，并且在之后得益于"一国两制"的政策以及中国加入 WTO 所带来的新的发展机遇，粤港澳之间的合作水平达到了新的高度。但同时随着中国其他区域经济体，譬如上海浦东新区与雄安新区等国家级新区的迅速发展与国际化水平的提高，粤港澳经济圈的原有比较优势也在逐渐弱化。对于粤港澳大湾区而言，广东省经过多年的"前店后厂"经济发展模式，利用其拥有的资源奠定了在制造业与现代服务业的地位。然而随着劳动力成本

的提升以及资源与环境等因素的制约，粤港澳之间的传统区域经济合作模式面临着新的挑战。对于香港而言，内地新兴城市特别是上海等城市的快速发展，迫使香港传统产业结构必须进行转型升级以应对挑战。对于澳门而言，博彩业则是一把双刃剑——一方面娱乐场所为澳门带来了大量国内外游客，为当地经济高速发展做出了巨大贡献，而另一方面澳门经济模式的单一性以及博彩业所带来的外部性问题却驱动着澳门产业结构必须向多元化方向发展。

另一方面，中国其他区域经济体的飞速发展虽然为中国的经济增长做出了巨大贡献，然而随着时间的推移，各个经济体的建设已经达到了相对饱和的阶段，使得国内基础设施生产要素的边际效益逐渐下降，甚至可能会引发规模不经济的现象。为了妥善解决国内产能过剩的严峻考验，中国政府一方面采取开辟如雄安新区的新经济增长极，并通过各种渠道辐射到周围地区的政策，从而在提升生产要素边际效益的同时带动周围地区一同发展，即"先富带动后富"。中心城市的溢出效应在带动周边城市发展的同时，也会引起当地房价的上涨，可以有效缓解当前一线城市房价居高不下，二三线城市楼宇过剩的情况。另一方面，中国政府提出建设"一带一路"国家级顶层倡议，其直接的经济目的在于将国内现有过剩的产能以及已有的技术优势转移到经济相对欠发达的地区，在带动当地经济发展的同时，为国内各经济体与企业带来更为广阔的市场。

"一带一路"倡议的实施离不开与沿线各国相互之间的交流与合作，而对于内地很多民营企业，由于过去专注于国内市场，国际化意识往往并不强烈，在响应"一带一路"倡议的过程中就会发现，在会计制度、法律制度、社会责任等方面都与当地国家有所差异，增加了自身在国外运营的风险。与之相对的，香港与澳门许多机构由于在处理国际企业事务方面具有丰富经验，业务资质和审计手段能够获得国际的普遍认可。如果将粤港澳大湾区比喻成"一带一路"倡议当中的"桥梁"，那么"桥梁"的一端连接着世界，在中国"一带一路"开放过程当中起到重要的平台作用，推动粤港澳企业一同扎扎实实地"走出去"，以市场运作为主导实现合作共赢，另一端则连接着中国南部、中部和西部等广大腹地，将会以粤港澳大湾区作为中国经济增长极，以点带面辐射到珠三角的发展，进一步带动整个中西部地区的经济建设，打破国内东西部发展的不均衡现象，减少贫富之间的差距，从而在真正意义上实现"共同富裕"。

第二章

世界三大湾区发展概况

全世界存在着众多的湾区，据辐射力和影响力划分，可以分为世界级、区域级和城市级三类。纽约湾区、旧金山湾区和东京湾区作为当今被公认的处在世界级顶端的三大湾区，均具有一些显著的特征，包括开放的经济结构、优化的产业结构、有效的区域协同发展、高效的资源配置能力、便捷的国际交往网络以及规模经济带来的经济外溢等。

　　湾区是由一个或多个相连的海湾、港湾及周边岛屿构成的区域。据世界银行一项研究统计，全球超过一半的经济总量来自于湾区，湾区特有的地理位置以及在此基础上产生的经济效应，被称作"湾区经济"。毫无疑问，港口与城市在湾区经济中扮演着特殊和重要的角色，发挥着纽带与辐射的作用。也正因为如此，湾区经济也被称为滨海经济或港口经济，是一种独特的经济形态，一种特有的经济格局。目前，全世界存在着众多的湾区，据辐射力和影响力划分，可以分为世界级、区域级和城市级三类。纽约湾区、旧金山湾区和东京湾区作为当今被公认的处在世界级顶端的三大湾区，均具有一些显著的特征，包括开放的经济结构、优化的产业结构、有效的区域协同发展、高效的资源配置能力、便捷的国际交往网络以及规模经济带来的经济外溢等。

一、三大湾区基本情况

（一）三大湾区范围界定

1. 纽约湾区

　　对纽约湾区范围的界定，普遍来看有两种观点：一种认为包括 25 个县。深圳大学经济学院的鲁志国、潘凤、闫振坤（2015 年）认为纽约湾区由 25 个县组成，包括纽约州中的 12 个县、新泽西州中的 12 个县和宾夕法尼亚州的 1 个县。纽约湾区的重要城市包括纽约市、纽瓦克市和新泽西市，占地面积 21481 平方公里，是三大湾区中陆地面积最大的湾区。另一种认为包括纽约州、康涅狄格州、新泽西州等的 31 个县，面积达 33484 平方公里（张涵，2017 年），重要城市包括纽约市、纽瓦克市和新泽西市。综合相关文献，可以看出纽约湾区在早期是包括 25 个县，后期随着新的文件出台，范围逐渐扩展到 31 个县。本书中仍采用前一种说法。

2．旧金山湾区

旧金山湾区是美国加利福尼亚州北部的一个大都会区，位于沙加缅度河下游出海口的旧金山湾四周。对于旧金山湾区的界定，大都一致认为包括9个县，101个建制城市，陆地面积达到了17932平方公里。其中还包括多个大小城市，最主要的城市有旧金山、奥克兰、圣何塞（圣荷西）等全球著名城市，其中旧金山是旧金山湾区的中心城市。

3．东京湾区

对于东京湾区范围的界定，存在着不同的意见。其中，鲁志国、潘凤、闫振坤（2015年）对此界定认为，东京湾区包括"一都三县"，即东京都、神奈川县、千叶县和琦玉县，占日本陆地面积的3.62%。"一都三县"陆地面积分别为2183平方公里、2412平方公里、5156平方公里和3797平方公里，总面积略小于旧金山湾区。

毕斗斗（2009年）、刘艳霞（2014年）对东京湾区范围的界定是东京、横滨、川崎、船桥、千叶5个大城市，经济总量占到了日本全国的1/3，面积为9760.18平方公里。

邱斌（2014年）、申勇、马忠新（2017年）认为东京湾区主要是围绕东京发展起来的大东京城市群，以包括东京、横滨、川崎、千叶、横须贺等几个大中城市的关东平原为腹地进行融合发展，形成和发展为京滨、京叶两大产业聚集带和聚集区。

虽然不同学者对东京湾区范围的界定不完全相同，但都认为东京湾区包括京滨和京叶两大工业地带。

（二）三大湾区主要特点

1．纽约湾区特点

纽约湾区陆地面积约为2.15万平方公里，人口占美国总人口比重的

20%，达到了6500万，是全球就业密度最高的城市。同时，美国的第一大商业港口纽约港也位于纽约湾区，与全世界各地的商业联系较多，使得纽约湾区具有国际航运中心的地位。纽约湾区设有纽约大学、哥伦比亚大学等58所大学，具备较强的人才培养能力。

纽约湾区居于国际湾区之首，具有较大的经济容量，GDP占美国总值的3%，同时也是世界金融的商业中心和核心枢纽，吸引了全球500强企业的40%来此落地。纽约市的曼哈顿中城是世界排名最大的CBD，吸引了一百多家国际著名的银行与保险公司落地，第三产业在三大湾区中占比最高。

2. 旧金山湾区特点

旧金山湾区是美国西海岸仅次于洛杉矶的大都会区，无论是在人口数量还是湾区GDP方面都不断呈上升趋势。其中，湾区国民生产总值更是占到美国GDP总量的1/40。2014年旧金山湾区人均GDP接近5.5万美元。

旧金山、奥克兰以及圣何塞三个城市在发展策略和产业布局上彼此采用不同策略，并注重协调发展与合理分工，实现区域的协调发展。其中，旧金山重点发展金融业、服务业以及旅游业；奥克兰作为历史上最早开展集装箱运输的港口之一，主要以港口经济为推手；圣何塞位于高科技产业发达的"硅谷"，电子产业全球领先。

旧金山湾区的发展首先是由硅谷的巨大资本催生功能带动起来的。旧金山湾区拥有三十多家私人创业基金机构，并集中了超过全美40%的风险资本，对技术进步和产业发展具有巨大的带动作用，推动了苹果、谷歌、英特尔、脸书等世界知名企业的诞生。

除资本的促进作用外，科技创新也是促进旧金山湾区经济增长的重要引擎。旧金山湾区发展至今，已成为美国高科技产业集中地区，建有加州伯克利、斯坦福等二十多所著名大学，同时还有众多的航天、能源研究中心等高端技术研发机构，带领着全世界二十多种产业的发展潮流。

3. 东京湾区特点

东京湾区总面积为13548平方公里，虽然仅为日本面积的3.5%，却实现了日本1/3的经济总值。其临港产业占地一千多平方公里，涵盖了多个不同的制造领域。

东京湾区制造业企业数量和从业人数、金融保险企业数量均占日本总量的24%，金融就业人数占日本金融业的35%。东京湾区沿岸港口主要有横滨港、东京港、千叶港、川崎港、木更津港、横须贺港六个港口，首尾相连，形成了有效的区域分工协作体系。在临港产业的经济带动作用影响下，东京湾区已经形成了京叶、京滨两大工业带，集中了化工、钢铁、装备制造、高新技术和现代物流等产业，地区生产总值占全国的26%，工业产值占全国的40%。东京湾区具有较高的产业和人口集中度，逐步发展成为日本的消费商贸中心及国际航运中心，是世界上经济最发达、城市化水平最高的城市群之一。

由表2-1可知，东京湾区是日本经济的引擎，一方面拥有日本27%以上的人口，为东京湾区提供优质劳动力资源。另一方面，经济总量巨大，不仅占日本全国GDP的三成多，在世界主要湾区中也排在首位。

表2-1 东京湾区经济与人口统计数据

年份	人口（万人）	人口占比（%）	GDP（亿美元）	GDP占比（%）
2007年	3498	27.32	14789	32.4
2008年	3523	27.5	14344	32.9
2009年	3540	27.65	13684	32.7
2010年	3562	27.82	13729	32.5
2011年	3568	27.92	13884	32.6
2012年	3570	27.99	13742	32.3

数据来源：日本统计年鉴

东京湾区具备丰富的港口资源，这决定了东京湾区主要通过发展港口经济带动整个东京湾区产业的升级发展，且目前成效显著。东京湾区的城市面积占全国的比重不到4%，但人口接近全国人口数量的三成。从东京湾区企业和人口的分布看，制造业和金融业是东京湾区的核心产业。

二、三大湾区产业发展路径分析

三大湾区经济虽然各有优势，产业发展路径也各有特点，但都普遍表现出相似的阶段性特征。湾区经济大多首先起步于工业发展阶段，随着工业的聚集和分散，之后开始发展传统制造业和服务业。第三次科技革命的兴起和普及，特别是电子信息技术的发展，促使传统制造业不断进行转型和升级。发展至今，高端服务业和文化创意产业已经成为湾区经济发展较显著的特征。

（一）纽约湾区产业发展路径

1. 制造业的发展

纽约是港口城市，具备良好的交通便利条件和区位优势。它早期主要靠发展商业集聚了大量的资本，并为后期的制造业发展积攒了充足的资金。纽约通过发挥其劳动力和资本的优势，大力发展服装、食品加工、皮革制造和机械制造等资本和劳动力密集的行业，促进经济高速发展，成为美国最大的制造业基地，创造了良好的工业基础和制度氛围，为后期的发展奠定了基础。

2. 服务业的发展

纽约湾区的服务业发展是在美国服务业快速发展的大背景下发展起来的。美国的服务业兴起开始于20世纪70年代，当时出口增加、国际贸易往来日益增多，海外财富数量也大幅增长，对服务业的需求日益增加，促使很多服务行业快速发展。与此同时，纽约服务业的一些行业相互间在业务上存在密切联系，例如金融部门、会计公司、服务通讯部门、广告设计公司、律师事务所等，促使纽约湾区的服务业得到了整体的快速发展，服务水平快速提高。知识密集型和技术密集型的生产性服务业比制造业具有更高的聚集效应，随着第三产业成为优势产业，纽约湾区逐渐优化了产业结构，提升了第三产业质量。

3. 高新技术产业的发展

随着纽约湾区的人均收入提高，都市圈内的土地和房价过快上涨，导致纺织、服装等很多制造业在日益上涨的劳动力成本及房价压力下，逐渐迁移到湾区周边成本低廉的地区，此举给湾区内知识与技术密集型产业的兴起和发育带来了难得的机遇。纽约湾区内的高新技术产业也由此取得高速发展，电子通讯、计算机制造以及软件等高新技术产业逐渐取代了生产服务性行业，在区域内产业处于核心地位，推动了高新技术经济的快速增长。

近些年纽约湾区在大力推动高新技术产业方面向更高水平发展，湾区内大量高科技产业快速涌现，并且打算超越全球创新之都的硅谷，成为新的世界创新中心。尤其在经历金融危机后，纽约湾区的信息产业、金融保险等都呈上升趋势。

（二）旧金山湾区产业发展路径

1. 工业化转型

旧金山湾从 20 世纪上半期开始从工业城市逐步向后工业城市转化，并逐渐开始实现产业结构的调整优化及空间布局的合理转变，通过工业迁徙的方式和制造业带的不断带动发展，吸引大范围和大规模的投资，建成了一系列大型的工业制造公司，如美孚石油精炼厂、大型的汽车商城、西部管道和钢铁公司等。

2. PDR 产业兴起

这一阶段旧金山开始逐渐向后工业化城市转变，重工业逐步衰退，几乎全部退出旧金山，迁向周边地区。此时轻工业的PDR产业即生产、配送、修理产业开始在旧金山逐渐兴起，并逐渐带来很多支持性服务业，如批发、设计、销售、配送等的兴起。PDR产业逐渐兴起，成为旧金山现代经济的多元有机构成。

3. 高新技术与知识经济

随着第三次工业革命的爆发，机械制造、信息技术等高新技术产业及相关服务业得到快速发展，尤其体现在需要高技能劳动力管理的行业和旅游等相关行业。旧金山湾区内最密集的行业是信息产业和专业的科技服务业（PSTS），具有较高集中度的是住宿、餐饮业和艺术等服务行业，而该地区旅游的发展也逐渐促进了娱乐和休闲服务的发展。在硅谷和半岛的制造业，集中度较高的是精良的设备设计和开发等产业。而旧金山湾区的优良环境、良好秩序、包容的文化、鼓励创新的机制等，都为这些企业和部门提供了得天独厚的竞争优势。

图2-1　旧金山湾区产业发展路径

（三）东京湾区产业发展路径

1. 工业化与工业分散

近些年日本的经济增长主要是由日本工业来推动的。日本在19世纪后期的产业革命时，就建立了日本工业区，随着产业革命带来的矿山、铁路、服装、纺织等行业的快速发展，促使日本在东京周围进行工业布局。从二十世纪六七十年代开始，东京湾区进入了经济高速发展阶段，此时日本开始施行"工业分散"政策，把很多制造业向外迁移，既解决了过度膨胀的大都市病，也推动了周边地区工业的兴盛，同时为新型产业的发展提供了空间和机会。

2. 商业服务的辐射带动

东京湾区从施行"工业分散"政策后，在中心城区更加注重高端服务产业的建设，将具有高成长性、高附加值的印刷业、服务型行业和奢饰品行业作为产业发展的重心。

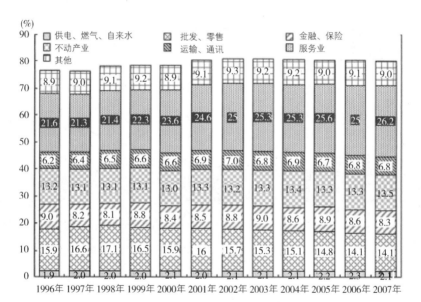

资料来源：国上交通厅《首都圈白皮书》（平成23年版）

图2-2 东京湾区各产业占比

从图2-2中可以看出，东京湾区的第三产业中占比最多的是服务业，占比份额每年都超过20%，而且呈逐渐上升的趋势。到2005年时，传统制造业的比重显著下降，按所占比重大小排名依次是服务业、批发零售业、不动产业、金融保险业等。到2007年时，服务业产值达到212兆日元，在东京湾第三产业总产值中占 26.2%。

3. 产业结构升级与高新技术

随着近些年高新技术的发展，东京湾区也在不断地将高新技术应用在传统制造业上，不断进行改造和结构升级，具体应用在电器、汽车、生产器械、高级配件、印刷业、高炉制铁、电子部件制造、石油化学等众多制造业企业中，为促进生产效率提高和产业结构升级做出了重大贡献。越来越多的新技术、新产品得到开发应用，科技成果向产品的转换也越来越密集，尤其是大企业在这方面表现更为突出。

三、三大湾区比较

（一）三大湾区的特色优势

1. 纽约湾区的总部经济战略

总部经济的含义是指将企业的总部设在城市中，并进而通过外部效应来促进发展的经济结构。众多企业将研发、设计、营销、金融、物流等总部活动集中设置在城市核心位置，通过各企业总部间的相互联系，产生自我强化效应，促进城市的发展，并通过外部效应来带动周围地区的发展。总部经济的集聚，是在经济全球化的驱动力量下，按照企业战略配置的需要和各地区的综合优势，从而实现制造活动和生产性服务活动在不同空间上的布局和选择模式。

全球财富 500 强的企业中，有 46 家公司将纽约作为总部设置地点，使纽约成为公认的总部经济中心。在拥有众多企业总部后，纽约也建立了新型的服务业，如广告服务、法律会计、管理公关、数据加工等各种机构。而纽约总部经济的进一步发展促进了信息流、人流、资金流的聚集，进而产生了规模效应。概括来说，纽约总部经济具有如下的优势：

（1）具有高素质的人力资源和科研教育资源

纽约湾区虽然不像旧金山湾区有硅谷这样的全球科研中心，但纽约有众多的高校，而且纽约城市的繁华、发达的经济和众多的机会，都对人才具有强烈的吸引集聚作用。纽约采取的政策中，将在科技方面赶超硅谷作为自己的一项目标，力求超过硅谷，成为全球第一的科技研发中心。市内众多的高校和公立、私立科研机构，都为其发展提供了众多的科研教育资源。

（2）完善城市基本设施和中心商务区环境

纽约拥有着发达便利的海运、空运和陆运资源。作为全国重要的海港之一，纽约拥有独特的海港地理优势，由港口带来的交易量非常巨大。在空运方面，纽约市区机场在国际货物服务领域发挥的作用也占据着重要位置。在陆运方面，纽约也相当发达和完善，已经拥有洲际高速公路15条、海底隧道5条、收税干道9条、架空桥路861座。

（3）发达的金融、保险和新型服务业

纽约作为世界金融中心，无论是国际性的银行还是大的保险公司，都选择将总部设于此。在制造业领域，纽约也建立了与制造业发展相匹配的强大的新型配套服务业。纽约会计公司中占据美国排名前六的有4家，咨询公司中占据美国排名前十的有6家，公共关系公司中占据美国排名前十的达到8家。

纽约湾区发展总部经济的成功举措有：

（1）实施城市工业园区战略

建立"袖珍工业园区"，不追求工业园区的面积，强调利用虽然废弃、但可以再循环利用的合适的袖珍型小区，方便小企业租赁使用。这既实现了废旧小区的再利用，又丰富了经济多样化发展的需求。此外还建立"高科技产业研究园区"，主要是发挥市区内大量的企业总部、大学和研究机构的资源优势，来提高高科技产品的研发能力，打造企业和高校的合作平台，提升企业经济结构的转型和优化。

（2）实施区域经济发展战略

此战略主要是发挥区域经济的优势，增强纽约作为大都市的总体优势，进而促进市区的建设和繁荣。此战略强调区域内资源共享、优势互补、市场共享，将整个区域统筹规划，发挥各地区、各企业的绝对优势和相对优势，并从整体上进行布局，建立更加良好的经济结构和秩序，促进区域整体经济的发展和竞争能力。

（3）振兴外向型服务业等第三产业部门

首先是通过多种活动来促进纽约旅游业的发展，让更多的人来到纽约、了解纽约，同时将纽约打造成会议中心和自由储兑贸易区；第二是强化和保证纽约金融业的发展，保持其国际贸易中心和金融中心的地位，吸引更多的企业将总部设在纽约；第三是增加纽约的宜居性，增加公共服务设施建设，提高居民的生活质量和投资环境，并为企业投资提供更好的投资环境，促进企业和人口的流入。

2. 旧金山湾区的科技金融

旧金山湾区的科技金融的发展经历过较长的时间，从 20 世纪 40 年代开始，资金与科技结合的风险投资就开始成为一个单独的行业。世界上最早的风险投资公司美国研究与开发公司（ARDC）诞生于 1946 年，首家合伙制风险投资公司在 1958 年成立于美国。纳斯达克风投平台的股票于 1971 年上市，美国风险投资机构在 2000 年时就筹集了 1045 亿元的资本，而其拥有 2248 亿美元规模的管理资本额。

位于旧金山的硅谷在高新技术上的优势，促使旧金山的科技金融行业高速发展，使得风投行业具有广阔的市场前景。从二十世纪六七十年代开始，作为全球科技中心的硅谷在众多高新技术产业，如超导、微电子、互联网、生物工程、个人电脑、新能源等方面均占据世界领先的优势。硅谷在高新技术上的优势和科技企业的资源，促使硅谷和美国风投行业突飞猛进地发展。

美国 40 年左右的风投行业发展经验显示，风投能够有效促进科技企业所需要的融资，对一国的经济发展和金融体系构建具有重要的作用。美国的发展模式将风投行业作为主体，带动创业板市场、传统金融行业互相促进、一起发展，充分配置和调动各类社会资源来服务于科技企业的发展，使得科技企业在具体研发、成果转化、形成产业化和发展壮大的过程中遇到的融资需求得到满足，从而形成了独特和高效的科技金融体系，使金融行业和科技企业共同发展。旧金山湾区形成的科技金融优势具体表现在以下方面：

（1）旧金山湾区积极集聚全球风险资本和总部风险基金公司

自从 20 世纪 70 年代开始，硅谷作为美国风险投资中心的地位便不曾动摇，而且越来越强。1980—2000 年，硅谷的科技企业融资到的风投额从 1.09 亿美元提高到 323 亿美元，在美国同期的风投总额中占比 32%。而硅谷内的风投金额在 2009 年时又降至 70 亿美元，但是由于经济形势的恶化，在美国风投金额中所占的比重却上升到 40%。旧金山湾区内位于硅谷的著名风投公司有 KPCB 和红杉资本，而总部未设在硅谷的风投公司有橡树投资、红点创投、光速创投、NEA、英特尔资本等。旧金山内部的风投机构在数量和资本规模上均达到美国的一半左右。

（2）旧金山湾区科技银行业务的创新发展

旧金山湾区内同样对企业发展具有融资作用的是银行业，尤其是以科技企业为投资对象的科技银行，硅谷银行是典型代表。科技银行有效建立了科技企业所需的资金与银行业投资需要的直接对接，促进了科技企业和科技银行的快速发展。硅谷银行的投资目标集中于服务创新型企业，包含的具体优势如：以创新型资产价值的评估模式来评估科技创新企业的价值，并以此为依据给予资金投资；为不同的科技创新企业制定合适的金融服务方案，满足科技企业不同阶段所需的投资；建立全球化的投融资合作模式和平台，促成国内外银行和企业间的合作。

（3）旧金山湾区的孵化器公司为企业成长提供重要助推

旧金山湾区内建有大量的孵化器公司，是一种创新型的经济组织结构。这种组织模式对于高新技术企业创业有很大的帮助，不仅可以在基础设施和环境方面提供有效支持和帮助，还可以在融资、政策、法律、市场等方面给予建议和指导，从而减少企业创业不必要的风险和损失，帮助创业者进行创业或将成果进行转化。它通过环境的培育和不断优化、人才的鼓励和引导，为提升创业成功率及创业成果的质量发挥了极大的作用，为高新企业发展提供了高标准和国际化条件。

旧金山湾区拥有排名美国前十的孵化器公司 4 家，湾区内排名领先的 Y Combinator 公司在 2005 年建立，到 2012 年 7 月，已经成功孵化了 380 家创业公司，获得的投资额累计超过 10 亿美元，市场价值已经达到了 100 亿美元。

3. 东京湾区的港口经济发展

日本东京圈毗邻太平洋和东京湾，具有丰富的港口资源，发展至今拥有 40 个大小港口，重点集中在东京、千叶、茨城和神奈川四都县。东京湾区内包含东京港、横滨港、千叶港、川崎港、横须贺港、木更津港六个大港口，同时东京湾区内京叶、京滨两大工业带的发展也离不开湾区内众多的港口资源。

东京湾区内的六港口首尾相连成马蹄形的港口群，在具体布局和发挥作用上，既保持各自独立又统一规划，在整个区域内进行协调发展，从而增强整体竞争力，整体宣传，共同揽货，各有分工，实现了整体知名度和统一的港口品牌，并由政府进行统一协调管理。

东京湾区港口经济形成区域内统一的关键因素在于：

（1）通过区域内统一规划布局，明确各港口的职能分工，发挥优势形成合作

首先，依据各港口的地理位置、吞吐能力、货运量等来进行划分，以此确定港口地位和等级。其次，在具体功能定位上，发挥湾区内各个港口的资源、特点和优势。最后，在保持统一规划的基础上，鼓励港口间实行合理有序的竞争，提升港口的竞争能力，促进港口的积极发展，提升在更广范围内的国际竞争，为湾区经济发展提供更高的助力。

（2）对于区域港口群应实行集约式开发，规划岸线管理

东京湾区内的港口多处于高密度货运的港口聚集区，在货源布局上，在小港口常有众多交叉。这需要对相应岸线提前进行科学规划，按照统一管理、开发、规划、使用的原则，重点开发深水泊位港口，通过整治、整合、开发三条路径来集中进行管理，优化资源配置，提高港口使用效率，

提升港口群的竞争能力。同时政府需要进行统一规划和管理,以防止恶性竞争和重复建设等,力求达到错位发展、差别竞争的局面。

(3) 制定支持港口区域发展的法律和规划

为了促进区域港口群的合理有效使用和发展,并避免港口内的恶意竞争、重复开发等现象,提升区域港口群的整体竞争能力,发挥各港口的优势和功能,需要出台相应的法律和规划,以法律效力来促进规划的实行。如日本于 1951 年制定的《港湾法》,针对港口管理进行了细致的规范,1967 年日本运输省港湾局制定的《东京湾港计划的基本构思》中,建议将东京港、千叶港、川崎港、横滨港、横须贺港、木更津港、船桥港在内的 7 个港口统一规划整合,形成一个具有不同分工的有机群体。东京还专门成立了京滨工业区港口协会来对川崎、横滨、东京三市进行统一管理,提升港口的效率。

(二) 三大湾区综合比较

1. 土地面积比较

在土地面积上,纽约湾区占地 21481 平方公里,陆地面积在世界三大湾区中排名第一。旧金山湾区陆地面积略小于纽约湾区,为 17932 平方公里。中心城市旧金山的陆地面积达到了湾区的 1.15%。东京湾区的"一都三县"陆地面积达 13548 平方公里,占日本总陆地面积的 3.5%。

表 2 - 2　三大湾区陆地面积比较

湾区	涵盖县数	陆地面积(平方公里)
纽约湾区	25	21481
旧金山湾区	9	17932
东京湾区	一都三县	13548

2. 经济总量比较

地区生产总值能够有效地衡量国家的经济状况。三大湾区 GDP 总量、GDP 集中度、人均 GDP 的排名，按规模大小分别为东京湾区、纽约湾区和旧金山湾区。湾区生产总值在全国的 GDP 中占比，东京湾区最大，旧金山湾区最小。

表 2−3　三大湾区 GDP 排名情况

湾　区	GDP 总量	GDP 集中度	人均 GDP	湾区 GDP 占全国 GDP 比重
东京湾区	1	1	1	1
纽约湾区	2	2	2	2
旧金山湾区	3	3	3	3

3. 产业结构比较

三大湾区的产业结构中，第三产业占较大比重，从它的占比也能很好地考察产业结构优化情况。三大湾区中，第一产业增加值占比几乎为零，第三产业增加值占比均超过 75%。纽约湾区第三产业的比值最高，2012 年时，纽约湾区、东京湾区、旧金山湾区的第一、第二、第三产业增加值比重分别为 0:10.65:89.35、0.27:17.46:82.27、0.28:16.95:82.76。能够看出，三大湾区第三产业增加值占比在 2012 年时均超过 82%，占据绝对优势比例。三大湾区主要产业情况如下表：

表 2−4　三大湾区主要产业

湾区名称	主要产业
纽约湾区	房地产业、科技服务业、金融保险业、批发零售业、医疗保险业
东京湾区	服务业、制造业、不动产业、批发零售业、通信传播业、金融保险业
旧金山湾区	房地产业、科技服务业、制造业、批发零售业、医疗保健业、信息产业、金融保险业

4. 科技创新能力比较

按照汤森路透公开的"2012 年全球创新力企业（机构）百强"的资料，东京湾区拥有 20 家企业，旧金山湾区拥有 8 家企业，纽约湾区仅有 1 家企业，表明虽然各大湾区经济发展较好，但是在企业创新能力上存在着较大的不同，也在一定程度上造就和影响着各湾区的科技创新能力。科技创新能力决定了现在经济的未来发展动力和前景，能够很大地影响企业未来的发展。

5. 金融产业基础比较

世界一流湾区中都有着规模较大的金融行业，金融保险业对湾区经济发展具有较强的带动作用。三大湾区中，纽约湾区的金融业发展最为突出，不仅拥有全世界最著名的纽约交易所与纳斯达克交易所，同时也是全世界规模最大、最受瞩目的金融中心。就金融服务业的 GDP 而言，已经占到湾区经济总产值的 1/6。

东京湾区是全球重要的国际金融中心，也是全球规模最大的证券交易中心，集中了日本大部分的银行业。辖区内的东京交易所占日本全国证券交易总量的 80%，是日本最大的证券交易所。

旧金山湾区的金融业主要是风险投资等的专业性科技金融领域，依靠高科技发展带来的科技银行业务较发达。按照 2014 年 3 月的全世界金融中心指数（GFCI）的排名，在金融行业全球竞争排名中，纽约湾区为第一名，东京湾区排名第六，旧金山湾区排名第十。

6. 劳动力素质比较

在劳动力受教育程度上，旧金山湾区排名第一。在湾区内所有的劳动力中，有将近一半的人受过大学高等教育，超过纽约湾区 4 个百分点，并远超美国平均水平。其劳动力受教育程度全球最高，这种优势来源于内外部两方面。在外部是近 1/3 的风投资本集中于旧金山湾区，风投资本与全国总量的占比在 20 世纪 90 年代时就超过了 30%，发展至今超过了 40%；在内部是旧金山湾区内的研发资本投入较多，公共和私人研发机构都较需要受到良好教育的高素质人才。

（三）三大湾区综合比较的启示

将 2012 年时几大湾区的情况做比较，再进一步考察纽约湾区、旧金山湾区、东京湾区的发展情况，主要有以下几个方面的发展经验：

表 2 - 5 2012 年三大湾区重要发展指标

	东京湾区	旧金山湾区	纽约湾区
GPD（亿美元）	19876	5564	13584
人口总量（万人）	3570	715	1983
占地面积（平方公里）	13548	17932	21481
人口密度（人/平方公里）	2635	399	923
人均 GDP（美元）	55670	50392	68495
GDP 增长率（%）	3.61	2.7	3.51
第三产业比重（%）	82.27	82.76	89.35
全球金融中心指数	722	711	786
100 强大学数量（所）	1	3	2
世界 500 强企业数（家）	58	8	21
最具创新力企业数（家）	20	8	1
海外旅客人数（万人）	556	1651	5200

1. 产业结构上第三产业占绝对比重，依靠金融业的强力促进作用

通过上述分析以及上表显示，三大湾区第一产业比重接近于 0，第三产业占比均在 82% 以上，大力发挥了第三产业的经济促进和就业带动作用。同时各湾区内金融业较发达，同时发展起来的还有各种金融服务业，极大地促进了经济增长。如上表所示，东京湾区、旧金山湾区、纽约湾区的全

球金融中心指数分别为 722、711、786，得分都在 700 以上，排名较高，处于世界领先地位。

2. 依托有利地理位置，积极发展港口城市的经济

三大湾区都位于海边，拥有发达的港口城市，积极发挥了港口城市的经济带动作用。一方面在地理位置上，各大湾区都是依靠港口经济，极大地促进了经济增长；另一方面，港口城市有利于吸引外资，并能积极引进和借鉴国外的先进技术，发挥联通国内国际市场的桥梁作用，对湾区内经济增长具有较强的带动作用。

3. 依托较强的科研能力，逐步完善区域创新体系

三大湾区集中了大量的高校，拥有较多有研发能力的大企业和科研机构，具有较强的科研能力。在逐渐打造完善区域创新体系的过程中，具体做法有：首先，积极促进湾区内产学研的合作，注重将科研成果转化为现实所需所用。在高校和企业之间建立合作平台，促进科研项目合作，政府在其中扮演着牵线和协调的角色。其次，注重竞争型创新体系的建立。最后，鼓励大型企业深入开展研发，为湾区内高校、企业等科研机构增加研发经费投入成本。

4. 配套设施完善，城市交通便利，环境宜居宜业

一方面，湾区内交通高效便捷，覆盖面广，能够合理解决湾区内各城市的连接和交通出行。湾区内均建设了发达便利的公路、地铁、铁路等，并建有机场负责空运。另一方面，湾区都注重城市的环境保护问题，在发展经济的同时注重环境质量的打造。湾区都位于海边，气温变化较小，气候宜人、城市优美、环境质量较高，同时发达的经济水平带来更多的就业机会和发展晋升机会，城市环境宜居宜业。

5. 具有多元、包容、开放的文化环境

湾区城市往往拥有较多的移民，在经济发展过程中，会依托良好的城

市环境和有利的福利待遇政策来吸引高学历、高素质人才，人口移民较多，因此常孕育出开放包容、多极多元的移民文化。比如旧金山湾区被称为美国的"民族大熔炉"，移民较多，来自全世界各地，形成了多元、包容、开放的文化环境。

6. 湾区内重视区域协同发展的整体合力

湾区内注重城市群的协同发展，以此来促进城市群的整体合力。首先，湾区内各港口城市群实行区域协同发展。如东京湾区东京港、千叶港、川崎港、横滨港、横须贺港、木更津港和船桥港在内的 7 个港口，注重区域协同发展，各港口依据自身位置及优势来确定自身主营方向，分工明确，促进了港口城市群的规模经济。其次，实现港口城市与内陆城市的产业互补和优势互补，从整个湾区层面提升湾区的经济，建立区域协同机制。

第三章

粤港澳大湾区经济与世界上其他湾区经济的比较

世界上三大湾区经济对经济的推动作用是巨大的。粤港澳地区建立世界上第四大湾区经济，也将对珠江三角洲地区以及整个中国的经济都产生巨大的推动作用。粤港澳大湾区经济和世界上其他湾区经济既有共性，也有特性。

世界上三大湾区经济对经济的推动作用是巨大的。粤港澳地区建立世界上第四大湾区经济，也将对珠江三角洲地区以及整个中国的经济都产生巨大的推动作用。粤港澳大湾区经济和世界上其他湾区经济既有共性，也有特性。

一、世界三大湾区经济发展的共性经验

世界上湾区经济作为特殊空间地理的经济形态，不仅具有类似的特征，也表现出一定的共性经验。

（一）湾区发展的前提条件

作为湾区经济形态，临海是先天的资源禀赋，并且包括临海在内的一些基本条件是湾区经济发展的前提条件。

（1）湾区的区位条件优越

三大湾区良好的地理区位、丰富的自然资源，特别是港口资源，是湾区经济的先天优势。对于湾区经济而言，应该着力打造区域港口群的发展，在同一个经济区域范围内，促进各港口间存在的竞争合作关系。因此利用港口开放性、优势互补性、功能差异性的港口群体系是湾区经济发展的首要条件，也是主要优势。

（2）湾区经济的人口优势

湾区经济的人口优势包括接受较高教育层次的人力资源和具有熟练技能的劳动力资源。能够保证湾区经济不断发展的是人口优势和丰富充足的人力。整个都市圈范围的人口和密度、较高的人口素质水平、人才教育和熟练的劳动技能都应该作为人口优势。政府应合理制定相关的人才培育、引进、交流政策，以丰富湾区人力资源和促进人才储备。

（3）基础设施的完善和交通网络的发达

湾区交通体系便捷、发达，并呈一体化发展，海港航运、空港航空、地铁轨道形成网络。基础配套设施完善，可以有力促进湾区整体经济的发展。

(4) 包容开放的文化特质

湾区一般具有多元、开放、包容的文化特质。由于独特的地理区位优势和交通枢纽地位，湾区一般容纳汇聚了全国乃至全世界的人流，从而为湾区带来了不同文化展示的契机。虽然不同人群各自具有不同的背景，但一般湾区倡导的公平的发展机会、鼓励创新、宽容失败的氛围，增强了湾区文化的包容性。典型的如旧金山湾区，是多元文化的熔炉，从"淘金热"开始，旧金山市开始涌入众多种族和国家的移民，少数族裔聚居区也逐渐形成。它的部分聚居区，如小意大利城、日本城、小墨西哥城、唐人街等传统特色也长期保持并存留。同样，纽约湾区和东京湾区也大都鼓励多元的文化氛围。

(二) 湾区内职能分工体系

湾区经济中不同城市之间存在着资源要素禀赋的差异。为推动都市圈进入良性循环发展，各地方政府的区域职能分工是湾区经济获得竞争优势的关键。湾区经济体内的不同职能由不同次级的区域来承担，经济与资源互补，分工协作，错位发展，以促使湾区整体的共同繁荣。

湾区内的各区域职能分工的一般规律是，湾区应首先根据自身的资源禀赋，选择生产要素价格较低的产业作为城市优势产业，通过在都市圈内部借助流通贸易等手段获得比较利益。同时，各城市的发展不是仅仅基于对资源要素禀赋的依赖，还要能够对自身的比较优势进行创造，使比较优势，包括规模经济、经过后天培养的积聚经济等，逐渐成为城市间分工与协作的主导。另外，城市如果资源禀赋较低，可以通过建立具有竞争性的产业组织结构，对经济发展政策做出正确选择，从而协调发展都市圈，发挥整体集聚的优势。

以东京湾区为例，东京湾区由东京、琦玉县、神奈川县等城市和地区组成，大部分文化教育机构、政府行政机构、住宿餐饮等服务行业、批发零售业、不动产业、金融保险业等集中在作为政治与经济中心的东京，发挥了巨大的中枢作用。东京与伦敦、纽约并称世界三大金融中心，是日本的经济、政治、文化中心，也是最重要的世界经济中心之一。

神奈川县是日本四大工业基地之一，也是日本的物流与工业中心。随着东京郊区化和城市化发展，各种职能从中心城区逐渐转移，区域功能定位在神奈川县变得越发显著：横滨市聚集了很多企业总部、国家行政机关和众多尖端产业，是日本第二大规模的城市。而川崎市作为重工业的中心，是神奈川区域另一个重要的城市，其研发和生产制造等职能更加突出。横滨港的功能与川崎港互补，为企业成品和运输原材料提供服务。随着区域内港口优势的扩大，神奈川县已成为东京大都市经济圈物流产业和工业的聚集地。

琦玉县具有密集的交通网络，作为运输中心与副都，是日本东部最重要的交通枢纽之一，同时接纳了部分转移的政府职能。这也是它的区域功能定位，作为商务休闲、住宿餐饮、政府机构等聚集地。

（三）跨区域协调整合机制

湾区的发展需要协调各地方政府以形成合作联盟，并形成跨区域协调整合机制。一般而言，湾区经济是都市圈区域，由中心城市（多个或一个）与若干个相邻的其他地域城市构成，经济和社会联系紧密。都市圈是相互联动、相互依存、相互制约、跨越多个地区、具有一体化倾向、依靠城市功能的区域。各地方政府为发展湾区经济，使其进入良性循环，需要形成合作联盟，打破地域观念，建立统一开放的市场体系，要形成合理统一的布局理念，将法律保障体系构建完善，共同繁荣和发展，从而在特定区域中形成"合力"，具体表现在：

1. 充分利用政府、市场、社会三位一体机制

湾区经济的形成不仅依赖于市场机制的作用，还受到政府和社会的影响。因此，湾区在经济发展过程中需要充分利用市场机制的资源配置作用、政府机制的规划决策作用以及社会机制的监管助推作用。市场主导机制主要包括以下方面：专业区域性市场的建立、产业转移（驱动力为变动的生产要素市场价格）、企业合作在区域内的促进、区域发展（核心为生产要素

和产品市场）等。政府主导机制主要包括：制定产业政策、行政规划与管理、投融资政策等。

2. 具备长期前瞻性的都市圈规划理念

三位一体机制协调城市经济与生态环境的发展，并且超越时代的发展，基于当时的社会背景，着眼于未来发展的社会经济，统一协调发展都市圈经济。如在《首都圈整备法》的约束和监督下，首都圈规划先后五次在日本首都圈出台，同时日本首都圈还大量出台调控其合理布局的法规文件，包括促进产业集群计划、工业限制法规以及转移首都功能计划等，内容涉及诸多方面，包含一都三县首都圈人口布局、道路布局、环境保护、交通产业布局、城市空间功能布局等。日本政府对《首都圈整备法》的五次修订，大大促进了东京都市圈的形成和发展。旧金山湾区也通过了《城市规划法令》及纽约地区非官方的三次地方规划方案，大大推动了区域的整体发展。

3. 相关联动的非政府或政府组织机构在区域内设立

非政府组织的典型形式是跨区域管理的美国纽约都市圈。纽约市政府和非政府的纽约区域规划协会（RPA）以及纽约都市圈委员会等组织是纽约都市圈管理和规划方案的主要起草机构，政府和非政府机构之间的紧密协作，对纽约都市圈的发展起到了重要作用。有利于补充地方政府的管理行政体制，同时不与地方政府的权力发生冲突，这是非政府组织的一个显著的特点。纽约都市圈非政府机构对都市圈科学规划和制定方案起到了重要作用。

日本也有官方设立的针对东京都地区的建设局、总务局、都市整备局，统一负责首都圈内的各项事务，特别是区域社会经济发展。未来发展区域规划的负责单位是东京都政策计划局，东京都临海区域的港口维护、建设、运输等事务由港湾局负责。对于三大港口——川崎港、东京港和横滨港，为了能让固有矛盾在京滨工业区间消除，湾区特别成立了京滨工业区港口协会，一般每隔2~3个月举行一次会议，统筹港口的相关工作。

旧金山湾区则是成立了公私合作性质的半官方协调机构——湾区委员

会经济研究所，致力于保持湾区的经济活力和竞争力，主要协调劳工、政府和科研机构的分工合作及协同发展。此外，湾区委员会经济研究所的领导机构与湾区政府协会（ABAG）建立了良好的合作伙伴关系，共同支持湾区经济发展。

（四）产学研助推科技创新

湾区经济中，科技创新是产业发展的共同特征，同时也是发展企业集群的关键因素。教育研究、科研开发功能是向外扩散的主要功能之一，升级产业结构需要提升技术创新能力，以科研开发功能的自身强化为主导，集聚产业，从而形成联动的产学研功能关系形成，技术创新为产品的升级、新产品的开发、产品性能的提高提供了技术支持，从而使得企业竞争优势在同行业内得到保证。科技创新是一种最优路径，它将推动产业升级和湾区经济的长久持续发展。

科技创新的一个显著特点是建立在"产学研"协作基础上的高新技术产业集群。高新技术是产业发展的必备，但高新技术的研发往往不能由产业自身知识科研水平所支撑。而作为创新主体的科研机构和高校，虽然人才及知识储备丰富，但是缺乏投入研发高新技术的大量资金，经费不足是常见问题。通过产学研合作的平台，校企和科企的合理对接可以较好地解决高新技术产业发展的瓶颈。同时，通过一系列资金支持和配套政策，可以辅助创新链条的延伸，从创意一直延伸到产业化的最终实现。

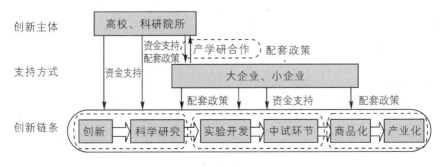

图 3 - 1　产学研一体化

三大湾区都看重科技创新的作用，使科技进步作为经济发展的推动力，促进产业结构升级，产学研的进一步结合加强了产业技术的变革和创新。

日本产学研是依靠第三次科技革命的兴起发展而来的，特别是电子信息技术和互联网的广泛发展，使以科技创新为依托的产学研结合的高新技术成为东京湾区的发展方向。发展科技创新产业的基础是增加都市核心区研究机构及大学的集聚数量。科技创新人才集聚于东京都市圈的重要条件就是东京、神奈川县、琦玉县的研究生院及大学学生数量、规模和比例不断提升（见表3-1）。科技产业化需要大量教育科研资源提供人才和知识保证。湾区除高校外，还有大量研究所和大企业集聚，主要有NEC、佳能、三菱化学、三菱重工、三菱电机、索尼、丰田研究所、富士通、东芝等。在东京湾区的机构科技研发和管理能力很强，正是因为这些研发机构具有产业创新能力。

表3-1　东京高校机构数量的变化

机构数	2002年	2003年	2004年	2005年	2006年	2007年	2008年	2009年	2010年
高等院校	162	164	171	176	184	187	189	192	196
所占比例	23.6%	23.4%	24.1%	24.2%	24.7%	24.7%	24.7%	24.8%	25.2%
学生数	1002268	1010968	1010219	1030398	1027245	1015311	1024371	1039600	1060521
所占比例	36.0%	36.1%	36.0%	35.9%	35.9%	36.2%	36.2%	36.5%	36.7%

资料来源：日本国土交通厅《首都圈白皮书（2010年）》

旧金山湾区的产学研发展依靠其强大的科研、高等教育资源聚集起来的人才优势和卓越的企业创新能力取胜。

旧金山湾区大量的高校、研究机构、实验室的聚集使之成为一个世界级的研究区。作为世界上最具创新性的区域，20世纪后半期以来该区不断取得重大的科学突破。湾区被举世闻名的9个研究机构称为发源地，包括加利福尼亚旧金山大学、斯坦福大学、加利福尼亚戴维斯大学、劳伦斯·利弗莫尔国家实验室、欧内斯特·奥兰多·劳伦斯·伯克利国家实验室、国家航空航天局艾姆斯研究中心、桑迪亚国家实验室和斯坦福线形加速器中心。

　　许多杰出的开发公司和私营部门的研究中心在这里设点，从而让湾区赢得了声誉，作为高新产业地区享誉世界。这里是全世界的中心、高新技术的发祥地、生物工程的孵化器。湾区拥有的先锋的生物工程和高技术公司比美国其他地区更多。近来旧金山湾区还被视作最领先的美国通信中心和多媒体中心。

　　旧金山湾区也被公认为具有高质量的人力资源。它的劳动力在美国技术水平最高，同时受教育程度最高。湾区不仅在工程技术、数学和自然科学领域，在社会科学和人文科学方面也拥有顶尖的全国数量最多的研究生计划。这些富有创造力的大学毕业生成为该地区巨大的人才储备库。

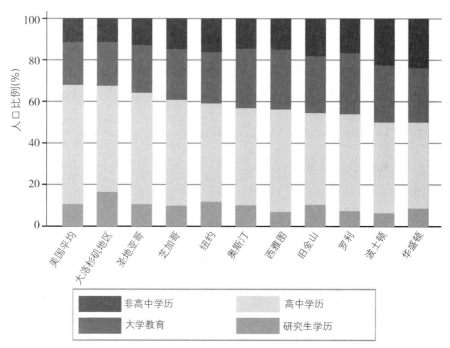

资料来源：《旧金山湾区区域经济评估报告》，《旧金山
湾区委员会经济协会报告（2012 年 10 月）》

图 3 - 2　旧金山居民接受教育程度

二、三大湾区发展对粤港澳大湾区发展的启示

为了叙述方便，我们以粤港澳大湾区的缩小板——深圳湾区为研究对象，论述三大湾区发展对我们的启示。以深圳湾区为研究对象，有两个理由：第一，粤港澳大湾区的一体化建设，最核心的还是深港两地的融合；第二，从经济发展趋势看，深圳极有可能成为粤港澳大湾区的龙头。

深圳作为全国经济特区和重要的国际贸易城市，已经进入全面深化改革和扩大开放的新阶段，深圳可以积极争取先行先试、改革创新的战略机会，不断创造更加自由开放的投资、贸易和创业环境，以促进深圳湾区的持续繁荣发展。对比三大湾区产业转型发展的路径和共性经验，特别是学习世界发达湾区经济的特色优势，包括纽约湾区的总部经济、旧金山湾区的科技金融、东京湾区的港口经济，对深圳湾区的未来发展具有一定的借鉴意义。

（一）对产业升级转型发展的启示

通过三大成功湾区的发展历程可以发现，高新技术化、制造业的服务化、高端化发展，文化产业发展战略的推动，以及生产服务业和现代服务业的发展，是大多数湾区经济发展的关键要素。与此同时，企业生产方式的转变以及民营经济和非营利部门也发挥着重要影响。

1. 以产业转型主导和推动的湾区经济模式演进经验借鉴

在转型路径上，以产业转型主导和推动的湾区经济模式演进路径大致可以概括为三条：

路径之一：结构升级带动。通过促进和推动产业结构升级来实现成功转型，如采取相应政策措施，鼓励传统产业的产业链延伸升级改造，实现

产业结构成功升级。

　　路径之二：技术创新推动。通过技术创新和科技创新推动，鼓励有比较优势的产业的技术进步和技术创新，实现产业能级提升推动的转型。

　　路径之三：新兴产业带动。通过吐故纳新、新陈代谢，走另一条道路来实现，主要是通过鼓励、扶持发展新兴产业来实现主导产业的转型，从而推动经济转型。

2. 产业转型和空间转型共同推动的湾区经济模式演进经验借鉴

　　通过研究湾区经济发展的案例可以发现，在产业转型的同时，同步进行的空间布局优化和转型为湾区经济的城市发展发挥了举足轻重的作用。在湾区经济模式演进的过程中，产业布局与空间布局的同步优化、考虑经济发展的区位优化布局等成为推动湾区经济发展的关键力量。以产业转型和空间转型共同推动的湾区经济模式演进历程，有两点经验值得借鉴：一是随着产业转型而同步推进空间布局的调整和转型，二是城市空间结构调整充分考虑产业和城市转型的需求。

3. 城市政府战略规划引领的湾区经济模式演进经验借鉴

　　在全球知名湾区经济演进的进程中，除了空间转型、产业转型外，发挥了推动作用和根本性引领作用的是政府的战略规划。如东京、纽约在相应的湾区经济发展初期，都曾经制定了切合实际的城市战略规划，确立了城市转型发展的阶段目标，这为湾区经济的发展成熟提供了宏观政策和体制保障。

（二）对推动科技金融创新的启示

　　旧金山湾区金融环境的主体为发达的风险投资，从而使得金融资本和高新科技良好地结合，为湾区的经济产业发展提供了必要的金融资源，发达的科技金融体制也为硅谷的高新技术及创新科技提供了充足和必要的资金保障。相对地，深圳湾区需要不断更新产业结构、升级传统产业、提高高新技术含量，完善的科技金融体系也必不可少。为推进科技与金融的结合，深圳湾区可以学习的经验是：

1. 创新孵化器加天使投资模式

一般风险投资在高新企业的发展中包括三个阶段，分别是初创企业的种子期、成长期、成熟期，对应的风险投资类型是天使投资、VC 风险投资、PE 私募基金。

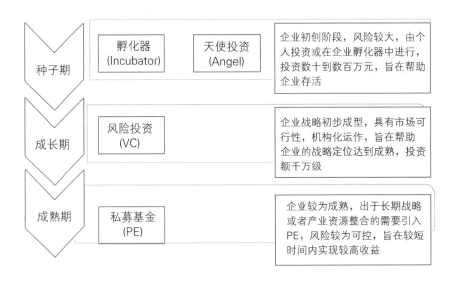

图 3-3　初创企业风险投资的类型和三个阶段

专门进行科技创业的服务机构是孵化器，它通过为初创企业提供生产、研发空间以及基础设施服务，帮助降低创业成本和集合提高效率的要素，根据实际主导机构的不同，一般可以分为政府主导型（事业型）、科研院所结合型和企业自主型。

目前深圳政府主导型的孵化器，也称为科技创业服务中心，其主要任务是扶持中小型科技创业企业，培育地区的创业氛围，并承担政策宣传、企业调研、信息沟通的职能，其在行政上隶属于各区科技局，在管理上采用事业单位的机制模式，企业孵化器的基建资金、日常运营费用以及作为配套的孵化资金均由财政拨付，单一的资金来源限制了事业型孵化器的进一步发展。

在种子阶段，孵化器模式和天使投资的共同点是，企业所有权的获得并不是二者的投资目的，而是通过服务和投资把企业做大，在产权流动中通过适当的方式退出，实现投资回报。因此，事业型孵化器的运作模式可以通过政策条件的优惠将天使投资机构吸引入场，天使投资和孵化器在这种模式下是各自独立的。湾区以孵化器作为媒介，建立创业企业与天使投资机构之间的合作平台，以促进多元化的资金来源。通过天使投资和企业孵化器的协同发展，可以降低天使投资风险，增强孵化器的孵化投资功能。

2. 鼓励科技企业主动进行金融创新

湾区的财富创造能力相对强大，可以为湾区的风险投资提供可靠的资金支持。湾区高新技术产业的生产效率在各个经济部门中是最高的，使得大量家庭和企业财富在湾区的科技从业人员和企业中积累，风险承受能力较强，投资需求旺盛，可作为风险投资可靠、"天然"的资金来源。以英特尔公司为代表的高新技术企业凭借其管理能力和知识技能，成立风险投资机构，进一步活跃和丰富了风投行业。因此，深圳湾区的科技公司应该主动进行金融领域的尝试，政府也可以给予这方面的引导与鼓励措施。

3. 成立专门型科技银行

创新型高科技企业具备高风险性，而科技银行主要为高科技企业和风险投资提供金融服务。旧金山硅谷银行是科技银行的代表，为创业企业和风险投资资本提供信贷服务，凭借其资金优势，也成为风投的股东或合伙人，与风险投资行业建立了更加紧密的联系，加强投资合作，形成共同发展、有效互动的局面，实现收益共享和信息共享。

2012 年 8 月，专注于科技创新服务产业的浦发硅谷银行在上海成立，该机构是 2007 年以来我国首家获得批准成立且具备独立法人地位的科技银行。其中，硅谷银行有限公司和上海浦东发展银行股份有限公司作为两大股东，各持有浦发硅谷银行 50% 的股权。科技银行的运作，包括在企业创业的早期提供创业贷款且收取利息，依据协议获取企业部分期权或认股权，进而在企业被购并或上市的时候行使特定期权，或卖出股权获取先关收益。

考虑到深圳湾区的金融银行服务较为成熟，我们建议可以成立深圳的科技银行，以促进金融和科技的"联姻"。

4. 建立深圳版的 SBIC

旧金山政府对风险投资行业大力扶持，打造良好的发展环境，为初创企业的发展提供了空间。基于产业化发展和鼓励高新技术开发的目的，政府不断出台一系列政策和法案支持发展风险投资行业，包括风险资本盈利税率优惠、小型企业投资公司制度（SBIC）、机构投资者准入等，对风险投资行业发展环境的改善做出了极大贡献。

深圳市政府可以学习旧金山的一些做法，具体包括：

一是推动风险投资氛围。可以设立市级科技型中小企业创业投资引导基金，鼓励社会资本在深圳湾区设立从事创业投资的风险投资公司、创业投资管理公司等；鼓励国内外创业（风险）投资公司、民营资本设立创业（风险）投资机构、股权投资公司等，并进一步落实鼓励创业投资发展的税收优惠政策。

二是建立深圳版的 SBIC。深圳中小企业服务署可以与多种投资机构，包括私人投资者、养老基金、银行等，以公私合作的方式成立中小企业投资公司，即深圳的 SBIC，由 SBIC 对中小高新企业进行风险投资。

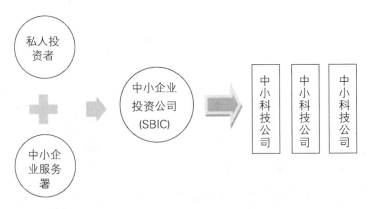

图 3-4　SBIC 运作模式

（三）　对总部经济发展战略的启示

纽约湾区的总部经济发展位居世界前列，某些成熟的发展经验可以对深圳湾区如何扩大总部经济提供一定参考。

1. 完善城市基本设施和中心商务区环境

纽约地区完善的基本设施和中心商务区环境是吸引总部经济的重要条件。曼哈顿是纽约市的中心商务区，总面积 57.91 平方公里。曼哈顿 CBD 主要分布在该区内曼哈顿岛上的老城、中城，著名的街区是格林威治街和第五大街。在老城面积小于 1 平方公里、长仅 1.54 公里的华尔街，上百家大公司总部、几十家交易所、保险公司、大银行聚集在这里，作为金融 CBD 区，提供几十万就业岗位，是世界上就业密度最高的地区。

要吸引更多的企业将总部搬至深圳，我们需要完善中心商务区环境，政府应继续努力创造更加优美整洁、更加舒适便利的人居环境，可以采取的做法包括：

一是建立完善的中央商务区内部交通网络，建设、完善步行交通系统，并改善中央商务区的步行感受，同时加强步行道路交通系统与公共交通，如地铁和公共汽车站点的接驳；注重中央商务区的公路交通分级规划建设，保证内部主干道的畅通及其与城市快速交通网络连接的畅通。

二是努力实现中央商务区的功能多样化。在中央商务区同时引进会展、商务酒店、高档娱乐场所等设施，以满足企业总部的商务需求和员工的个人需要，并且保证中央商务区的区域活力。

三是建设生态社区。在中央商务区边缘建设生态化社区，让自然、清洁、舒适、健康的最佳生活环境被逐渐创造出来。

四是做好城市交通系统的建设工作。智能城市交通系统逐步发展，加大交通系统管理和建设的力度。

2. 改善总部企业发展所需的认证、人才等配套服务

一是在总部企业中实行绿色通道，做好总部在深圳的企业的服务工作。

对于入驻的总部企业，由管理机构制定和执行"绿色通道"制度，代表政府认定入驻总部企业，简化各类程序，颁发"绿卡"证书，协助总部企业办理各种审批、办证手续及享受各种优惠和奖励政策。对总部在深圳企业设立专门服务机构，定期上门服务，解决和协助解决企业存在的问题。

二是加大对总部企业的人才培养和引进、交流。加快培养和招纳与总部经济产业特征相匹配的高级项目管理人才、高级国际商务人才，以及会计、审计、法律、咨询、会展、策划、物业、网络等其他方面的专门人才，更好地为总部经济建设服务。帮助企业熟悉深圳环境，建立人脉、业务关系等，帮助联系高等院校，对有需要的企业员工进行培训等。同时制定相关政策，方便在深圳总部高管人员的入境、居住、赴港澳台、出国的手续办理，加强和其他地区的人员的经贸往来。

3. 优化公平公正的法制环境

深圳湾区应学习先进湾区的法制环境，加快与国际法规和管理的接轨进程，站在全球化、标准化、规范化的高度，为各跨国公司总部实施其全球竞争与发展战略提供一个统一公平的法律环境。与违背 WTO 规则或与国际管理存在较大冲突的，都应该进行修改和完善。还要加大知识产权保护的执法力度，鼓励企业总部加快技术创新和成果转化，组建专门为总部提供服务的知识产权保护咨询、维权以及产权交易机构。同时，继续拓宽民营企业在深圳的投资领域，简化民营企业总部入驻的审批程序，加强对民营企业合法利益的保护，在投融资、税收、土地使用、外贸出口等方面给予民营企业与其他企业同等的待遇，逐步革除对民营企业歧视性的、不合理的法律和制度障碍，确保民营企业在深圳发展的公平性和平稳性。相关部门需要进一步加强来深圳投资企业投诉管理工作，定期听取企业在审批、建设、生产和经营过程中反映的问题。增强服务观念，改进服务手段，严禁行政执法部门将部分权力转移给中介机构强行收费。

（四）对湾区港口经济发展的启示

经过三十多年的发展，深圳港口业已取得长足发展，但相比东京湾区的港口仍存在差距，因此借鉴东京港的发展经验，有助于深圳港口的进一步发展。

1. 强化区域港口群协调发展，实现集约式开发

落实和推动各大港口间无缝化协作，加快基础设施、配套工程、港口经营管理和物流服务网络机制优化等项目的规划与实施，进一步优化配置港口资源，打造港口集群优势，集约开发港口、工业、仓储等生产性岸线。政府部门可以出台专门的调控措施，防止各地恶性竞争，尽量避免重复建设，使各港口形成自己的特色，实现差别竞争、错位发展。港口的合作能给合作各方带来明显的效益，具体包括：提高港口投资收益率；扩大港口的经济规模，减少其营运成本，增加港口盈利率；协调港口使用平衡，稳定港口运营；加速技术开发和转让，提高使用效率；共同投资配备各项服务，如通讯服务、人员培训、内陆仓储、市场营销、运输连接、资金融通、软件开发和维护、存货供给等，从而减少风险，提高服务质量。

2. 区域港口群的发展需要淡化政府行政区划

区域港口群的发展并不仅仅是为了各港盈利的需要，也是适应国际航运市场竞争，发挥各港特定作用的需要。在世界主要区域港口群的港口资源的整合过程中，区位优势和产业集群优势发挥效果明显。港口经济的发展需要打破行政区划限制，用港口群的自然属性和经济规律来协调发展，在市场竞争中对港口进行资源整合，巩固枢纽港的主导地位，充分发挥支线港和喂给港的辅助作用，制定和完善岸线利用规划和港口群发展规划，进一步加强港口群内部的分工协作，促进港口整体的协调发展，在互补中形成规模效益。

3. 区域港口群的科学发展需要建立一个合理的组织管理模式

可以探索设立粤港澳港务局，统筹管理区域港口群的协调发展。该机构设立的前提是合作各方形成"共赢互利"的竞争观念，以合作代替对抗，以共享代替专有，以柔性护理代替刚性竞争。在此基础上形成一个逐步演

化、不断扩大的利益共同体。该利益共同体需要以合作各方共同的长远利益为目标，以此为契合点，将外部对抗性转化为共同体内部相互利益的交换，如美国的纽约－新泽西港务局在一定程度上就属于此类利益共同体组织。

4. 大力发展多元化海港经济高层级业态

相比东京湾多元化的海港经济，深圳港应该学习东京港的优势发展经验，依托海陆空港的转型发展，大力发展国际贸易、临港物流、远洋航运等多元港口经济，并且需要进一步提升国际中转能力，强化国际集装箱枢纽港地位。与此同时，深圳港要加快发展供应链管理、跨境电子商务等新型贸易，推动研发外包、软件外包、数据服务等服务贸易发展，大力增强贸易控制功能，更多地输出资本、管理、服务和技术。

三、粤港澳大湾区与世界三大湾区的产业竞争力对比

产业竞争力，亦称产业国际竞争力，指某国或某一地区的某个特定产业相对于他国或地区同一产业在生产效率、满足市场需求、持续获利等方面所体现的竞争能力。以下从国内外多个领域和角度设定指标评价体系，系统分析粤港澳大湾区在国内外一线领域产业竞争力发展的总体地位。

（一）粤港澳大湾区与国外典型湾区产业竞争力比较观察

按照粤港澳大湾区经济的总体政策导向，粤港澳大湾区经济建设的重点是与港澳合作，打造粤港澳大湾区，基于此，下文重点将粤港澳大湾区与国际知名湾区的产业竞争力进行比较。

1. 占地面积比较：粤港澳大湾区最大，东京湾区最小

纽约湾区的面积为 21481 平方公里，旧金山湾区陆地面积为 17932 平方

公里。东京湾区陆地面积最小，为13548平方公里。比较而言，粤港澳大湾区的陆地面积最大，为56500平方公里。

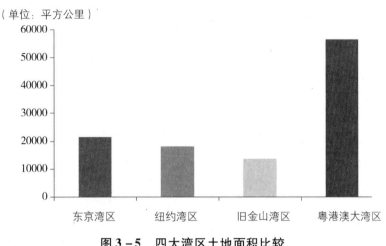

（单位：平方公里）

图3-5　四大湾区土地面积比较

2. GDP：东京湾区最大，旧金山湾区最小，粤港澳大湾区增速最大

GDP常被公认为衡量国家经济状况的最佳指标。从GDP总量来看，东京湾区的规模最大，旧金山湾区最小；从GDP增速来看，粤港澳大湾区的增长率最高，东京湾区最低，出现了负增长；从湾区GDP占全国GDP的份额来看，东京湾区的份额最大，旧金山最小；从GDP的集中度来看，东京湾区的集中度最高，旧金山湾区最低；从人均GDP来看，东京湾区、纽约湾区和旧金山湾区比较接近，粤港澳大湾区相对较小，但增速较大；从地均GDP来看，粤港澳大湾区地均GDP及其增速均名列首位。从这些指标可以发现，粤港澳大湾区属于新兴的湾区经济体，正处于快速成长的阶段，经济实力相对较弱。

东京湾区的GDP规模在四个湾区中最大。2012年，东京湾区的GDP为19876亿美元。从湾区GDP总量的构成来看，东京都GDP占湾区总量的比重最大，达到58%，而神奈川县、千叶县和琦玉县的所占比重分别为18%、12%和12%。

纽约湾区的 GDP 仅次于东京湾区。2012 年，纽约湾区的 GDP 为 13584 亿美元，是东京湾区的 68.34%。

旧金山湾区的 GDP 规模远远落后于东京湾区和纽约湾区。2012 年，旧金山湾区的 GDP 为 5564 亿美元。从湾区 GDP 的构成来看，旧金山—奥克兰—海沃德大都市统计区的 GDP 为 3604 亿美元，占湾区总量的 64.77%，是湾区经济的核心组成部分。同东京湾区和纽约湾区相比，旧金山湾区GDP 分别只有前两者的 27.99% 和 40.96%。

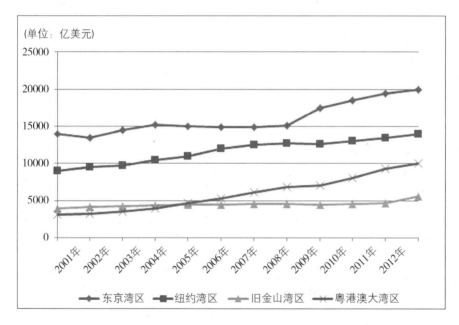

图 3-6　四大湾区 GDP 比较

2005 年以前，粤港澳大湾区的 GDP 与旧金山湾区 GDP 规模比较接近，之后超过旧金山湾区，位居第三。2012 年，粤港澳大湾区的 GDP 为 10095 亿美元。因此，可以将赶超纽约湾区作为粤港澳大湾区经济增长的短期目标，而赶超东京湾区作为长期目标。

3. 产业结构比较：纽约湾区高级化程度最高，粤港澳大湾区最低

在一个国家或地区当中，在不同的经济发展阶段、发展时点上，组成国民经济的产业部门是不同的，对经济增长的贡献大小也不同。因此，可以利用产业结构指标来衡量一个国家和区域的经济发展阶段。从总体来看，四大湾区的 GDP 均主要由第三产业构成，第三产业增加值的比重均在 75% 以上，而第一产业的增加值比重很小。

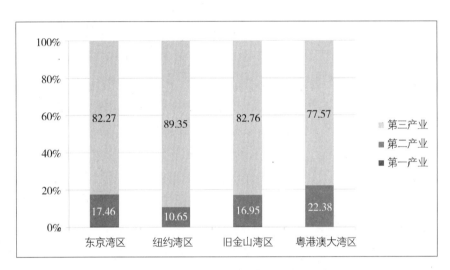

图 3 - 7　2012 年四大湾区各产业增加值的比重

在四个湾区中，纽约湾区第三产业的比重最大。2012 年，纽约湾区第一、二、三产业增加值的比例为 0：10.65：89.35。纽约湾区是四个湾区中最早开始工业化革命的地区，并在 20 世纪初完成工业革命，此后不断地进行产业结构调整和升级，到 20 世纪后半叶，服务业已经成为经济发展的主要驱动力。其中，房地产业、金融保险业、专业和科技服务业、医疗保健业、批发零售业是纽约湾区最主要的产业。

旧金山湾区以服务业为主，同时高科技制造业具有重要地位。2012 年，旧金山湾区第一、二、三产业增加值的比例为 0.28：16.95：82.76。在 20 世纪 80、90 年代，经济增长背后主要的驱动力是电脑硬件的研发和制造。到

20 世纪 90 年代后期，增长动力转移到更多地依赖提供服务而不是产品生产上，特别是很多服务业都通过互联网信息服务业来提供。湾区主要的行业包括房地产业、专业和科技服务业、制造业、金融保险业、批发零售业、信息产业和医疗保健业等。

东京湾区形成了以第三产业为主导、以高科技制造业为支撑的产业结构。2012 年，东京湾区第一、二、三产业增加值的比例为 0.27：17.46：82.27。第二次世界大战之后，湾区内部的东京都、横滨、川崎和千叶大力发展重工业，通过出口贸易推动经济快速增长。在经历石油危机之后，东京湾区的产业结构逐渐由资本密集型产业向技术密集型产业转移，高科技产业和服务业成为湾区经济的主要驱动力。进入新千年之后，湾区经济主要由服务业、批发零售业、制造业、不动产业和金融保险业等构成。从 2001 年到 2010 年，制造业增加值比重呈现出不断下滑的趋势，从 17% 下降到 13%，而不动产业、通讯业和服务业保持持续上涨的趋势。金融保险业则保持相对平稳的状态，占产业增加值的 8%～10%。

粤港澳大湾区第二产业比重较大，具有明显的区域化特征。2012 年，粤港澳大湾区第一、二、三产业增加值的比例为 0.04：22.38：77.57。相对而言，第二产业比重较大，第三产业比重较小。这主要是由于深圳第二产业增加值比重较大，为 44.30%，第三产业增加值相对较小，仅为 55.60%。粤港澳大湾区内部产业结构差异明显，源于两个城市的比较优势的差异。深圳从改革开放至今四十年，主要依靠制造业的大量出口来推动经济增长，第二产业增加值占 GDP 的比重一直超过 50%，其次是金融业、批发零售业和房地产业等。而香港凭借其独特的地理优势，依据比较优势大力发展进出口服务业、交通运输和仓储业，以及凭借自由的投资环境发展金融保险业和资讯行业。

从主要产业来看，纽约湾区、旧金山湾区和东京湾区的产业结构比较相似，而粤港澳大湾区的产业结构具有比较明显的工业化和区域特色。产业结构的差异反映了经济发展阶段和发展模式的差异性。纽约湾区和旧金山湾区、东京湾区依次通过产业转移和产业结构升级，已经走完了以制造业为主要增长动力的工业发展阶段，产业结构日趋成熟。它们的经济发展以房地产业、金融服务业、高科技产业和批发零售等产业为主要的驱动力。而粤港澳大湾区最重要的产业为工业和进出口贸易，其中深圳以工业为首要产业，香港以进出口贸易服务为首要产业。

表 3-2　四大湾区的主要产业

湾区	主要产业
纽约湾区	房地产业、金融保险业、专业和科技服务业、医疗保健业、批发零售业
旧金山湾区	房地产业、专业和科技服务业、制造业、金融保险业、批发零售业、信息产业和医疗保健业
东京湾区	服务业、批发零售业、不动产业、制造业、金融保险业和通信传媒业
粤港澳大湾区	工业、进出口贸易、金融业、批发和零售、房地产业、交通运输、仓储和邮政业、信息传输、计算机服务和软件业

资料来源：美国劳工统计局、美国商务部、湾区协会、湾区普查、日本内阁府、深圳统
　　　　　计局和香港统计局

4. 劳动力素质比较：旧金山湾区的劳动力受教育程度最高

旧金山湾区是美国受教育程度最高的地区之一，仅次于北卡罗纳州、波士顿和华盛顿。旧金山湾区的劳动力中，受教育程度为本科及以上的比重为 46%，而纽约湾区的比重为 42%，美国的平均水平为 28%。从受教育程度可以看出，旧金山湾区的劳动力素质具有很大的优势。这种优势源于两种因素：首先是风险资本在旧金山湾区的高度集中。20 世纪 90 年代末，美国有超过 30% 的风险资本投资在旧金山湾区，目前上升到 40% 以上。风险资本的集中促进了技术及密集型产业的发展，增加了对高素质、科技型人才的需求。其次，该地区的公共和私人研究机构都加大了对研发的投入，对受过良好教育的人才产生了更大的需求。

根据《泰晤士高等教育》发布的 "2012—2013 年世界大学 100 强排行榜" 显示，有 2 所位于纽约湾区，3 所位于旧金山湾区，1 所位于东京湾区。

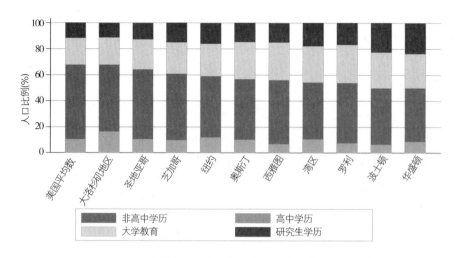

资料来源:《旧金山湾区区域经济评估报告》,《旧金山
湾区委员会经济协会报告（2012 年 10 月)》

图 3 – 8   美国都市统计区雇员受教育程度情况

表 3 – 3   2012—2013 年世界大学 100 强在四大湾区的分布情况

湾区	2013 年全球 100 强大学数（所）	大学名称
粤港澳大湾区	0	无
东京湾区	1	东京大学
旧金山湾区	3	斯坦福大学、加利福尼亚大学伯克利分校、加利福尼亚大学戴维斯分校
纽约湾区	2	纽约大学、罗格斯大学

资料来源:《泰晤士高等教育》发布的"2012—2013 年世界大学 100 强排行榜"

5. 企业创新优势:东京湾区最强,粤港澳大湾区最弱

全球科技创新公司主要分布在东京湾区和旧金山湾区,纽约湾区和粤港澳大湾区数量较少。根据汤森路透发布的"2012 年全球创新力企业（机构）100 强"显示,位于东京湾区、旧金山湾区、纽约湾区和粤港澳大湾区的企业分别有 20 家、8 家、1 家和 0 家。全球创新力企业在四个湾区的差异

非常明显，在一定程度上反映了各个地区的科技创新实力。

东京湾区是世界重要的创新发源地。创新企业主要集中在机械、汽车、电子产品领域，其中以三菱重工公司、丰田汽车公司、索尼公司和佳能公司为代表。

旧金山湾区内的硅谷是世界科技创新中心。20世纪70年代起，这里便成为全球电脑和互联网企业的集聚区。全世界最著名的企业，如谷歌、苹果、英特尔、惠普等企业的总部都位于旧金山湾区。从专利授权数量来看，旧金山湾区是美国所有都市统计区中获得专利授权最多的地区，远远超出纽约湾区和洛杉矶大都市统计区，其专利数量占美国所有专利数量的15.2%，这足以证明旧金山湾区强大的科技创新实力。旧金山湾区是美国科技引领全球所依赖的核心力量。

表 3 – 4   2012 年全球创新力企业（机构）100 强在四大湾区的分布

湾区	企业数量(家)	企业名称
粤港澳大湾区	0	
东京湾区	20	富士胶片公司、富士通公司、兄弟工业株式会社、理光公司、佳能公司、发那科株式会社（FANUC）、奥林巴斯株式会社、日立公司、本田汽车公司、捷特科株式会社（JAT-CO）、三菱电机有限公司、三菱重工公司、信越化学工业株式会社、索尼公司、TDK 公司、东芝公司、NEC 公司、丰田汽车公司、新日铁住金株式会社、电话电报公司（NTT）
旧金山湾区	8	美国超微、Altera 公司、苹果、谷歌、英特尔、美满科技（Marvell）、闪迪公司（SanDisk）、赛灵思公司
纽约湾区	1	美国亚美亚（Avaya）公司

资料来源：汤森路透发布的"2012 年全球创新力企业（机构）100 强"

纽约湾区是美国仅次于旧金山湾区的科技创新中心。从专利数量及其占全国的比重来看，纽约湾区的科技创新实力在美国都处于非常领先的地位，是美国强大科技创新力的重要组成部分。

粤港澳大湾区之所以没有企业上榜，主要是因为香港经济以服务业和国际贸易为主，技术密集型产业并不是主要产业。而深圳企业的创新能力相对于其他发达地区而言，也处于比较薄弱的阶段，技术创新主要是功能性创新和外观性创新，基础性和突破性创新比较缺乏。

6．总部经济规模：东京湾区最强

海湾地区在全世界都是最重要和最多样化的商业中心或总部经济的集聚地。许多最大和增长最快的国际企业将总部设在湾区，并依靠总部经济的带动效应，逐步发展为一系列新的产业链，包括能源、食品、服装、消费品和技术。海湾地区的公司充分利用强大的区域连接的便利，承载全球财富500强的财富聚集和占全球GDP增长越来越大的份额。在旧金山湾区有30家公司属于美国财富500强，10家公司属于全球财富500强，包括世界闻名的苹果、谷歌、甲骨文、英特尔等。纽约湾区有18家全球500强、45家全美500强、16家福布斯最大私企、24家增长最快企业。东京聚集了47家全球财富500强公司，包括东芝公司、本田汽车公司、索尼公司等著名企业。

7．风险投资份额：旧金山湾区最高，粤港澳大湾区最低

2017年6月22日，在综合开发研究院举行的"全球创新增长极：深圳与硅谷"报告会上，旧金山湾区委员会经济研究所总裁肖恩·伦道夫表示，旧金山湾区近三年来吸收了全美45%～50%的投资，大量的风投都位于旧金山以及它周围的湾区，旧金山湾区和波士顿－纽约－华盛顿走廊在全球风投总额中的占比超过40%。风险投资资本培育推动了科技创新企业的发展壮大，可以看出，旧金山湾区丰富的风险投资资金与科技金融体系保障了硅谷的繁荣，相比之下，中国的人均风险投资较为落后。

总体来看，总部在东京湾区的世界500强企业，无论营业总额还是资产总额都高于其他三大湾区，但是总部在旧金山湾区的世界500强企业则以较低的资产总额创造了更多的营业额，以苹果、谷歌和英特尔等高科技互联网公司为代表。与通讯设备和车辆工程等行业相比，互联网公司对固定资

产各项比率的依赖性要低得多，盈利模式也更趋于多样化，广告收入、搜索排名、软件应用分成乃至技术专利都是营业利润的渠道来源。

（二）粤港澳大湾区与国外典型湾区的产业竞争力综合评价

通过前文的数量对比分析，可以发现四个湾区经济体在不同指标方面各有优势。为综合评价各湾区的竞争优势，下文建立评价体系，将粤港澳大湾区与国外典型湾区进行比较。

1. 湾区经济的评价体系设计

基于对湾区经济的内涵，结合数据的可得性和可比较性，湾区经济的发展维度可归结为规模影响力、效益影响力、开放影响力和创新影响力四大体系。四大评价维度解释如下表所示：

表3-5 评价湾区经济的四大维度

评价维度	维度解释	相关指标
规模影响力	主要是产业发展规模总量和要素规模总量。结合数据的可得性，要素规模总量主要是土地和人口规模。	各大湾区的GDP总量；土地规模；人口规模；辐射区域的产业规模等。
效益影响力	主要包括结构高级化和投入产出效率指标。	第三产业所占比重；人均产出；地均产出。
开放影响力	主要包括湾区贸易开放度、政策环境开放度等。	外贸依存度；跨国公司数量；外资吸收数量等。
创新影响力	主要包括科技创新和产品研发等指标。	研发投入占GDP的比重；发明专利数量；新产品出口总额等。

2. 评价方法和指标选择

综合评价采用层次分析法评价。层次分析法（Analytic Hierarchy Process，简称 AHP）是将与决策有关的元素分解成目标、准则、方案等层次，在此基础之上进行定性和定量分析的决策方法。层次分析法的特点是在对复杂的决策问题的本质、影响因素及其内在关系等进行深入分析的基础上，利用较少的定量信息使决策的思维过程数学化，从而为多目标、多准则或无结构特性的复杂决策问题提供简便的决策方法，尤其适用于对决策结果难于直接准确计量的场合。

基于上述对湾区经济四大维度的衡量尺度，结合数据的可获得性，设定粤港澳大湾区与全球三大知名湾区比较的指标体系如下表所示。

表 3-6 湾区评价指标体系

序号	指标
X1	GDP（亿美元）
X2	人口总量（万人）
X3	占地面积（平方公里）
X4	人口密度（人/平方公里）
X5	人均 GDP（美元）
X6	GDP 增长率（%）
X7	第三产业比重（%）
X8	全球金融中心指数
X9	100 强大学数量（所）
X10	世界 500 强企业（家）
X11	最具创新力企业（家）
X12	海外旅客人数（万人）

3. 评价过程及结果分析

主成因分析的具体步骤是：

（1）标准化原始数据；

（2）公因子提取。根据碎石图（见图3-9），前3个公因子特征值都显著大于后者，从第4个公因子开始特征值变化平稳。前3个公因子的累计贡献率达到100%，因此，提权前3个公因子比较合适。

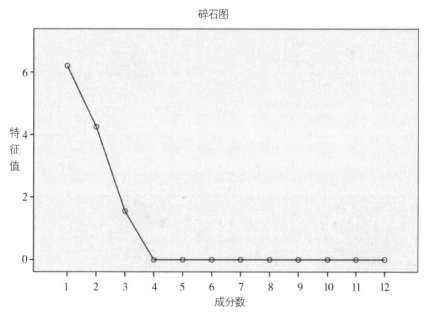

图3-9 主成因分析的碎石图分析

从表3-7可以看出，GDP、人口总量、人口密度、GDP增长率、世界500强企业、最具创新力企业在第一个公因子上有较高的载荷，这些是湾区经济发展的核心因素，可以说是湾区经济的竞争实力；第三产业比重、全球金融中心指数、海外旅客人数在第二个公因子上有较高的载荷，这些是湾区产业发展的外围竞争实力，可以说是湾区经济的竞争潜力；占地面积、人均GDP、100强大学数量在第三个公因子上有较高的载荷，这些因素是湾区产业发展的配套环境，可以说是竞争环境。

表 3 - 7　解释的总方差

成分	初始特征值			提取平方和载入			旋转平方和载入		
	合计	方差的%	累积%	合计	方差的%	累积%	合计	方差的%	累积%
1	6.202	51.685	51.685	6.202	51.685	51.685	4.320	35.996	35.996
2	4.249	35.409	87.095	4.249	35.409	87.095	3.976	33.129	69.125
3	1.549	12.905	100.000	1.549	12.905	100.000	3.705	30.875	100.000
4	.000	.000	100.000						
5	.000	.000	100.000						
6	.000	.000	100.000						
7	.000	.000	100.000						
8	.000	.000	100.000						
9	.000	.000	100.000						
10	.000	.000	100.000						
11	.000	.000	100.000						
12	.000	.000	100.000						

表 3 - 8　旋转成分矩阵

	成分		
	1	2	3
Zscore（X1）	.914	.281	.294
Zscore（X2）	.977	-.014	-.213
Zscore（X3）	-.045	.622	.782
Zscore（X4）	.109	-.405	-.908
Zscore（X5）	.279	.678	.680
Zscore（X6）	-.094	-.268	-.959
Zscore（X7）	.055	.879	.474
Zscore（X8）	.136	.971	.194
Zscore（X9）	-.964	-.035	.264
Zscore（X10）	.966	-.042	.253
Zscore（X11）	.718	-.426	.551
Zscore（X12）	-.173	.956	.236
提取方法：主成分分析法。			
旋转法：具有 Kaiser 标准化的正交旋转法。			
a. 旋转在 6 次迭代后收敛。			

表 3 – 9　成分得分系数矩阵

	成分		
	1	2	3
Zscore（X1）	.209	.061	.008
Zscore（X2）	.244	.069	-.139
Zscore（X3）	-.037	.053	.185
Zscore（X4）	.065	.061	-.292
Zscore（X5）	.047	.107	.112
Zscore（X6）	.023	.120	-.335
Zscore（X7）	.010	.227	-.010
Zscore（X8）	.046	.330	-.154
Zscore（X9）	-.245	-.100	.171
Zscore（X10）	.216	-.051	.064
Zscore（X11）	.131	-.275	.293
Zscore（X12）	-.030	.307	-.116

提取方法：主成分分析法。
旋转法：具有 Kaiser 标准化的正交旋转法。
构成得分。

（3）计算公因子，根据公因子得分系数矩阵，可以计算得出各因子得分的表达式：

$$F_1 = 0.209X1 + 0.244X2 - 0.037X3 + 0.065X4 + 0.047X5 + 0.023X6 + 0.010X7 + 0.046X8 - 0.245X9 + 0.216X10 + 0.131X11 - 0.030X12$$

$$F_2 = 0.061X1 + 0.069X2 + 0.053X3 + 0.061X4 + 0.107X5 + 0.120X6 + 0.227X7 + 0.330X8 - 0.100X9 - 0.051X10 - 0.275X11 + 0.307X12$$

$$F_3 = 0.008X1 - 0.139X2 + 0.185X3 - 0.292X4 + 0.112X5 - 0.335X6 - 0.010X7 - 0.154X8 + 0.171X9 + 0.064X10 + 0.293X11 - 0.116X12$$

将四大湾区的指标值代入上述方程，计算出各因子得分。运用总方差解释表中 3 个公因子方差的贡献率，可以构造出综合评价模型：

$$F = 0.35996F_1 + 0.33129F_2 + 0.30875F_3$$

将各因子得分代入上式，可以得到四大湾区的综合得分，结果如表3 – 10所示。

表 3 – 10 粤港澳大湾区与国际三大湾区竞争力对比图

	竞争实力	竞争潜力	竞争环境	综合得分
纽约湾区	– 0. 05512	1. 49899	– 0. 0015	0. 476296
东京湾区	1. 38528	– 0. 44904	0. 35966	0. 460928
旧金山湾区	– 0. 97596	– 0. 53522	1. 00551	– 0. 21817
粤港澳大湾区	– 0. 3542	– 0. 51473	– 1. 36367	– 0. 71906

从表3 – 10可以看出，粤港澳大湾区与国际三大湾区竞争力比较来看，纽约湾区综合得分最高，东京湾区居第二位，旧金山湾区位居第三位，粤港澳大湾区位居最后，这与《全球城市竞争力报告（2011—2012）》对四个都市、都市的中心城市及其产业的综合竞争力的排名基本一致，说明粤港澳大湾区的竞争力较国际三大湾区之间还有较大的距离。

从构成综合竞争力的三大指标来看，国际三大湾区的竞争优势各有侧重，其中，东京湾区的综合竞争实力最强，纽约湾区竞争潜力最大，旧金山湾区的竞争环境优势较为明显。

第四章

粤港澳大湾区经济与国内城市群经济的比较

京津冀城市群具有明确的功能定位和显著的发展潜力。而长江经济带沿线的三大城市群分别为长三角城市群、长江中游城市群以及成渝城市群，它们是自东向西承接我国产业结构转型升级的重要横向路径。作为海上丝绸之路的关键区域，长三角城市群以及粤港澳大湾区城市群地处沿海区域，是我国海上对外开放的窗口，同时承担着我国技术革新和产业升级的关键任务。

粤港澳大湾区是包括港澳在内的珠三角城市群融合发展的升级版，是从区域经济合作上升到全方位对外开放的国家战略。本章将重点对比分析粤港澳大湾区与京津冀城市群、长三角城市群、长江中游城市群、成渝城市群四大国内主要城市群在发展规划与政策定位、人口规模与经济、交通网络布局、产业发展特点与产业结构等方面的发展情况，总结粤港澳大湾区经济发展的独特优势。

一、中国城市群发展概况

城市群在各个国家经济发展过程中都起着龙头作用。随着中国城市化进程的不断加快，以核心城市为中心的城市群正在逐渐形成，经济聚合和辐射外溢效应不断凸显，是引领中国经济可持续发展的不可或缺的力量。

"十三五"规划将城市群的发展与创设纳入到重点实施项目中，对于东部沿海已经形成并且发展相对成熟的城市群，将会利用其先发优势，进一步发展成为具有区域特色的城市群，通过强化其功能优势并借鉴国际湾区发展经验，使其成为国际化、世界级的城市群。与此同时，将东部沿海城市群的先进发展经验传导至中西部地区，带动中西部地区区域经济功能的完善与创新，协调东中西部地区经济发展不平衡的局面，全面促进我国经济的长期可持续发展。根据"十三五"规划的指导意见，未来将重点发展京津冀、长三角、珠三角三个世界级城市群，对于山东半岛和海峡西岸城市群两个临海但发展相对不成熟的城市群，利用其港口优势，提高对外开放及贸易水平。而中西部地区城市群的发展重点在于以多增长极为支撑，辐射中西部落后城市，以点带面逐渐形成辐射圈，带动中西部地区整体经济的长期稳定增长，进一步促进东北地区、中原地区、长江中游、成渝地区、关中平原城市群的发展，同时对于北部湾、晋中、呼包鄂榆、黔中、滇中、兰州—西宁、宁夏沿黄、天山北坡城市群的形成及发展进行积极引导。

截至 2018 年 2 月，国务院共先后批复了 8 个国家级城市群，分别是：京津冀城市群、长江中游城市群、成渝城市群、哈长城市群、长江三角洲城市群、中原城市群、珠三角城市群以及关中平原城市群。除了已经获批的 8 个城市群以外，待批复的还包括辽中南城市群、山东半岛城市群、海峡西岸城市群。

2017 年 3 月 5 日召开的十二届全国人大五次会议提出，要推动内地与港澳深化合作，研究制定粤港澳大湾区城市群发展规划，发挥港澳独特优势，提升在国家经济发展和对外开放中的地位与功能。①

粤港澳大湾区包括"二区九市"，即香港特别行政区、澳门特别行政区以及广州、深圳、珠海、佛山、江门、东莞、中山、惠州和肇庆。粤港澳大湾区总面积约 5.65 万平方公里，占全国面积不足 1%，常住人口 6600万，占全国人口的 5% 左右，而 2016 年 GDP 总量达到 9.3 万亿，占全国 GDP 总量的 12.5%，是全国经济发展水平最高的地区之一。其中香港、广州、深圳三个地区的 GDP 总量分别是 2.2 万亿、1.96 万亿和 1.94 万亿，占粤港澳大湾区经济总量的 65.6%，是粤港澳大湾区经济发展的中坚力量，代表了粤港澳大湾区经济总体经济发展水平。

二、中国城市群的发展现状与格局

（一）中国城市群的发展现状

根据经济增长理论，经济增长主要是资本、劳动力等生产要素以及

---

① 第十二届全国人民代表大会第四次会议关于国民经济和社会发展第十三个五年规划纲要的决议。

知识创新引起的技术进步所决定的。纵观中国产业结构的演变与发展，可以发现两方面的特点：一方面是劳动力密集型产业正在从发达城市向落后城市进行横向转移，另一方面是在发达城市正在形成依靠知识革新带来的技术进步与生产创新，从而达到产业优化与升级，形成新的经济增长点。传统的以工业化为主导、依赖粗放型经济发展方式带来的经济增长边际效应正在减弱，而以技术创新为主导的集约型经济发展方式正在成为主流。随着东部沿海发达城市的劳动力成本不断上升，人口增长速度逐渐放缓，产业结构正在向以创新和改革为特点的高端产业升级，而东部城市原有的劳动密集型的低端制造业正在向国内城市进行横向转移，既包括核心大城市向周边卫星城市的经济外溢，也包括向中西部城市的产业转移。城市群内部与不同城市群之间的产业结构调整引起了资本流动与劳动力的跨区域转移，发达城市与周边城市的联系更加紧密，东部城市与西部城市的互动更加频繁，形成了国内不同城市与不同城市群之间的经济联动发展效应。

卫星技术的进步使我们得以通过晚上城市灯光亮度观测城市的人口密度和经济发展水平。根据美国国家航空航天局和美国国家海洋和大气管理局的苏奥米国家极地轨道伙伴卫星（Suomi NPP）的观测，2016年地球"夜灯"图像显示，在中国范围内，长三角地区、海峡两岸地区和粤港澳城市群的灯光最集中，并且亮度明显高于其他地区，在京津冀城市群区域，北京和天津的灯光亮度比较显著，远高于河北其他城市，"双核"特征非常明显；国内其他地区仅核心城市的灯光亮度显著，如长江中游城市群的武汉、成渝城市群的成都和重庆、中原城市群的郑州、海西城市群的福州和厦门、关中城市群的西安等。从总体来看，我国东部沿海地区人口密度较大，经济发展水平较高，城市群聚集效应明显，而中西部地区人口主要集中在主要核心城市，"单核"特征显著。

因此，国内东部和中西部城市群呈现出两极分化的发展特征，东部城市群以长三角和粤港澳大湾区为代表，经济发展水平比较高，具有城市群的聚集和协同联动特征以及圈层结构；中西部城市群正处于形成和强化发展阶段，经济增长主要集中在单个或几个核心城市，以京津冀城市群为代表，主要以北京和天津为经济发展的核心，正在向周边城市形成经济外溢并建立起经济发展关系，初步表现出了城市群特有的圈层空间组织形式；其他城市群包括长江中游、成渝、山东半岛等，处于城市群发展的初期阶段，以强核发展为特征，与周边城市经济联系相对单一，没有形成协同发展态势。

（二）中国城市群的发展格局

近年来，京津冀协同发展、长江经济带发展两大区域发展战略和"一带一路"倡议先后纳入到国家重大发展规划中，其中"一带一路"倡议是我国在全球化背景下为实现新型经济发展关系而做出的重大战略部署，目的在于形成不同地区和国家之间的经济协同与政治友好。

丝绸之路经济带横跨中国东部、中部和西部多个区域，通过中西部地区承接东部发达地区的产业转移，并且作为我国对外开放的重要陆路通道，而海上丝绸之路则着重打造我国东部地区对外开放的重要窗口，旨在通过国内外互通互联实现东部地区的产业结构优化升级，成为高端技术、高端人才、高端产业的聚集地。

京津冀协同发展旨在实现北京、天津、河北三地产业优势互补，建成以首都为核心的世界级城市群，同时带动北方区域的协调发展与产业转型，平衡南北方的经济发展差距。

长江经济带横跨9省2市，是东西部产业转移的关键纽带，同时也是连接南北的重要交通枢纽。依托长江黄金水道，长江经济带处在我国核心腹地，将承担着我国东部地区的产业转型升级带动中西部地区复兴的重大任务。

随着两大区域发展战略和"一带一路"倡议的不断推进，中国已经形成了沿海沿江沿线经济带为主的纵向横向经济轴带，途经经济带的五大主要城市群的战略地位也逐步凸显。

京津冀城市群作为三大战略之一，具有明确的功能定位和显著的发展潜力，而长江经济带沿线的三大城市群分别为长三角城市群、长江中游城市群以及成渝城市群，它们是自东向西承接我国产业结构转型升级的重要横向路径。作为海上丝绸之路的关键区域，长三角城市群以及粤港澳大湾区城市群地处沿海区域，是我国海上对外开放的窗口，同时承担着我国技术革新和产业升级的关键任务。

三、粤港澳大湾区与国内主要城市群的比较

（一）三大城市群发展规划与政策定位比较

由于粤港澳大湾区城市群定位在国内较高水平，是国内城市群定位中仅次于长三角城市群的国际化都市群，因此从功能定位而言，国内城市群中与之具有可比性的有京津冀城市群和长三角城市群，本节在城市群发展规划与政策比较上，选择把粤港澳大湾区城市群与京津冀城市群和长三角城市群做比较，以期针对粤港澳城市群的发展定位探索有益经验。

1. 城市群功能定位比较

城市群的功能定位主要是以政策纲领性文件为指导，结合各个城市群的区域位置、历史发展特点、资源优势以及未来的战略定位形成的。三大城市群的功能定位既相互独立，各具特点，又相互补充，统一协调。

表4-1 三大城市群功能比较

	京津冀城市群	长三角城市群	粤港澳城市群
总体定位	以首都为核心的世界级城市群、区域整体协同发展改革引领区、全国创新驱动经济增长新引擎、生态修复环境改善示范区。	建设面向全球、辐射亚太、引领全国的世界级城市群。	全国改革开放先行区。发挥经济特区、国家级新区、国家综合配套改革试验区、自由贸易试验区等体制机制优势以及港澳在全国改革开放和现代化建设中的特殊作用。
纲领性文件	《"十三五"时期京津冀国民经济和社会发展规划》《京津冀都市圈区域规划》《京津冀协同发展纲要》。	《国家新型城镇化规划(2014—2020年)》《长江经济带发展规划纲要》《全国主体功能区规划》《全国海洋主体功能区规划》和《长江三角洲城市群发展规划》。	《粤港澳大湾区城市群发展规划》《中共广东省委关于制定国民经济和社会发展第十三个五年规划的建议》和2016年广东省政府的《政府工作报告》。
区域性功能	区域整体定位体现了三省市"一盘棋"的思想,突出了功能互补、错位发展、相辅相成;三省市定位服从和服务于区域整体定位,增强整体性,符合京津冀协同发展的战略需要。北京市是"全国政治中心、文化中心、国际交往中心、科技创新中心";天津市是"全国先进制造研发基地、北方国际航运核心区、金融创新运营示范区、改革开放先行区";河北省是"全国现代商贸物流重要基地、产业转型升级试验区、新型城镇化与城乡统筹示范区、京津冀生态环境支撑区"。	(1)最具经济活力的资源配置中心。围绕上海国际经济、金融、贸易、航运中心建设以及中国(上海)自由贸易试验区建设,加快制度创新和先行先试,成为资源配置效率高、辐射带动能力强、国际化市场化法制化制度体系完善的资源配置中心。 (2)具有全球影响力的科技创新高地。瞄准世界科技前沿领域和顶级水平,建立健全符合科技进步规律的体制机制和政策法规,最大限度地激发创新主体、创业人才的动力、活力和能力,成为全球创新网络的重要枢纽以及国际性重大科学发展、原创技术发明和高新科技产业培育的重要策源地。 (3)全球重要的现代服务业和先进制造业中心。加快推进产业跨界融合,重点发展高附加值产业、高增值环节和总部经济,加快培育以技术、品牌、质量、服务为核心的竞争新优势,打造若	(1)全国经济发展重要引擎。强化珠三角地区与港澳的辐射引领作用,带动中南、西南地区加快发展,加强与长江经济带发展的有机衔接和统筹协调,在全国创新发展方面发挥重要的示范作用,构建有全球影响力的先进制造业和现代服务业基地,成为促进全国经济平稳健康发展的重要引擎。 (2)内地与港澳深度合作核心区。依托港澳两地国际竞争优势及内地九省区的广阔腹地和丰富资源,在内地与香港、澳门《关于建立更紧密经贸关系的安排(CEPA)》及其补充协议框架下,充分发挥内地九省区与港澳山水相连、经济联系密切以及"一国两制"的优势,深化各领域合作,拓展港澳发展新空间,提升区域开放型经济发展水平。

续表

京津冀城市群	长三角城市群	粤港澳城市群
	干规模和水平居国际前列的先进制造产业集群，形成服务经济主导、智能制造支撑的现代产业体系。 （4）亚太地区重要国际门户。服务国家"一带一路"倡议，提高开放型经济发展水平，打造在亚太乃至全球有重要影响力的国际金融服务体系、国际商务服务体系、国际物流网络体系，在更高层次参与国际合作和竞争。 （5）全国新一轮改革开放排头兵。加快推进简政放权、放管结合、优化服务改革，统筹综合配套改革试点和开放平台建设，复制推广自由贸易试验区、自主创新示范区等成熟改革经验，在政府职能转变、要素市场一体化建设、公共服务和社会事业合作、体制机制创新等方面先行先试。在提升利用外资质量和水平、扩大服务业对外开放、集聚国际化人才、探索建立自由贸易港区等方面率先突破，加快探索形成可复制可推广的新经验新模式，形成引领经济发展新常态的体制机制和发展方式。 （6）美丽中国建设示范区。牢固树立并率先践行生态文明理念，依托江河湖海丰富多彩的生态本底，发挥历史文化遗产众多、风景资源独特、水乡聚落点多面广等优势，优化国土空间开发格局，共同建设美丽城镇和乡村，共同打造充满人文魅力和水乡特色的国际休闲消费中心，形成青山常在、绿水长流、空气常新的生态型城市群。	（3）"一带一路"建设重要区域。立足泛珠三角区域连接南亚、东南亚和沟通太平洋、印度洋的区位优势，充分发挥建设福建21世纪海上丝绸之路核心区以及相关省区作为"一带一路"门户、枢纽、辐射中心和海上合作战略支点的功能，发挥港澳独特作用，共同推动"一带一路"建设，打造我国高水平参与国际合作的重要区域。 （4）生态文明建设先行先试区。发挥泛珠三角区域山清水秀生态美的优势，加快推动形成绿色循环低碳的生产生活方式，建立跨区域生态建设和环境保护联动机制，筑牢生态安全屏障，全面提升森林、河湖、湿地、草原、海洋等自然生态系统稳定性和生态服务功能，推动经济社会与资源环境协调发展。

通过表4-1对三大城市群定位的综合梳理,我们可以更加清晰地明确城市群的不同定位:长三角城市群的定位在三个城市群中最高,为引领我国城市群发展的排头兵,并已成为世界级的城市群;粤港澳城市群的定位是我国改革开放的领跑者,力争成为世界级的湾区,深化港澳与内地经济一体化;京津冀的定位偏重于首都功能的疏散,成为东北亚城市群中心。总体来看,粤港澳在城市群定位中的地位弱于长三角城市群,但是由于香港的国际化优势、市场化制度优势和改革开放的优势,粤港澳城市群在非政策因素引导下,有可能最终超越长三角城市群。

2. 城市群发展目标比较

城市群的发展目标是以功能定位为基础,在符合国家整体战略规划的前提下,以现有的城市群发展水平为依据设立的中长期发展目标。

表4-2 三大城市群发展目标比较

京津冀城市群	长三角城市群	粤港澳城市群
2017年,有序疏解北京非首都的功能取得明显进展,在符合协同发展目标且现实急需、具备条件、取得共识的交通一体化、生态环境保护、产业升级转移等重点领域率先取得突破,深化改革、创新驱动、试点示范有序推进,协同发展取得显著成效。中期到2020年,北京市常住人口控制在2300万人以内,北京"大城市病"等突出问题得到缓解;区域一体化交通网络基本形成,生态环境质量得到有效改善,	中期到2020年,基本形成经济充满活力、高端人才汇聚、创新能力跃升、空间利用集约高效的世界级城市群框架,人口和经济密度进一步提高,在全国2.2%的国土空间上集聚11.8%的人口和21%的地区生产总值。 (1)集约紧凑、疏密有致的空间格局基本形成。空间开发管制和环境分区控制制度全面建立,建设用地的蔓延趋势得到有效遏制,开发强度得到有效控制,划入生态保护红线的区域面积占比稳定在15%以上,基本形成与资源环境承载能力相适应的总体格局。城市开发边界、永久基本农田和生态保护红线制度得到有效实施,特大城市和大城市建设用地实现由增量扩张向存量挖潜转变,上海建设用地规模实现减量化。	第一,加强基础设施互联互通,形成与区域经济社会发展相适应的基础设施体系,重点共建"一中心三网",形成辐射国内外的综合交通体系。 第二,打造全球创新高地,合作打造全球科技创新平台,构建开放型创新体系,完善创新合作体制机制,建设粤港澳大湾区创新共同体,逐步发展成为全球重要的科技产业创新中心。 第三,携手构建"一带一路"开放新格局,深化与沿线国家基础设施

续表

京津冀城市群	长三角城市群	粤港澳城市群
产业联动发展取得重大进展；公共服务共建共享取得积极成效，协同发展机制有效运转，区域内发展差距趋于缩小，初步形成京津冀协同发展、互利共赢的新局面。 远期到 2030 年，首都核心功能更加优化，京津冀区域一体化格局基本形成，区域经济结构更加合理，生态环境质量总体良好，公共服务水平趋于均衡，成为具有较强国际竞争力和影响力的重要区域，在引领和支撑全国经济社会发展中发挥更大作用。	（2）高附加值现代产业体系和区域协同创新体系全面形成。服务经济为主导、智能制造为支撑的现代产业体系更加健全，优势制造领域竞争力进一步增强，形成一批具有较强国际竞争力的跨国公司和产业集群。区域协同创新体系更加完善，科技创新能力显著增强，引领和支撑国家创新驱动发展的核心作用进一步凸显。 （3）保障有力的支撑体系和生态格局全面建立。枢纽型、功能性、网络化的基础设施体系全面建成，省际基础设施共建共享、互联互通水平显著提升。生态环境质量总体改善，区域突出环境问题得到有效治理，一体化、多层次、功能复合的区域生态网络基本形成，江河湖海、丘陵山地等多元化生态要素得到有效保护，江南水乡、皖南古村、滨海渔庄的历史文脉得到有效保护和传承。 （4）城市群一体化发展的体制机制更加健全。阻碍生产要素自由流动的行政壁垒和体制机制障碍基本消除，统一市场基本形成，户籍人口城镇化率稳步提高，公共服务共建共享、生态环境联防联治的机制不断健全，城市群成本分担和利益共享机制不断创新，省际毗邻重点地区一体化步伐加快，多元化主体参与、多种治理模式并存的城市群治理机制建设取得突破。 远期目标：到 2030 年，长三角城市群配置全球资源的枢纽作用更加凸显，服务全国、辐射亚太的门户地位更加巩固，在全球价值链和产业分工体系中的位置大幅跃升，国际竞争力和影响力显著增强，全面建成全球一流品质的世界级城市群。	互联互通及经贸合作，深入推进粤港澳服务贸易自由化，打造 CEPA 升级版。 第四，培育利益共享的产业价值链，加快向全球价值链高端迈进，打造具有国际竞争力的现代产业先导区。 第五，共建金融核心圈，推动粤港澳金融竞合有序、协同发展，培育金融合作新平台，扩大内地与港澳金融市场要素双向开放与联通，打造引领泛珠、辐射东南亚、服务于"一带一路"的金融枢纽，形成以香港为龙头，以广州、深圳、澳门、珠海为依托，以南沙、前海和横琴为节点的大湾区金融核心圈。 第六，共建大湾区优质生活圈，以改善社会民生为重点，打造国际化教育高地，完善就业创业服务体系，促进文化繁荣发展，共建健康湾区，推进社会协同治理，把粤港澳大湾区建成绿色、宜居、宜业、宜游的世界级城市群。

从表4-2发展目标看，三大城市群的发展目标各有侧重点，其中京津冀的目标在于缩小区域差距和实现首都圈的资源配置优化，加强市场机制的作用；长三角城市群的目标在于提升区域产业合作优势，加强创新，成为全球一流城市群；粤港澳大湾区城市群的初步发展目标更多在于集中粤港澳地区的科创和金融优势，成为科创中心、开放中心和我国南向合作的重要起点。

由此可见，粤港澳大湾区城市群的发展目标是以外向型为主，借力湾区优势，重铸科创和金融两大核心竞争力，致力于发展成为世界级湾区。

3. 城市群主导产业规划比较

主导产业决定了城市群经济发展水平的高低，一般经济发展水平较高的城市群是以科技创新和服务为主，而以传统重工业为主的城市群经济发展水平相对较低，普遍存在产能过剩、产业升级滞后、服务水平不高等特点。

主导产业规划是城市群在现有的战略规划框架下实现中长期发展目标的重要着力点，是城市群核心竞争力的体现。通过对三大城市群主导产业规划的比较，可以更清晰地看到粤港澳大湾区城市群的产业竞争优势和主导产业未来的发展方向。

从表4-3三大城市群主导产业规划来看，京津冀城市群的主要方向在于疏通交通网络，打造国际一流的航空枢纽和港口群，提高首都服务国际交往的软硬件水平，同时延伸现有的产业链和完善产业集群，偏向于政治服务功能；长三角城市群的主要方向在于传统产业链的强化与创新以及新兴产业的培育，注重发展现代服务业的创新优势，是全国的经济导航；粤港澳城市群依托香港和澳门在科技、金融、航运物流、旅游等领域的发展优势，注重科技成果转化以及传统制造业的转型升级，未来将形成先进制造业与现代服务业双轮驱动的产业发展模式。

表4-3　三大城市群主导产业规划比较

京津冀城市群	长三角城市群	粤港澳城市群
在交通一体化方面，构建以轨道交通为骨干的多节点、网格状、全覆盖的交通网络。重点是建设高效密集轨道交通网，完善便捷通畅公路交通网，打通国家高速公路"断头路"，全面消除跨区域国省干线"瓶颈路段"，加快构建现代化的津冀港口群，打造国际一流的航空枢纽，加快北京新机场建设，大力发展公交优先的城市交通，提升交通智能化管理水平，提升区域一体化运输服务水平，发展安全绿色可持续交通。 "十三五"时期京津冀地区将打造国际一流航空枢纽，构建世界级现代港口群，加快建设环首都公园，打赢河北脱贫攻坚战，建立健全区域安全联防联控体系，全面提高首都服务国际交往的软硬件水平，加强与长江经济带的联动。建成有创新能力的产业链和产业集群，完善金融、信息服务和现代制造业的产业链延伸。	强化主导产业链关键领域创新。以产业转型升级需求为导向，聚焦电子信息、装备制造、钢铁、石化、汽车、纺织服装等产业集群发展和产业链关键环节创新，改造提升传统产业，大力发展金融、商贸、物流、文化创意等现代服务业，加强科技创新、组织创新和商业模式创新，提升主导产业核心竞争力。 依托优势创新链培育新兴产业。积极利用创新资源和创新成果培育发展新兴产业，加强个性服务、增值内容、解决方案等商业模式创新，积极稳妥发展互联网金融、跨境电子商务、供应链物流等新业态，推动创新优势加快转化为产业优势和竞争优势。	粤港澳大湾区的产业发展将紧紧围绕研发及科技成果转化、国际教育培训、金融服务、专业服务、商贸服务、休闲旅游及健康服务、航运物流服务、资讯科技等八大产业。

资料来源：《京津冀协同发展纲要》《长江经济带发展规划纲要》《中共广东省委关于制定国民经济和社会发展第十三个五年规划的建议》和国务院发布粤港澳大湾区城市群发展规划。

（二）五大城市群经济与人口规模的比较

表 4 - 4　国内主要城市群经济与人口规模

五大城市群	城市数量	面积（万平方公里）	2016 年 GDP（万亿）	2015 年常住人口（亿）	人均 GDP（元）	地均 GDP（万/平方公里）
粤港澳大湾区城市群	11	5.65	8.84	0.67	131940	15785
长三角城市群	26	21.2	14.7	1.5	97454	6949
京津冀城市群	13	21.5	7.5	1.1	67524	3499
长江中游城市群	28	34.5	7.1	1.2	56759	2049
成渝城市群	16	24	4.8	0.9812	49066	2007
全国		963.4	74.4	13.7	53980	772
占比		11%	58%	40%		

数据来源：根据国家及各省市统计局、中国及各省市统计年鉴整理

　　由表 4 - 4 可知，国内主要五大城市群面积合计占国土面积的 11%，常住人口占全国人口的 40%，经济总量却占全国经济总量的 58%，是人口相对集中，经济最为活跃的区域。2016 年粤港澳大湾区城市群人均 GDP 和地均 GDP 均位列五大城市群之首，分别为 131940 元和 15785 万/平方公里；长三角城市群的经济总量最高，为 14.7 万亿，粤港澳大湾区城市群次之，为 8.84 万亿。

　　由以上数据分析可以知道，长三角、京津冀与粤港澳三大城市群的经济总量和人均产值排在五大城市群的前列，是未来中国经济发展的重要引擎。其中京津冀城市群受到行政区域与经济区域划分复杂，产业同构等限制，虽然规划多年，城市一体化进程依然较慢，人均产值仅为粤港澳大湾区城市群的 1/2，随着相关规划与政策制度的执行与落实，未来京津冀城市群将与长三角城市群实现联动，进而缩小与长三角和粤港澳城市群的差距。

　　长江中游城市群和成渝城市群作为中西部城市群的代表，其经济发展

水平与发达城市群相比还有较大的差距，但是从其战略定位来看，未来将主要承接发达城市群的产业转移，城市群之间的联系将会更加紧密，通过吸取发达城市群的先进发展经验，带动中西部城市协同发展，从而实现中西部崛起，缩小东西部地区的贫富差距。

　　图4-1表明五大城市群的人口增长速度差异明显。其中，京津冀城市群人口增长速度最快，5年人口增幅达到6.7%，5年累计人口增量近700万，超过粤港澳大湾区人口增量的1倍。从图4-2可以看出，京津冀城市群人口的增长主要来源于北京和天津两市人口的增加。京津冀城市群"双核"发展的特征从人口增长的角度，表现为人口不断向北京和天津两大城市聚集。粤港澳大湾区城市群人口增长速度次之，5年人口增长率为4.8%，5年累计人口增量近300万。图4-2表明，粤港澳城市群人口的增长主要来源于广州、深圳和港澳地区人口的增加，未来将会充分发挥香港、广州、深圳三个中心城市在现代服务业和先进制造业领域的优势，不断吸引国内外高端人才流入。长三角城市群、长江中游城市群和成渝城市群的人口增长速度比较接近，分别为2.4%、2%和2.5%，但是三者又有区别，长三角城市群虽然人口增速不高，但是人口基数较大，2015年常住人口达到1.5

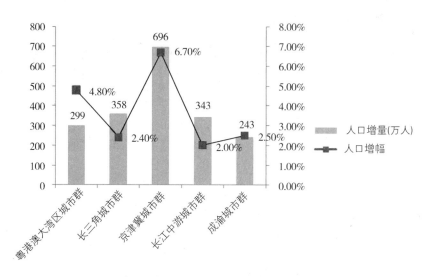

图4-1　2010—2015年五大城市群常住人口增量及增幅

亿人，为五大城市群之首。人口增速不高的一方面原因是户籍制度限制，另一方面原因是长三角城市群发展相对成熟，人口流入速度趋于稳定，而长江中游城市群人口基数仅次于长三角城市群，人口增长速度不高主要是因为长江中游城市群跨越的三个省份均属于主要的人口净迁出省份，人口流出部分抵消了人口的增长。成渝城市群人口基数略高于粤港澳大湾区城市群，但是人口增长速度却远低于粤港澳大湾区城市群，主要原因是人口向东部城市流入比例较大，以及地理原因导致的交通不便限制了人口大规模流动。

从图4-2可以看出，京津冀、粤港澳、成渝城市群双核或者三核驱动的特征比较明显，核心城市的人口增长占整个城市群的比例超过60%，长三角和长江中游城市群则表现为跨区域多核心发展，各城市人口增长占比表现相对均衡。

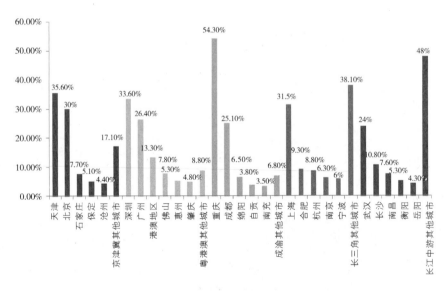

图4-2　2010—2015年五大城市群内人口增长占比

从五大城市群内部城市的人口规模分布可以看出，城市间发展的层次结构上，粤港澳城市群和长三角城市群表现出比较明确的层次结构，城市间互动频繁，具有较强的协同联动效应；长江中游城市群由于跨越多个省份，多中心的结构特点比较显著，人口和资源分布也相对分散；京津冀城市群聚集效应比较显著，资源和人口分布相对集中，短期内难以实现城市间的协同；成渝城市群主要以重庆和成都两大核心城市为主，双头结构显著，50%以上的人口增量都集中在重庆，资源分布极度不平衡，距离真正意义上的城市群还有一定差距。

（三）五大城市群的交通网络布局比较

交通网络布局是否完善直接影响城市群内各个城市之间互联互通的效率以及城市一体化进程的速度，纵观国内外发展相对成熟的城市群，都是在发达的交通网络的基础上形成的，比较五大城市群的交通网络布局，可以更加直观地看到各个城市群的人口、资源分布和产业结构特点。

表4-5　五大城市群交通网络布局

	交通网络布局	特点
京津冀城市群	京津冀城市群已经形成以渤海西岸港口为龙头、铁路为骨干、公路为基础、航空运输相配合、管道运输相辅助的综合交通运输网络。	一是形成了以京沪铁路和京沪高速公路为主干的京沪综合运输大通道；二是形成了以大秦、京秦铁路、京沈高速公路和京秦输油管道为主干的京沈综合运输大通道；三是形成了以京广铁路、京珠高速公路为主干的京广综合运输大通道；四是形成了以京兰铁路和京银公路国道为主干的京兰综合运输大通道；五是形成了以京九铁路和京珠公路国道为主干的京九综合运输大通道；六是形成了以石德、石太铁路和石太高速公路为主干的石太、石德综合运输大通道。这六大综合运输大通道是全国综合交通体系的重要组成部分，在京津冀城市群一体化建设中发挥着重要作用。

续表

	交通网络布局	特点
长三角城市群	长三角城市群的交通一体化建设已初具规模，基本建成了包括公路、铁路、水运在内的"五圈、六廊、十六枢纽"的交通一体化运输发展格局。在交通信息管理方面，建成了包括上海、杭州、南京、宁波在内的大通关协作区域，实现了区域内的物流一体化发展；在旅客运输方面，建成了以城际公交为主要运输方式，以"一卡互乘，零距离换乘"为特点的客运一体化服务网络。预计在2020年以前，建成"两纵六横"的现代化水运航道网，建成"3小时公路交通圈"，建成以上海为中心，以沪宁、沪杭为两翼的现代化城际轨道交通。	一是注重公路、铁路与水运的协调发展，加强了各种交通运输方式的无缝衔接；二是大力发展交通管理服务体系，将交通信息管理一体化与物流管理一体化建成世界领先水平，提高客货运输服务的科技水平；三是注重城际轨道交通建设发展，在圈内城际间建设先进的轨道交通，承担主要的旅客运输需求，与市内的公路交通运输相互补充，实现城内外交通运输的有效衔接。
粤港澳城市群	粤港澳大湾区将重点共建"一中心三网"，即世界级国际航运物流中心，建设多向通道网、海空航线网、快速公交网，形成辐射国内外的综合交通体系。	一是水路运输发达。由于多数城市都是围绕着珠江口岸分布，因此其内外航道非常丰富，内河航道里程有11851公里，三级及以上航道占航道总里程的7.5%，已基本形成"三纵三横"千吨级骨干航道网，是目前我国建设最发达的对外航运口岸；二是航空运输在对外交通运输中发挥着重要作用。广州机场、深圳机场和珠海三灶机场承担了城市群内近1/2的客货运输任务，与国外五十多个机场有业务往来关系；三是铁路运输成为城市群与内陆省份之间交通运输的主要方式。武广高铁、京广线、京九线、广深线、广三线等主要铁路干线运输里程占广东省铁路总里程的41%。已经实现了多种交通方式互通互联，构建了城市群交通一体化运输网络。

续表

	交通网络布局	特点
长江中游城市群	长江中游城市群经济腹地广阔，拥有一批现代化港口群、区域枢纽机场以及铁路、公路交通干线，基本形成了密集的立体化交通网络，在全国综合交通网络中具有重要的战略地位。	长江中游城市群横跨鄂、湘、赣三省，涵盖武汉都市圈、环长株潭、环鄱阳湖都市圈。根据《环鄱阳湖城市群规划（2015—2030）》、长株潭城市群区域规划、长江中游城市群规划，未来将形成以武汉都市圈、环长株潭、环鄱阳湖都市圈三大都市圈为核心的城市群交通网络。其中，2013—2016年已经实现武咸、武黄、武冈、武孝四条城际铁路通车，咸宁、黄石、黄冈、孝感四个城市与武汉市之间构成"半小时铁路圈"，未来将规划武汉至仙桃、潜江、天门的城际铁路，扩大武汉向西的辐射力和城市圈的影响力；环长株潭都市圈将形成"一竖两横加半圆"的城际交通网络，其中"一竖"是岳阳–长株潭–衡阳，"两横"是长沙–益阳–常德、湘潭–娄底，"半圆"是汨罗–益阳–娄底–衡阳，长株潭城际铁路已经开通，长沙、株洲、湘潭三市之间形成"人"字形的快速便捷的半小时通勤圈；环鄱阳湖都市圈将形成"一环八射两联通"的城际交通网络，"一环"为环鄱阳湖城际，"八射"分别为九江方向、奉新–修水方向、奉新–上栗方向、高安方向、丰城–樟树方向、抚州方向、鹰潭–上饶方向、景德镇方向的城际铁路，"两联通"为新余–吉安城际、景鹰铁路。
成渝城市群	成渝城市群将以长江上游航运中心和重庆、成都两大核心，建设以高铁、城际和高速公路为骨干的交通路网结构，尤其是高铁方面将有大动作，无论是城市群内部还是对外，高铁铺设密度将大幅提升。	绵遂内宜、成都–新机场–自贡–泸州、达渝、重庆市域、重庆都市圈环线5条高铁线已进入2020年规划建设表，另外，成都都市圈环线、重万、成德绵乐等高铁线路也已进入规划中。对外方面，成都至西宁、西安至成都、成都至贵阳、重庆至郑州、重庆至昆明也都将开通高铁。借由这几条高铁，成渝与中国东部地区的联系将得到极大增强，自贡、泸州等城市更是首开高铁，交通通达性明显好转，成渝内部核心城市与周边城市更将形成1小时交通圈。另外，成都新机场将于2020年建成，届时成都将成为全国第三个拥有双机场的城市，客运、货运吞吐量将有显著提升，坐稳西部地区门户地位，其在西部的辐射能力将进一步增强。与西部其他城市连接度的提高及其经济的相对优势，更有利于成、渝吸纳西部地区人口，成为带动中国西部地区发展的领头羊。

资料来源：《京津冀协同发展纲要》《长江经济带发展规划纲要》《中共广东省委关于制定国民经济和社会发展第十三个五年规划的建议》《长江中游城市群发展规划》和国务院发布粤港澳大湾区城市群发展规划等。

由表4-5可以看出，五大城市群交通网络布局基本都包括了港口、公路、铁路和航空为一体的综合交通网络体系。由于各个城市群的发展程度和功能定位不一样，因此交通网络布局的侧重点也有所差异：京津冀城市群对内以铁路和公路为重点建设综合运输大通道，对外打造一流国际航空枢纽，提高首都服务国际交往的软硬件水平，城市群特征还未完全凸显；长三角城市群重点打造交通管理服务体系，建设一体化的交通服务网络，城市群发展程度较高；粤港澳城市群依托其丰富的航道资源和毗邻香港的国际港口优势，实现了多种交通方式互通互联，是我国全面实现对外开放的重要窗口，城市群特征比较显著；长江中游城市群和成渝城市群正在以铁路和公路建设为重点，形成都市圈，从而带动城市间的人口和资源流动，促进相邻城市一体化建设。

（四）五大城市群的产业发展特点比较

城市群的产业发展是以主导产业为核心，依托交通网络布局进行资源流转和人口流动。一般交通网络越发达，资源和人口流动越频繁，产业发展越迅速，产业升级和更新换代的能力越强。

通过对五大城市群产业发展特点的比较，可以看到发达城市群和落后城市群的产业发展路径差异。

表4-6　五大城市群产业发展特点

产业发展特点	
京津冀城市群	京津冀城市群借着北京、天津核心城市的区位优势，根据河北省工业转型升级"十三五"规划，自北向南依次形成绿色生态产业、高新技术及生产性服务业、沿海产业、先进制造业以及特色轻纺产业。其中，北京的优势在于人才和研发，当前生产性服务业、高新技术、总部经济、文创和信息产业构成了经济的主要组成部分。在现有基础上，北京继续优化升级，清理落后产业，集中发展"知识型＋服务型"经济，成长为国际大都市；天津将在原有八大支柱产业上，利用港口和沿海优势，发展"加工型＋服务型"经济，建成高端装备、新一代信息技术、汽车、现代石化、现代冶金、轻工纺织等6大五千亿级优势产业集群，先发优势将继续保持；河北省在人口规模和重工业上占据优势，未来产业发展的主要使命在于培育装备制造、电子信息等新兴产业和改造钢铁、石油化工等传统产业，发展商贸物流业。

续表

	产业发展特点
长三角城市群	长三角地区作为国内产业发展高地，产业门类齐全，集群优势明显，生产力强。未来智能制造和现代服务业成为产业发展方向。城市间已经形成了各自特色的产业体系：目前上海的产业构成中，汽车制造、钢铁等加工制造业仍然占据一定比例，未来上海仍将聚焦总部经济、金融、科创等功能，向外疏解非核心功能；杭州依托阿里巴巴、"五水共治""三改一拆"，大力发展第三产业，融合科技、金融、旅游，借助技术革新实现生活方式创新；苏州利用紧挨上海的先天优势，深化与上海的对接，创立了全国闻名的苏南模式，并善于引进外资，已有90家世界500强企业在苏投资，同时借助制造业基础雄厚、门类齐全、企业众多的优势进行传统产业改造提升和推动产业价值链的上移；南京作为老牌工业基地，其信息技术、智能电网、高端装备制造业具备优势；合肥则以工业立市，家用电器和装备制造是其传统优势产业，洗衣机和冰箱产量分别占全国两成和三成，平板显示及电子信息从无到有并实现快速增长，已成为合肥支柱产业。
粤港澳城市群	粤港澳大湾区依托珠三角城市的新兴科技创新能力和深厚的制造业基础，叠加以香港为龙头的金融核心圈，产业体系主要由科技和金融双轮驱动。粤港澳城市群的制造业布局主要集中于珠三角地区，从产业结构来看，广州和深圳两市第三产业占比均已超过60%，但第二产业仍占据相当比例，制造业仍是广州和深圳快速发展的重要推动力。同时，金融、信息技术等高附加值产业是未来城市转型升级的重要方向；佛山城市发展主要靠工业驱动，以"本土经济，民营经济，内生式发展"为特点的佛山模式使城市取得了令人瞩目的成就。2016年佛山GDP达8630亿元，增长8.3%，第二产业占比59.2%，同时，民营经济增加值5481亿元，占GDP的63.5%，美的、格兰仕等7家民营企业入围"2016中国民营企业500强"。东莞则是外来投资模式的代表，2016年GDP达6828亿元，同比增长8.1%，在智能终端产业的带动下，电子信息制造业增长20%左右，华为、OPPO、VIVO手机出货量均进入全球前六、稳居全国前三。此外，佛山和东莞已经迈过独立发展的阶段，与广州和深圳形成了关联产业链条。佛山与广州优势互补，广州制造业以基础工业和重工业为主，佛山优势则在于轻工业。深莞惠都市圈形成了以电子信息为标志的产业链条，深圳掌握"微笑曲线"的两头，负责技术研发与品牌营销，而东莞成为深圳外溢企业的首选，集中了大量生产制造企业，惠州也在加强与深圳的产业联系，深莞惠三市正在形成电子信息的全产业链布局。珠中江三市作为珠三角三大都市圈之一，城市间的联系程度远低于另外两个都市圈，尤其是珠海作为都市圈的核心，自身实力与广深相差较远，但港珠澳大桥通车后，珠海将成为国内唯一陆路连通港澳的城市。

续表

	产业发展特点
长江中游城市群	长江中游城市群以武汉为中心城市，长沙、南昌为副中心城市。包括湖北的武汉都市圈、襄荆宜城市群和湖南的长株潭城市群以及江西的环鄱阳湖经济圈。武汉作为国家著名的老工业基地和中部地区最重要的经济中心，具有相对完整成熟的产业体系。目前已经形成了以武汉为中心、以光电信息产业和生物医药产业为主体的高新技术产业群，沿长江的"宜昌－武汉－黄石"高新技术产业带和沿汉江的"十堰－襄樊－武汉"汽车工业走廊。
成渝城市群	成渝城市群仍以工业为主，除重庆、成都第三产业占比较高外，其余城市第二产业占比均较高，传统制造业在区域发展中仍起着支撑作用。未来将以重庆、成都、德阳、绵阳、南充、眉山等为重点发展成套装备、壮大能源装备、航空航天、数控机床、轨道交通设备、船舶设备、工程机械、环保成套设备、汽摩整车、仪器仪表、机器人等产业集群；以重庆、成都、绵阳、乐山、自贡、德阳等城市为重要支撑，加快培育节能环保、新一代信息技术、生物产业、新能源、新能源汽车、高端装备制造和新材料产业；以成都、重庆为核心，以绵阳、乐山、宜宾、万州、丰都等城市为发展支撑，构建旅游商务休闲产业体系，培育发展生产性服务外包产业、金融商务等现代服务业。

由表4-6可以看出，京津冀城市群在重工业上占有比较优势，未来主要培育具有较高技术水平的装备制造、电子信息等新兴产业，以及改造钢铁、石油化工等传统产业的发展方式，重点发展商贸物流业；长三角城市群在产业集群方面优势突出，主要以现代服务业和智能制造为发展方向；粤港澳城市群在第三产业具有绝对优势，同时具有较强的科技创新能力和深厚的制造业基础，叠加以香港为龙头的金融核心圈，产业体系主要由科技和金融双轮驱动，产业链条优势完善；长江中游城市群在光电、生物制药领域优势明显，以武汉为中心的高科技产业集群将会逐步辐射到沿江城市，带动周边城市发展；成渝城市群工业占比较高，以重装制造业为主导，城市间产业分层特征明显，未来将培育发展生产性服务外包产业、金融商务等现代服务业。

（五）五大城市群核心城市三大产业结构比较

产业结构是结合各个城市群产业发展特点，选取各个城市群中代表性城市在第一产业、第二产业、第三产业所占各城市群总体经济规模的比例。其中，第三产业所占比重越高，说明代表性城市经济发展水平越高。

粤港澳、京津冀核心城市第三产业比重领先其他三大城市群。北京、天津作为京津冀城市群的主导城市，第三产业在经济中的比重均超过50%，北京的第三产业比重更是高达79%；深圳、香港和广州作为粤港澳大湾区的主导城市，第三产业在经济中的比重更高，香港的第三产业比重为92%，广州为67%，深圳为58%。由图4-3，我们可以更加直观地看到京津冀和粤港澳大湾区城市群相对于国内其他三大城市群中的核心城市在第三产业中的优势。

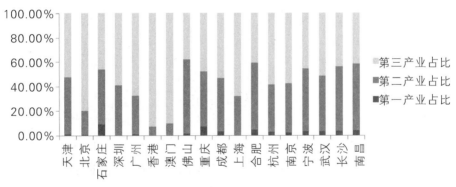

图4-3 2015年五大城市群核心城市的产业分布

长三角城市群的核心城市产业结构更为均衡。在图4-3中，长三角的核心城市上海、杭州、南京、宁波和合肥在产业结构上有高度的一致性，第三产业和第二产业的比重较为接近；这点更突出了长三角城市群在产业结构上的高度完整性，也更容易形成上下游产业链的集群发展。粤港澳大湾区城市群中的核心城市第三产业发达，第二产业的比重相对较低，因此在产业集群的上下游供给上弱于长三角，尤其是在主要城市群均把智能制造作为主导方向的趋势下，此项弱势是粤港澳大湾区在未来发展中可以加强的方向。

（六）五大城市群的经济发展总结

国内目前仅长三角城市群和粤港澳城市群处于比较成熟的发展阶段，城市群层次结构明显，各城市间互联互通效果显著，一体化程度较高，是未来高科技产业和现代高水平服务业发展的聚集地，也是我国产业转型升级的重要起始地。京津冀城市群虽然经过多年规划，但是受到行政区域和经济区域划分的障碍以及京津的空吸作用，城市一体化进程发展相对缓慢，随着政策力度的不断加强，外溢效应开始显现，周边城市受到京津地区的辐射，逐步进入一体化发展阶段。长江中游城市群和成渝城市群还处于强核发展阶段，城市间的辐射效应不明显，第一产业和第二产业占比较大，产业升级滞后，未来是承接发达城市群产业转移的重点区域。

长三角城市群经济发展水平居于五大城市群之首，人均产值最高，具有较强的人才吸引力，是高端人才和高科技企业的聚集地，同时也是我国对外交流的重要窗口和参与国际市场竞争的主要平台。目前，长三角城市群已经形成了以上海为核心，南京、杭州、苏州、合肥、宁波五大都市圈为动力来源的城市格局，城市间协同效应显著。

粤港澳大湾区城市群有毗邻港澳的沿海港口优势，是承接国际产业转移的重要平台，同时具有深厚的制造业基础。由于各城市在行政区域上均属于广东省，行政壁垒相比京津冀城市群低，城市间具备高度的协调性，发达便捷的交通网络也使粤港澳城市间一体化程度处于领先地位。广州与佛山、深圳与东莞实现了城市间互联互通，交通网络便捷通达，产业链条优势互补，广州与深圳重点在上游的研究与开发，佛山和东莞则承接了中下游的制造与生产，最后消费与服务又回到广州与深圳等经济发达城市，形成产业闭环，城市间协同效应显著。在大湾区的时代，粤港澳城市群将会借助香港和澳门在金融、贸易、旅游服务等领域的先发优势形成独特的竞争力。

京津冀城市群是政策主导型为特征的城市群，尤其是在"雄安新区"规划出炉以后，提高了京津冀城市群发展规划的战略地位和决心，"雄安新区"的规划级别与当初的深圳特区和浦东新区相当，未来京津冀城市群一体化的发展路径更加明确。2020 年，随着城际高铁网络的建成，环绕北京的 1 小时通勤圈将会使北京人口逐渐向周边城市扩散，北京的资源和产业也将逐步转移到附近城市，在交通网络一体化与产业转移推动下，天津和河北附近区县市将会受到经济外溢影响，实现环京片区城市带的协调发展，城市一体化程度也会提升。

长江中游城市群在地理位置上处于我国经济腹地和黄金水道的关键区域，承接东西的水运通道和南北的陆运通道，是东西部产业转移的关键区域。无论是从人口规模增长水平还是经济发展程度而言，长江中游城市群中的三大省会城市武汉、长沙、南昌仍然具有较强的虹吸效应，但对周边城市的辐射作用有限，随着环三大都市圈轨道交通网络的建设，未来长江中游城市群特征将会逐步显现，核心城市的经济外溢将会凸显。

成渝城市群是西部最发达和城市人口最集中的区域，但是与东部沿海发达城市群相比还存在一定的差距：一方面城市极化效应还比较显著，重庆和成都的经济发展水平较高，而其他城市的发展水平较低，城市间的差异明显，另一方面产业分布不均衡，第一、二产业占比较高，城市间产业协同作用有限。未来成渝城市群作为西部地区承接东中部产业转移的重要区域，需要尽快实现城市间的交通网络一体化。

与国内主要的城市群相比，粤港澳大湾区经济具有独特的优势。粤港澳大湾区经济以海港为依托、以湾区地理区位为基础，具有开放的经济结构、发达的国际交通网络，产业集聚功能显著，是国家重要的增长极和技术变革的创新地。

第一，从地理位置来看，粤港澳大湾区是贯穿东南亚、南亚、中东、欧洲等四大地区"一带一路"沿线多个国家的主要通道。以粤港澳大湾区为中心，东面是我国海峡西岸经济区，西面是我国北部湾经济区和东南亚地区，北面是则是我国以湖南、江西省会城市为核心的长江中游城市群以及我国中部的主要城市群。它承接了我国内部腹地、开启了东盟的海陆国际大通道，是"一带一路"的关键战略枢纽。

第二，从交通布局来看，粤港澳大湾区不仅拥有世界最大的海港和空港群，而且铁路和公路交通也十分发达。一方面，天然的湾区优势和对外开放的历史经验是国际贸易发展的主要依托，粤港澳拥有三个全球大港，分别为世界排名第三的深圳港、第五的香港港和第七的广州港；另一方面，城市九纵三横的高速公路网和城际轻轨已经在建设完善当中，港珠澳大桥全线贯通后，珠江口东西两岸将会实现无缝对接。

第三，从要素禀赋来看，粤港澳地区第三产业占比较高，借助港澳金融和高端服务业的发展经验，凭借深圳在高科技和产业创新方面具有的优势，以及珠三角其他城市制造业的深厚基础，粤港澳城市群具有得天独厚的资源优势。按 2017 年两会《政府工作报告》的初步方向，打造粤港澳大湾区经济要发挥各区域优势：金融服务在香港、研发在深圳、制造在珠三角，三者协同发展。

第四，从经济发展所处的阶段来看，粤港澳大湾区的经济总量和人均产值均处于前列。粤港澳大湾区整体面积约 5.65 万平方公里，占全国土地面积不足 1%；人口数量总和 6600 万人，不足全国总人口的 5%；2016 年粤港澳地区的 GDP 总量高达 9.3 万亿，创造了全国 GDP 的 12.5%，其中，香港、广州和深圳 GDP 总量分别达到 2.2 万亿、1.96 万亿以及 1.94 万亿，分列粤港澳地区前三，为打造大湾区经济提供了良好基础。

第五章

粤港澳大湾区的优势
及存在的问题

通过国际知名湾区和国内城市群的对比，不难发现，粤港澳大湾区是我国开放程度最高、经济活力最强的区域之一，部分基础条件与国际知名湾区比肩，具备建成国际一流湾区和世界级城市群的潜力。但是，粤港澳大湾区也因为"两种制度、三个关税区"的原因，在制度包容、互联互通、资金跨境流通以及产业协调等方面存在障碍，影响粤港澳三地协同发展。

通过国际知名湾区和国内城市群的对比，不难发现，粤港澳大湾区是我国开放程度最高、经济活力最强的区域之一，部分基础条件与国际知名湾区比肩，具备建成国际一流湾区和世界级城市群的潜力。但是，粤港澳大湾区也因为"两种制度、三个关税区"的原因，在制度包容、粤港澳互联互通、资金跨境流通以及产业协调等方面存在障碍，影响粤港澳三地协同发展。

一、粤港澳大湾区的优势

粤港澳大湾区具备得天独厚的发展优势，主要体现在国家及地方政策、制度、区位及腹地、经济、产业、创新、交通体系和国际合作八个方面。与国际知名湾区相比，粤港澳大湾区在经济、产业、创新、交通体系方面都具备国际一流湾区的基础，虽然国际合作能级相对较低，但是与国内京津冀、长三角等城市群相比，其依托港澳开展国际合作的优势是国内其他城市群无法比拟的。再加上国家层面出台政策支持，粤港澳大湾区发展成为国际一流湾区的条件已经齐备。

（一）政策优势

粤港澳大湾区承载多项国家战略，既是对外开放的门户，也是"一带一路"的重要节点，更是我国自贸区战略先行先试区。区域合作层面上，《关于建立更紧密经贸关系的安排》（即 CEPA 协议）及其补充协议的签署为粤港澳三地合作打下了基础；《珠江三角洲地区改革发展规划纲要（2008—2020 年）》的颁布促进了珠三角区域经济的发展，为珠三角区域上升为粤港澳大湾区打下基石；《泛珠三角区域合作框架协议》为粤港澳大湾区提供了广阔的腹地，扩展了粤港澳大湾区的辐射范围。

1. 国家战略

（1）粤港澳大湾区战略

从 2008 年起，有关粤港澳地区合作发展的政策陆续出台，推动粤港澳地区合作发展从珠三角区域发展战略到粤港澳大湾区战略，从地方战略走向国家战略。

2017年3月，李克强总理在全国两会上做政府工作报告，在论述港澳问题时正式提出"粤港澳大湾区"，并要求广东省政府抓紧研究编制《粤港澳大湾区城市群发展规划》，旨在充分发挥粤港澳三地的独特优势，提升粤港澳三地引领中国经济发展的作用，强化粤港澳三地在中国对外开放布局中的地位。同时，2017年的全国两会正式将粤港澳大湾区纳入中央顶层设计，把粤港澳大湾区从区域经济发展战略提升到国家战略层面。

2017年10月，习近平总书记在党的第十九次全国代表大会上的报告指出，"要支持香港、澳门融入国家发展大局，以粤港澳大湾区建设、粤港澳合作、泛珠三角区域合作等为重点，全面推进内地同香港、澳门互利合作，制定完善便利香港、澳门居民在内地发展的政策措施"，明确了粤港澳大湾区的发展方向。2018年3月，李克强总理在政府工作报告中，将"出台实施粤港澳大湾区发展规划，全面推进内地同香港、澳门互利合作"纳入2018年政府工作建议，为《粤港澳大湾区城市群发展规划》的出台奠定了基调。

目前，广东省政府正在抓紧研究《粤港澳大湾区城市群发展规划》，初步明确了粤港澳大湾区的目标定位、发展方向和重点任务。从中央到地方，粤港澳大湾区的建设发展均有政策支持，且粤港澳大湾区的支持政策还将进一步出台。

（2）对外开放战略

无论是党的十九大，还是2018年政府工作报告，推动形成全面开放新格局都是下一阶段我国对外开放战略的主要目标。自我国改革开放以来，在广东省的深圳、珠海、汕头，福建省的厦门以及海南省先后建立了经济特区，其中深圳和珠海均是粤港澳大湾核心城市，承担着我国对外开放窗口的重大使命。珠三角地区一直以来是我国东部沿海对外开放的示范区，走在全国的前列，粤港澳大湾区以及雄安新区的建立，有利于我国形成北有雄安新区、中有长江经济带、南有粤港澳大湾区的区域经济发展及对外开放的新格局，从而带动华南地区加快发展，为打造中国经济升级版提供有力支撑。

（3）自贸区战略

中国自贸试验区是新形势下全方位对外开放的重要战略举措，被中央政府寄予厚望并赋予重要历史使命。第三批自由贸易试验区成立，将对外开放区域由沿海地区扩展至内陆地区，构建以"1＋3＋7"自由贸易试验区为骨架、东中西协调、陆海统筹的全方位和高水平对外开放的新格局，推动自由贸易试验区改革开放从"齐头并进"进入"雁行阵"模式。2018 年，中国（海南）自由贸易试验区的设立，进一步加快了我国全面开放的步伐。

粤港澳大湾区包含中国（广东）自由贸易试验区，国家出台支持自贸试验区的政策都可以逐步复制推广到粤港澳大湾区其他区域，中国（广东）自由贸易试验区制度创新的成果也能在粤港澳大湾区内复制推广。

（4）"一带一路"倡议

中国经济进入新常态以来，国内急需破局产能过剩等结构性问题，国际政治经济形势也发生了重大变化——TISA、TPP、TTIP 等国际高标准经贸规则阻碍了中国经济发展，逆全球化势力再度抬头。在国内外政治经济形势的背景下，党中央、国务院统筹全局，制定"丝绸之路经济带"和"21 世纪海上丝绸之路"（以下简称"一带一路"）战略，探索"走出去"新路径。

福建、广东是"21 世纪海上丝绸之路"的重要节点，三条海上路线均有涉及。粤港澳大湾区更是因为其独特的区位优势及航运优势，成为"21世纪海上丝绸之路"的核心节点。目前，我国正积极推进"一带一路"建设，与多个"一带一路"国家和地区及国际组织签了战略协议，许多重大项目正稳步推进。"一带一路"倡议为粤港澳大湾区带来新的发展机遇，不仅国家出台针对"一带一路"的政策会惠及粤港澳大湾区，"一带一路"还能带来新的贸易伙伴，为粤港澳大湾区的资本输出、商品输出、服务输处及标准输出提供平台。

2. CEPA 协议

《粤港合作框架协议》与《粤澳合作框架协议》分别于 2010 年和 2011年签订，是我国首次由省级行政单位与特别行政区之间签订的区域合作协议，不仅是"一国两制"下跨境合作的实践发展与创新，也是粤港澳三地经济协同发展历程的重要节点。CEPA 协议清晰地确立了粤港澳各自的定位，以及粤港、粤澳之间的分工合作和功能互补，推动粤港澳三地发挥自身优势，有效整合三地优势资源，促进粤港澳三地的合作发展，遏制粤港澳三地之间重复建设、资源浪费的情况。CEPA 协议为粤港澳三地的协调合作提供了全新的思路，不仅对粤港澳三地合作体制机制的建设发展与创新、粤港澳三地经济社会融合等有重要意义，也为粤港澳大湾区的建设发展打下了制度基础。

作为高标准的自由贸易协议，CEPA 协议及其补充协议是目前为止，大陆签订的开放力度最大、覆盖面最广的自由贸易协议，既符合 WTO 规则，又符合"一国两制"的方针。CEPA 协议及其补充协议制定了多项开放性措施，旨在逐步降低和消除粤港澳三地经贸、产业、科创等多方面合作的制度性障碍，推动各项经济要素在粤港澳三地之间自由流动，助力粤港澳经济协调发展。同时，CEPA 协议及其补充协议符合目前粤港澳三地经济合作的实际情况，为粤港澳三地建立经济共同体探索可行路径，也为粤港澳大湾区的发展在制度层面上奠定了合作基础。

3. 珠三角合作政策

2008 年年底，国务院批复的广东省《珠江三角洲地区改革发展规划纲要（2008—2020）》中，将粤港澳大湾区中的广东 9 城与香港、澳门进一步开展紧密合作纳入发展规划纲要文件，支持粤港澳三地在现代服务业等多个领域加强合作。

《珠江三角洲地区改革发展规划纲要（2008—2020）》不仅促进了广东省 9 城对港澳开放，也推动形成了深莞惠经济圈、广佛肇经济圈、珠中江经济圈，为粤港澳大湾区内产业协同提供了宝贵经验。

珠三角合作政策的出台，无论是在 9 城产业协同还是服务业对港对澳开放上，对粤港澳大湾区的建设都会起到促进作用，珠三角合作的发展历程更是为粤港澳大湾区的建设提供了宝贵经验。

4. 泛珠三角合作协议

2004 年 3 月，《泛珠三角区域合作框架协议》由香港、澳门两个特别行政区和福建、江西、湖南、广东、广西、海南、四川、贵州、云南9个省共同签署，这不仅是新中国成立以来覆盖范围最广的区域经济合作协议，也是迄今为止经济体量最大的跨境合作协议。在框架协议的基础上，泛珠三角区域政府先后签署了《泛珠三角区域省会城市合作协议》《泛珠三角区域工商行政管理合作协议》等近三十项合作协议，进一步深化了泛珠三角合作的内涵。2016年3月，国务院印发的《深化泛珠三角区域合作的指导意见》确定了泛珠三角区域的战略定位，即全国改革开放先行区、全国经济发展重要引擎、内地与港澳深度合作核心区、"一带一路"建设重要区域以及生态文明建设先行先试区。

泛珠三角区域的合作模式为粤港澳大湾区应对经济全球化、区域化，解决区域公共问题提供了参考路径。粤港澳大湾区作为广东省的核心区域，将享受泛珠三角区域合作带来的福利，更有广阔的腹地纳入粤港澳大湾区的经济辐射范围，提升了粤港澳大湾区对外开放的能级。

（二）制度优势

粤港澳大湾区包含香港和澳门实行资本主义制度的特别行政区、作为我国改革开放试验田的深圳经济特区以及中国（广东）自由贸易试验区，三者在制度上独具特色，在改革开放及制度创新方面走在中国前列。

1. "一国两制"的优势

与内地社会主义制度不同，香港和澳门实行资本主义制度，在制度层面上与西方发达国家相同，保留了原有制度优势，实行自由经济政策，港元与美元挂钩，金融市场开放，出入境相对开放和简易，采用普通法制度，以中英双语为法定语言，与国际商业市场完全接轨。香港回归20年来，香港的金融、贸易、自由度、竞争力等多项指标走在世界前列，与多个国家经贸合作的广度和深度都得到了加强，香港的角色也从过去的引资、出口到现在的资金走出去和推广进口贸易，这些都是"一国两制"的优势利用和成功实践。

目前，内地在金融、贸易、自由度、竞争力等多项指标方面与香港差距较大，对外开放程度有限，与发达国家之间的商务贸易及投资受到极大的限制。粤港澳大湾区可以借助香港作为国际金融中心、贸易中心的平台，在国内率先对接国际高标准经贸规则，逐步放宽市场准入，提升投资领域、贸易领域的便利化水平，和世界主要经济体建立良好的政治、经济关系，推动与"一带一路"国家和地区建立利益共同体。

2. 深圳经济特区的改革试验田优势

自1980年获批建立经济特区以来，深圳最先搭上改革开放的便车，率先投入市场经济的怀抱，不断打破传统计划经济体制对经济发展的束缚，在全国率先探索建立社会主义市场经济体制，并在全国推广实施。虽然中央政府给予深圳的改革开放政策基本用尽，但是，深圳的特区立法权依然能为深圳进一步深化改革开放提供法律保障。

粤港澳大湾区的设立恰逢我国探索构建开放型经济新体制，需要探索建立适应开放型经济新体制的社会主义市场经济体制，减少政策性调控，强化制度性调控的时期。深圳的特区立法权能从体制层面提供强大的保障，及时修订阻碍开放型经济发展的法律法规，发挥深圳改革开放的优势，为粤港澳大湾区构建开放型经济新体制提供有力支撑。

3. 自贸试验区先行先试优势

作为粤港澳大湾区的发展引擎，《中国（广东）自由贸易试验区总体方案》提出，要"依托港澳、服务内地、面向世界，将自由贸易试验区建设成为粤港澳深度合作示范区"。这是中国（广东）自由贸易试验区区别于其他自由贸易试验区的重要战略定位，也是中国（广东）自由贸易试验区支持粤港澳大湾区大湾区建设的政策基础。

与过往的产业园区、高新技术开发区、国家新区等获得简单的优惠政策不同，作为特定的制度试验区，中国（广东）自由贸易试验区以制度创新为核心，旨在通过制度创新，消除以往阻碍粤港澳三地要素自由流动的障碍，探索对外开放新模式，以深圳前海蛇口自贸片区、广州南沙自贸片区及珠海横琴自贸片区为三个支点,推动粤港澳更紧密合作,扩展对外开放新通道,构建粤港澳大湾区。

目前,中国(广东)自由贸易试验区为推进粤港澳深度合作制定了港澳投资准入特别管理措施(负面清单),将深圳市前海深港现代服务业合作区纳入中国(广东)自由贸易试验区,建立与澳门合作的制度,率先尝试对接香港、澳门服务业的管理制度和行业标准,推动粤港澳三地开展科技创新合作,建立了粤港澳青年创新创业的发展平台。它支持香港、澳门的专业服务人士直接在中国(广东)自由贸易试验区就业执业,并进一步扩大内地市场,出台出入境及居留便利措施,促进粤港澳专业人才在中国(广东)自由贸易试验区集聚,提升贸易便利化水平,促进各类要素在粤港澳三地便捷高效流动,完善一线口岸监管制度,加强与香港、澳门的协同监管。中国(广东)自由贸易试验区以制度创新促粤港澳深度合作,先行先试的措施可逐步复制推广至广东9城其他地区。

(三)区位及腹地优势

粤港澳大湾区地处我国南端,"三面环山,三江汇聚",地理纬度适宜,具有良好的气候、漫长的海岸线、良好的港口群、广阔的海域面以及森林植被等自然禀赋。粤港澳大湾区背靠内陆,连接港澳,面向东盟,往东是海峡西岸经济区,往西是北部湾经济区,可通过南广铁路等陆路交通快速连接中国内陆;面向南海,是距离南海最近的经济发达地区,是中国经略南海的桥头堡;临近全球第一黄金航道,是太平洋和印度洋航运要冲,是东南亚乃至世界的重要交通枢纽。此外,粤港澳大湾区处于丝绸之路经济带和21世纪海上丝绸之路的交汇地带,拥有世界上最大的海港群、空港群以及便捷的交通网络。

泛珠三角区域作为粤港澳大湾区的腹地,包含中国华南、东南和西南的9个省份及两个特别行政区(福建、广东、广西、贵州、海南、湖南、江西、四川、云南、香港和澳门特别行政区),直接或间接地与珠江流域的经济流向和文化有关,且在资源、产业、市场等方面有较强的互补性。泛珠三角区域覆盖了中国 1/5 的国土面积，拥有全国 1/3 的人口，经济实力雄厚，2016 年的 GDP 达 264439.6 亿元人民币，占全国的 38.5%，不仅能承接粤港澳大湾区的产业转移，还能为粤港澳大湾区提供优质劳动力资源和资金支持。

（四）经济优势

广东省是我国最早实施对外开放战略的省份，香港更是国际金融中心，经济实力雄厚，为粤港澳大湾区提供了扎实的经济发展基础。

1. 经济总量与世界一流湾区比肩

2016 年，粤港澳大湾区的 GDP 总量已超 1.3 万亿美元，这代表着粤港澳大湾区以不到全国 1% 的土地面积，却创造了占全国 12.5% 的经济总量，详见表 5-1。对比三大世界级湾区，粤港澳大湾区也完全具备与世界级湾区相匹配的经济总量：东京湾区 GDP 总量达 1.8 万亿美元，纽约湾区 GDP 总量达 1.4 万亿美元，旧金山湾区 GDP 总量仅 0.8 万亿美元，其中旧金山湾区已被粤港澳大湾区赶超。

表 5-1　2016 年度粤港澳大湾区各城市 GDP

城市	GDP（亿元）
香港	22129.4
澳门	3095.3
广州	19610.9
深圳	19492.6
珠海	2226.4
东莞	6827.7
佛山	8003.9
江门	2418.8
中山	3202.8
惠州	3412.2
肇庆	1970.0

数据来源：2016 年度广东省及香港、澳门统计年鉴

粤港澳大湾区的经济总量在四大湾区中排名第三，从经济规模角度来看，粤港澳大湾区有成为国际化湾区的可能性。

2. 香港是中国内地的超级联系人

如图 5 - 1，从 2015 年中国内地外商投资来源地前十排名来看，中国内地吸收外商投资的来源地较为集中，前十大来源地占比 92.3%。日本和"亚洲四小龙"是亚洲区域外商投资的主要来源地，占比 78.3%，其中香港占比 68.4% 居首，远远超出其他外商投资来源地。从中国内地外商投资的历史来看，香港一直是中国内地的主要来源，2008 年金融危机之后，过半数外商投资来自香港，大量国际资本通过香港，以港资的身份进入中国内地，详见图 5 - 2。

与中国内地外商投资相同，长久以来，中国内地对外投资主要投向香港，再经由香港走向世界。近年来，中国内地对外投资过半投向香港，2008 年金融危机之后，香港在中国内地对外投资占比虽有所下降，但是，已逐步回升到 60% 以上，详见图 5 - 3。

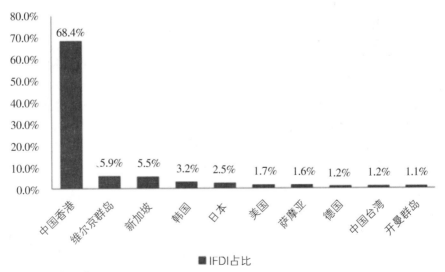

数据来源：国家统计局数据

图 5 - 1 2015 年中国内地外商投资主要来源地

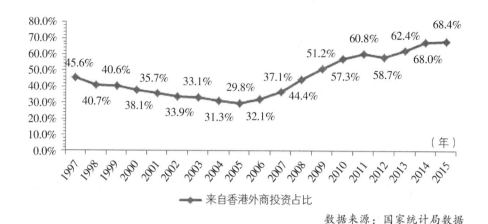

数据来源：国家统计局数据

图 5－2　历年来自香港外商投资占比

数据来源：国家统计局数据

图 5－3　历年内地投向香港对外投资占比

　　粤港澳大湾区的建设不仅需要大量外商投资的参与，也要推动大湾区内企业"走出去"，以对外投资的方式参与国际竞争。香港作为中国内地的超级联系人，先天具备了服务粤港澳大湾区"引进来"和"走出去"两大战略的条件。

3. 世界级出口基地

1979 年以来，中国内地各级政府在珠三角地区实施大量改革措施，致力发展商品贸易，吸引了大量出口导向的外商投资。从粤港澳大湾区对外商品贸易的发展历程来看，截至 2012 年底，粤港澳大湾区对外商品贸易总额已经高达 17782 亿美元，比同年的日本商品贸易额高出约 938 亿美元，等同于全球第四大商品贸易经济体。

表 5 - 2 广东 9 城历年出口总额

(单位：亿美元)

城市	2010 年	2011 年	2012 年	2013 年	2014 年	2015 年
广州	483.79	564.68	589.15	628.07	727.07	811.7
深圳	2041.80	2453.99	2713.56	3057.02	2843.62	2640.40
珠海	208.62	239.77	216.37	265.81	290.15	288.11
佛山	330.38	390.91	401.50	425.23	467.17	482.05
惠州	202.32	231.22	292.04	333.20	363.31	347.75
东莞	696.03	783.26	850.53	908.61	970.67	1036.10
中山	225.04	245.46	246.44	264.75	278.78	280.07
江门	104.09	122.52	129.70	139.99	150.87	153.72
肇庆	25.97	33.08	37.81	48.26	46.05	47.66
总计	4318.02	5064.89	5477.09	6070.93	6137.68	6087.57

数据来源：各城市统计年鉴

由表 5 - 2 可知，广东 9 城出口稳步增加，深圳和东莞是对外出口的主要城市。事实上，即使不考虑香港、澳门的贡献，广东 9 城的出口表现也足以评为世界级出口基地。在 2012 年，广东 9 城的商品出口总额达 5477.09 亿美元，与当年韩国的 5479 亿美元基本持平，领先俄罗斯的 5293 亿美元，仅次于美国、德国、日本、荷兰、法国及韩国六个外国经济体。虽然香港的出口贸易一直保持在较高水平，但是香港产品出口额在持续下降，转口贸易占商品贸易的绝大部分，详见表 5 - 3。

表5-3　香港历年商品贸易货值

（单位：百万港元）

年份	进口	港产品出口	转口	整体出口
2000 年	1657962	180967	1391722	1572689
2001 年	1568194	153520	1327467	1480987
2002 年	1619419	130926	1429590	1560517
2003 年	1805770	121687	1620749	1742436
2004 年	2111123	125982	1893132	2019114
2005 年	2329469	136030	2114143	2250174
2006 年	2599804	134527	2326500	2461027
2007 年	2868011	109122	2578392	2687513
2008 年	3025288	90757	2733394	2824151
2009 年	2692356	57742	2411347	2469089
2010 年	3364840	69512	2961507	3031019
2011 年	3764596	65662	3271592	3337253
2012 年	3912163	58830	3375516	3434346
2013 年	4060717	54364	3505322	3559686
2014 年	4219046	55283	3617468	3672751
2015 年	4046420	46861	3558418	3605279
2016 年	4008384	42875	3545372	3588247

数据来源：香港特别行政区政府统计处

（五）产业优势

粤港澳大湾区具备完善的产业链，广东9城的工业实力强劲，是我国最大的高新技术产业集聚区之一。香港、广州、深圳三城金融行业发达，香港更是国际金融中心，具备完善的金融体系。此外，香港、广州、深圳也是世界前十集装箱运输港口，航运实力雄厚。凭借沿海的地理优势，粤港澳大湾区的海洋经济水平走在全国前列，与世界一流湾区比肩。

1. 工业链条完备

广东9城形成了深莞惠经济圈、广佛肇经济圈、珠中江经济圈三大经济圈，打造了完善的工业链条，同时其产业重点的差异化为湾区经济协同发展提供了良好的基础。

深莞惠经济圈包括深圳、东莞和惠州，其中深圳拥有以高新技术产业为代表的四大支柱产业，在产业发展方面，侧重互联网产业、新一代信息技术产业、节能环保产业、新材料产业、文化创意产业、生物产业以及新能源产业等战略意义强、增值空间大的新兴产业。东莞五大支柱产业包括电子信息制造业、电气机械及设备制造业、纺织服装鞋帽制造业、食品饮料加工制造业、造纸及纸制品业；四个特色产业包括玩具及文体用品制造业、家具制造业、化工制品制造业和包装印刷业。惠州市的两大支柱产业分别为电子信息和石化产业。

广佛肇经济圈包括广州、佛山和肇庆，其中广州在现代产业布局上注重产业的相互融合、协调发展，重点发展先进制造业、高新技术产业以及现代服务业。佛山具备独特的区位优势，处于珠江三角洲腹地，位于广东省横向产业轴的中间位置，西接肇庆、东邻广州，自有自身特色产业，也承接省内的产业转移。佛山的经济总量在广东省排在第三位，仅次于广州、深圳两个一线城市，产业基础良好且实力雄厚，重点发展制造业，拥有大量工业园区和专业镇，以民营经济为主要发展驱动力，是广东省独具特色的现代制造业集聚地。肇庆具备丰富的旅游资源，因此旅游业兴盛，同时工业基础也不逊色，主要发展生物制药、电子信息、林产化工以及汽车配件等新兴工业产业，以新型建材和金属材料为代表的新型材料产业也有良好的发展。

珠中江经济圈是指由珠海、中山、江门三市地处珠江口西岸的地区，其中珠海作为经济特区，在工业方面侧重发展电子信息、精密机械制造以及生物制药等战略新兴产业，传统工业方面则是培育形成了电力能源业、石油化工以及家电电气为主导的产业链，整体工业水平较高，对珠海的经济贡献较大。中山是广东省传统产业的集聚地，传统工业实力强劲，为产业的转型升级打下坚实的基础，为新兴产业的落地发展提供了保障。目前，中山已经形成了以灯饰光源、五金家电、纺织服装为主的传统产业集群和以装备制造、电子电器、健康医药为代表的新兴产业集群，产业特色鲜明，工业竞争力较强。江门缺少新兴产业,以传统工业为主,除电子信息产业外,江门侧重发展石油化工、交通及海洋装备等重工业以及食品饮料、包装印刷及纸制品等轻工业,同时,江门的现代农业发展良好,具备成为广东省现代农业基地的潜力。整体上,江门的工业基础尚可,发展空间巨大,可承接粤港澳大湾区核心城市工业转移,具备较强的后发优势。

表 5 - 4 2015 年广东 9 城工业增加值

城市	工业增加值(亿元)
广州	5246.07
深圳	6785.01
珠海	980.76
佛山	4672.53
惠州	1587.97
东莞	2711.09
中山	1566.16
江门	1078.51
肇庆	969.09
总计	25597.19

数据来源:2015 年广东 9 城统计年鉴

2015 年,广东 9 城工业增加值达 25597.19 亿人民币,同期全国工业增加值为 282040.3 亿元人民币,占比 9.1%,超越中国大部分省份,在全国处于领先位置。

2. 金融体系发达

香港、深圳及广州是粤港澳大湾区中金融行业最发达的城市,香港更是以国际金融中心的地位成为粤港澳大湾区的金融核心。根据 2017 年 3 月发布的《全球金融中心指数(GFCI)报告》排名,香港位列全球前 20 大金融中心的第四位,仅次于纽约、伦敦和新加坡。深圳和广州的金融产业在全国属于第一梯队,仅次于北京和上海,逐步具备成为区域金融中心的资质,开放度不断提升,整体实力也在稳步增长。

香港背靠当前世界经济增长最快、最具发展潜力的中国内地，与中国内地的紧密关系不言而喻。同时又由于"一国两制"的政治安排以及长期殖民的历史，使得其与世界真正的金融中心有更多的相似之处，主要体现在资金流动的自由、监管制度的国际化等软约束上。香港的金融机构各具特色，功能多样，有广泛的资金借贷、证券买卖、外汇和黄金交易活动，形成了门类齐全的国际金融市场。香港的外汇市场、黄金市场和同业拆借市场比较成熟，股票市场发展迅速。香港金融产业占香港 GDP 的比重逐年上升，到 2015 年，占香港 GDP 总量的比重已达 17.6%，而就业人口仅占香港就业人口的 6.5%，人均贡献率远超其他支柱行业，详见表5－5。

表5－5 香港金融产业占比

年份	GDP 占比（%）	就业人口占比（%）
1997 年	10.4	5.4
1998 年	9.8	5.4
1999 年	11.3	5.5
2000 年	12.8	5.3
2001 年	12.1	5.5
2002 年	12.3	5.5
2003 年	13.3	5.2
2004 年	13.1	5.2
2005 年	13.8	5.4
2006 年	16.7	5.4
2007 年	20.1	5.5
2008 年	17.1	5.9
2009 年	16.2	6.1
2010 年	16.3	6.2
2011 年	16.1	6.3
2012 年	15.9	6.3
2013 年	16.5	6.2
2014 年	16.7	6.3
2015 年	17.6	6.5

数据来源：香港金融管理局数据

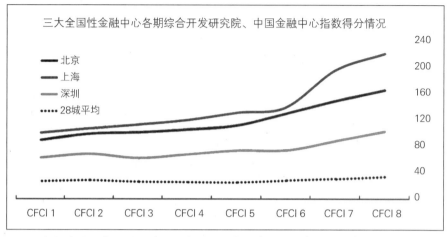

三大全国性金融中心各期综合开发研究院、中国金融中心指数得分情况

北京
上海
深圳
28城平均

CFCI 1　CFCI 2　CFCI 3　CFCI 4　CFCI 5　CFCI 6　CFCI 7　CFCI 8

数据来源：中国（深圳）综合开发研究院第八期"中国金融中心指数"报告

图 5 - 4　中国三大金融中心得分情况

2016 年，深圳的金融业总资产超过 12 万亿元，略少于北京及上海，在全国所有城市中排在第三位，以 1% 的人口创造了深圳市 15% 的 GDP 和超过 20% 的税收。根据第八期"中国金融中心指数"，上海、北京、深圳为三大全国性金融中心，深圳综合竞争力排名稳居第三。其中，深圳金融市场规模排名第二，金融产业绩效、金融机构实力和金融生态环境则排名第三。深圳依托深圳证券交易所，加快发展形成了包含主板、中小板、创业板在内的多层次资本市场体系，黄金夜市市场也继续保持快速发展势头，证券类机构实力超群，证券公司资产总规模排名全国第一。

广州的金融行业虽然与香港、深圳有差距，但是，广州也已经初步具备成为国际金融中心的基础条件。经过多年的发展，广州的金融产业实现了质的飞跃，在国际上的地位也不断提高，特别是在 2017 年 3 月，广州在全球金融中心中排在第三十七位，这不仅是广州第一次被纳入全球金融中心指数体系，更是它从区域性金融中心发展成为国际金融中心的重要里程碑，具有重要的历史意义。由于历史的原因，广州是我国最早开始金融市场建设的城市之一，许多领域的发展都走在全国的前列，例如在 2016 年，广州新三板挂牌增长率位居全国第一。同年，广州的保费收入增长率也在全国排在第一位，直接融资比重更是突破性地排在全国第一。截至目前，广州的保费收入在全国排在第三位，保费总额超过 1000 亿元，直接融资总额位居全国第四位，其中贷款余额突破 3 万亿元，本外币存款余额接近 5 万亿元。

3. 国际航运领先

过去 40 年间的珠三角经济转型及区域制造体系的发展，构筑了现在粤港澳大湾区枢纽港、干线港和支线港俱全的综合港口体系。由本章"区位及腹地优势"的介绍可知，粤港澳大湾区具备丰富的自然资源，地理条件优越，有广阔的腹地为粤港澳大湾区的产业发展提供支撑，再加上粤港澳大湾区及泛珠三角区域的经济优势，粤港澳大湾区的航运产业必然发达。目前，粤港澳大湾区地区共有大小港口近 200 个，已经建立起了完善的港口群体系，其中，香港、广州、深圳毫无疑问是粤港澳大湾区港口群体系的核心，三个城市均为国际航运中心，集装箱吞吐量位居世界前十。近年来，粤港澳大湾区的侧翼粤西港口群发展迅速，尤其是湛江港的崛起，带动了粤西地区的整体发展，对粤港澳大湾区的建设发展形成了支撑，推动了从江门港至惠州港自西向东的辅助港口群支持体系形成。

粤港澳大湾区的集装箱吞吐量主要来自香港、深圳和广州。根据 2017年 3 月世界航运工会公布的统计数据，依照集装箱吞吐量计算，世界上 10大集装箱港口都在亚洲国家，中国占世界 10 大集装箱港口中的 7 个，以上海为首，2016 年吞吐集装箱 3654 万标箱。其中，粤港澳大湾区港口占据三席，深圳、香港和广州分列第三、第五和第八位，详见表 5-6。2016 年，深圳、香港和广州三地的集装箱吞吐总量达 6149 万标箱，位居世界前列，推动粤港澳大湾区成为世界上最大的港口群之一。

从粤港澳大湾区港口群的整体布局来看，粤港澳大湾区港口群主要为了服务粤港澳大湾区自身的航运需要，也为广东省内不归属粤港澳大湾区的城市以及泛珠三角区域其他省份提供便捷的航运中转服务。根据航运服务的面向对象划分，可以将粤港澳大湾区的航运服务划分为外贸航运服务及内贸航运服务。其中，香港和深圳两个城市的港口主要面向海外贸易，以外贸航运服务为主，而广州的港口偏向对外贸易，以内贸航运服务为主。

表5-6　2016年度世界十大集装箱港口

排名	港口	年集装箱吞吐量（万标箱）
1	中国上海	3654
2	新加坡	3092
3	中国深圳	2420
4	中国宁波—舟山	2063
5	中国香港	2007
6	韩国釜山	1945
7	中国青岛	1747
8	中国广州	1722
9	阿联酋迪拜贝尔阿里港	1560
10	中国天津	1411

数据来源：世界航运工会世界集装箱港口排名报告

　　自西向东看，湛江港带动粤西港口群为粤港澳大湾区建设发展提供支撑，重点服务石油以及干货的集散，是华南地区相关航运服务的核心，也是粤港澳大湾区的主要沿海枢纽港口。而粤东港口群则是以汕头港为代表，主要面向粤东地区以及福建、江西等省份，为这些地区的进出口货物提供流转运输服务。无论是对内航运还是对外航运，粤港澳大湾区港口群的分工明确，航运产业链条完善，可以满足未来粤港澳大湾区航运产业的需要。

4. 海洋经济强劲

　　近年来，我国海洋经济发展迅速，对经济的贡献度不断上升，海洋经济的整体规模也在不断上升。根据2015年发布的《中国海洋经济发展报告》，我国海洋经济占全国经济总量的比重不断攀升，2015年占全国GDP的9.4%，总产值接近6.5万亿元人民币，相较2014年增长了7个百分点，同比增速基本持平。与我国GDP相比，我国海洋经济的增速略高于GDP的增速，说明我国海洋经济对GDP的拉动作用显著，对经济的影响力不断上升。

由于香港、澳门没有海洋经济的相关统计数据，因此，仅介绍分析广东9城海洋经济现状。2015年，广东9城的海洋经济总产值高达1.38万亿元人民币，不仅占同期广东GDP总额的18.9%，还占同期全国海洋经济生产总值的1/5以上，持续21年占据全国榜首。

总体上看，粤港澳大湾区的海洋经济平稳发展，内部海洋经济产业协同率高，区域经济合作高效有序，新兴海洋产业和海洋服务业都迅速崛起，整体产业结构得到优化，发展趋势良好，将持续稳步增长。

（六）创新优势

粤港澳大湾区的创新实力强劲，与国际一流湾区相比毫不逊色。经费投入方面，仅珠三角9市的研发经费投入占GDP的比重就达2.7%，已和美国（2.8%）、德国（2.83%）处在同一水平。高新技术产业方面，粤港澳大湾区同样不逊色于世界三大湾区。例如深圳，作为深圳四大支柱产业，2015年深圳高新技术产业对深圳市GDP的贡献达33.4%，高新技术产业创造的GDP增加值达5847.91亿元人民币。同时，深圳市拥有1.33万件专利合作协定，与世界三大湾区比肩，全市研究投入同期GDP总额的4.05%，走在全国高新技术产业集聚城市前列。此外，深圳涌现了许多国际知名且具有国际领先技术的高科技企业，例如华为通信技术在世界广泛应用、大疆创新的民用无人机在国外受到热捧。

表5-7　历年粤港澳大湾区发明专利总数

年份	发明专利总数（件）	增长率（%）
2012年	61764	—
2013年	71037	15.01%
2014年	103610	45.85%
2015年	155074	49.67%
2016年	193712	24.92%

数据来源：科技部统计数据

发明专利方面，2012—2016 年，粤港澳大湾区历年发明专利总量呈现逐年稳步递增趋势，其中 2014 年和 2015 年的增幅最大，接近 50%。5 年来，粤港澳大湾区发明专利总量快速增长，累计增幅达 213.6%，翻了一番。

通过与国际湾区的对比发现，近 5 年粤港澳大湾区的发明专利数量已超越旧金山湾区，且差距有扩大趋势。2012 年粤港澳大湾区超越旧金山湾区 2.76 万件，到 2016 年超越 13.82 万件，差距不断扩大。与此同时，旧金山湾区发明专利数量从 2014 年起不增反降，开始呈现负增长，2015 年增长率下降为 −17.96%，而粤港澳大湾区的发明专利量快速增长，平均年增长率达到 33.86%，其中 2015 年增长幅度最大，较 2014 年增长 49.67%。

2017 年，全球创新指数报告（GII）评选出全球 100 个科创中心，粤港澳大湾区就入围 2 个，其中深圳—香港地区排名全球第二，超过排名第三的旧金山湾区（硅谷），仅次于东京湾区。东京湾区和旧金山湾区在消费电子和 PC 互联网时代引领全球科技，但是到了近几年的移动互联网时代，中国和粤港澳大湾区开始追赶上来，并实现部分赶超。

（七）交通运输优势

近年来，广东省及珠三角地方政府为促进珠三角地区的经济发展，在"十二五"期间完成了多项交通规划任务，更是在"十三五"规划中制定多个交通规划项目，加强与香港、澳门两地的互联互通。

轨道交通方面，珠三角地区在"十二五"期间规划兴建了总里程达 1890 公里的城际铁路轨道交通网络，以满足珠三角地区城镇一体化带来的预期客运需求，建设了广东省政府在《珠江三角洲地区城际轨道交通网规划（2009 年修订）》中提出的"三环八射"快速轨道交通网络，把粤港澳大湾区中的广东 9 城连接至香港、澳门及广东省其他地区。

到 2020 年，将有 23 条最高时速为 140 公里或 200 公里的轨道线路以广州为核心，把粤港澳大湾区打造成为 1 小时通勤圈，总里程达 1480 公里。

广东省政府在"十二五"期间，兴建了里程达 1661 公里的高速公路，强化了粤港澳大湾区的内部连接，体现了粤港澳大湾区与广东省其他城市以及泛珠三角区域之间的通达性。为提升珠江口东西两岸的互联互通水平，加强珠江口东西两岸的协同发展，为珠江口辐射区域提供基础设施保障，强化珠江口东西两岸对粤港澳大湾区的辐射带动作用，广东省政府在交通运输"十三五"规划中规划了 33 条出省高速公路通道，其中通香港 4 条、通澳门 2 条，将大力完善"外通内连"网络。

粤港澳大湾区拥有香港国际机场、澳门国际机场、广州白云国际机场、深圳宝安国际机场四个国际机场，还有拥有珠海机场、惠州机场等支线机场。未来，粤港澳大湾区将形成以香港国际机场、广州白云机场、深圳宝安机场三个国际化空港为核心，澳门机场、惠州机场、莲溪机场为配套的"三核三辅"空港体系，承担中国乃至国际的航空运输需求。

桥梁建设方面，中国第一座跨海大桥港珠澳大桥主体工程已经于 2018 年 2 月完成交工验收，港珠澳大桥的跨界通行政策也正在抓紧制定中。港澳珠大桥飞架珠江口，是加强香港与珠三角西岸城市联系的重要纽带，虎门大桥飞架珠江口，连接湾区东西翼，使东莞、深圳及粤东地区到珠海、中山江门粤西地区的交通无须绕道，大大缩短了两地的空间距离。

粤港澳大湾区的立体交通体系已经初步建立，未来还将进一步加强与香港、澳门两地的基础设施互联互通，支撑粤港澳三地的协同发展。

（八）国际合作优势

粤港澳大湾区不仅国际化水平全国领先，而且，居住在东南亚国家的大部分华侨祖籍在广东、香港和澳门，还拥有与英语系、葡语系国家的文化纽带，这些都将促使粤港澳大湾区比国内其他城市群更易于融入国际环境，参与国际合作。

1. 国际化水平高

相比于国内其他城市群，粤港澳大湾区的国际化水平在全国位列第一，为粤港澳大湾区参与国际合作创造了优势。在粤港澳大湾区 11 个城市中，香港是国际化程度最高的城市，是世界最开放的自由港，不仅国际贸易位居全球前列，金融服务在国际的影响力也很强。香港集装箱码头是全球数一数二的繁忙港口，香港机场也是世界上最繁忙、运作效率最高的航空港。香港每年举办上千个会展，被称为"会展之都"，更有五十多万外籍人士常住香港，让香港呈现多元融合的社会氛围。

深圳是我国第一批改革开放的城市，在全国最先探索国际化道路，其国际化水平与北京、上海、广州同属于一线阵营。近年来，深圳不断推进深港合作，对接香港的市场经济环境，在各领域不断扩大开放，已形成了独特的对外开放体制。

此外，中国（广东）自由贸易试验区的建立，又为粤港澳大湾区探索国际化道路提供了制度支持。中国（广东）自由贸易试验区的核心是制度创新，主要从投资便利化、贸易便利化、金融创新、事中事后监管、法制建设及体制机制创新六个维度全线推进，其中投资便利化和贸易便利化的目的就是为对接国际高标准经贸规则作探索，将进一步提升粤港澳大湾区的国际化水平。

2. 粤籍华侨华人影响力广

东南亚是华侨华人最大的集聚区，超过 85% 的华侨华人在东南亚国家和地区定居，其中泰国、马来西亚以及印度尼西亚是华侨华人最为集中的国家，华侨华人人数分别为 465 万、509 万、600 万，三个国家的华侨华人总计达 1574 万，接近世界华侨华人总人数的 2/3。从华侨华人的祖籍看，广东籍的华侨华人最多，大约占世界华侨华人总人数的 54%。

近年来，东南亚华侨华人在东南亚社会地位不高的问题逐渐得到改善，一方面得益于华侨华人对东南亚经济的影响力，另一方面得益于东南亚华侨华人积极主动融入东南亚国家和地区的生活。东南亚华侨华人逐渐摒弃民族观念和门户之见，不断提升与当地居民的商贸水平，允许华侨华人与当地居民通婚，逐步融入东南亚国家和地区的日常生活。目前，华侨华人与新加坡、泰国、印度尼西亚以及马来西亚等华侨华人数量较多的国家保持良好的合作关系，不仅商务贸易蓬勃发展，与当地居民相互融合的程度也处于较高水平。此外，新加坡、泰国、印度尼西亚以及马来西亚等东南亚国家和地区保证了华侨华人的政治权利，准许华侨华人从政。

东南亚华侨华人与当地民居及国家的良好关系，不仅能降低东南亚国家和地区对粤港澳大湾区的民意阻碍，还能减少粤港澳大湾区与东南亚国家和地区之间的贸易争端，为粤港澳大湾区争取优惠，助力粤港澳大湾区在东南亚国家和地区实现"走出去"的目标，有效支撑"一带一路"倡议。

3. 有英语和葡语作为文化交流的纽带

由于香港和澳门被殖民的历史原因，香港和澳门的发展分别体现了英语系文化和葡语系文化，使得香港与英语系国家保持着良好的关系，澳门也具备与葡语系国家携手发展的文化基础。自改革开放以来，香港一直是我国与西方英语系语言国家联系的门户枢纽，一方面是因为香港是国际金融中心，世界经济最发达的城市之一，另一方面是因为香港与英语系国家文化相通、制度相通、理念相通。

与香港类似，澳门的葡语文化纽带优势，有利于澳门建立中国与葡语系国家合作的平台。中国与葡语系国家在生产要素、商品市场等多方面具有极强的互补性，同时，葡语系国家面向庞大的市场，与多个国家和地区建立了良好的经济合作关系，其辐射范围不仅包括欧盟、拉丁美洲等葡语文化影响力强的国家和地区，还包括历史上因为殖民而带有葡语系文化的国家和地区。从合作前景来看，葡语系国家具有中国开拓新市场新平台所需的条件，有利于中国"走出去"战略在葡语文化影响区域内落地。

香港、澳门与英语系、葡语系国家的文化纽带，有利于粤港澳大湾区加强与英语系、葡语系国家的联系，借助香港、澳门的合作平台，深化粤港澳大湾区与英语系、葡语系国家的投资贸易合作，推动粤港澳大湾区在英语系、葡语系国家实现"走出去"，同时也为粤港澳大湾区引进英语系、葡语系国家的资本、人才、技术创造条件。

二、粤港澳大湾区存在的问题

粤港澳大湾区包含"两个制度，三个关税区"，不仅在行政制度方面存在冲突的地方，而且在经济制度方面也标准不一。粤港澳三地的协同发展要求各种要素能自由流动，但是，内地出于安全问题的考虑，对港澳开放有限，阻碍了粤港澳三地的融合发展。由于缺少统一规划，粤港澳三地的产业存在竞争过于激烈的情况，造成了一定程度的内耗。

（一）"一国两制"的包容性问题

"一国两制"是粤港澳大湾区的独特优势，也是粤港澳大湾区协同发展的制度障碍。资本主义制度与社会主义制度的差异，不仅造成了行政制度上的障碍，还产生了不同的市场经济制度和法律体系。

1. 行政制度

"一国两制"下的粤港澳三地合作面临着不可逾越的行政制度壁垒，特别是香港内部面临着"泛政治化"和"立法乱象"等问题，导致很多旨在先行先试、推动制度创新的合作领域被阻挠甚至搁置。如广深港高铁的"一地两检"制度历时 7 年才刚破冰，原因就在于香港立法会的拖沓和纷争。

港英时期，香港政治制度属于权威独裁制，不存在立法会或者特首选举，香港政府的最高总督由英国政府直接任命，管理制度和法律体系也照搬英国。随着香港回归前"选举制度"的引进，不同利益团体为选票明争暗斗、相互掣肘，严重影响了粤港澳三地的合作推进。依旧以广深港高铁为例，原定香港段于 2015 年竣工及通车，但因为各种利益团体参与其中，2015 年 11 月底被迫将目标完工期修订为 2018 年第三季度，并且预算还追加了196亿港元，而一河之隔的深圳段早已完工，等候通车多时。广深港高铁香港段的困境只是几年来粤港澳合作工程频频遇阻的冰山一角，近年来香港在多项粤港澳合作基建工程方面出现严重超支或者延误的情况，比如港珠澳大桥香港段工程由原定的2016年底完工延误至2018年，大桥的香港口岸造价也由原定的304亿港币增至358.9亿港币。

粤港澳大湾区上升为国家战略，要求粤港澳三地在制度上尝试突破创新，但是，涉及不熟悉领域的制度创新，对传统政府部门和公务员提出了难题。目前，粤港澳大湾区的制度创新主要集中在中国（广东）自由贸易试验区。中国（广东）自由贸易试验区的制度创新很多为新领域、新议题、新突破，这就对传统政府部门架构和职能，也对公务员的综合素质和能力提出了更大的挑战。基于改革的风险性以及政府免责机制的不完善，很多领域的制度改革不了了之。同时，香港公务员体系沿用港英时期的架构和管理模式，擅长执行，不擅长设计，而且香港政府一直奉行"小政府、大市场"的不干预理念，对制度和政策设计的重要性认识不足，严重妨碍了粤港澳三地合作制度的创新。

中国（广东）自由贸易试验区一直在推动粤港澳大湾区发展，率先探索粤港澳深度合作新制度、新模式，但是，即使是粤港澳大湾区中制度创新最积极的中国（广东）自由贸易试验区，也不具备全面推进粤港澳合作制度创新的实力。深圳前海蛇口自贸片区管委会引进了一批专业人员从事制度创新研究，亦设置对港合作事务处，但仍处于发展的初级阶段。广州南沙自贸片区沿用之前的区一级政府管理架构，公务员队伍的考核和知识储备与粤港澳大湾区制度创新需求不匹配。

总体上，国际金融领域、新兴业态领域等涌现的新问题，不是粤港澳三地一般职能部门和工作人员可以简单解决的。想要进一步促进粤港澳深度合作，需要在粤港澳三地行政体制方面做出突破。

2. 法律制度

由于粤港澳"一国两制三法域三法系"的现状和政治制度、经济条件、社会环境的迥异，使得三地在法律理念、法律体系、法律解释、法律渊源以及立法和司法等方面存在着较大差异。

在法律体系方面，目前粤港澳大湾区并存着内地以宪法为主的社会主义法系，以普通法系为基础、依据英国的海外属地法律制度的模式建构起来的香港特别行政区法律体系，以及以内地法系为基础、依据葡萄牙的海外属地法律制度的模式建构起来的澳门特别行政区法律体系三种法律体系。

在具体法律内容方面，既有规制侧重点的不同，又有一般法律适用上的不同，还有国际条约适用上的差异。如香港一直十分强调通过经济立法来规范市场经济，仅经济类法规就达两百多项，几乎占现行五百多项成文法例的一半。

粤港澳三地法律对权限规定的差异较大。在行政管理权限方面，港澳特别行政区政府依据基本法的规定，享有自行处理行政事务的权力，而广东不具备这方面的权力。在立法权限方面，港澳特别行政区均享有高度立法权，全国性法律基本都不在特别行政区实行，而广东无权进行创制性立法。在司法权限方面，港澳享有独立司法权和终审权，除对国防、外交等国家行为无管辖权外，对特别行政区所有案件均有审判权，而在广东则情况不同。

粤港澳之间法律差异的实质是不同立法权来源导致的差异，是单一制的主权国家内部的区域法律差异，是特定时期内中央法律与享有高度自治权的特别行政区内地方法律之间的差异，是能够在差异中寻求合作，通过协调解决的。可以按照既维护国家主权尊严，又维持港澳"一国两制"下法律独立性的原则，通过平等协商签订区域法律协议等方式来加以解决。

3. 经济制度

粤港澳三地由于利益博弈，在经济制度方面设置了制度壁垒，导致粤港澳大湾区内部要素不能自由流动。金融开放方面，一些基于宏观审慎的金融领域无人敢于先行先试，改革思想稍显保守。人才流动方面，香港对内地高端人才的引进力度甚小，尽管出于保护本地人才不受外来优秀人才冲击的考虑，但长远来说对香港有百害无一利。合作园区建设方面，港澳地区的出发点在于对土地的开发权和使用权，而内地的出发点在于发展经济。粤港澳三地利益诉求的差异，使得制度设置更为固化，合作推进速度较慢。

此外，为了保护地方产业，部分香港传统的优势服务业为保持其行业权威和经济地位，长期不对内地开放。如执业医师和执业律师等专业服务业领域的人才引进力度相对较小，不仅限制了香港本地医疗服务和法律服务的人才供应，还限制了香港专业服务对内地的输出。

另一方面，虽然广东9城及中国（广东）自由贸易试验区为打破粤港澳三地之间的经济制度壁垒，规划出专门的区域对接粤港澳合作，但是如果香港、澳门的产业对广东9城及中国（广东）自由贸易试验区造成较大冲击，为了保护重点产业的发展，亦会采取限制的政策措施。

4. 监管制度

中国（广东）自由贸易试验区基于海关和金融两个领域高风险、难监管的特征，依据宏观审慎监管原则，实施"一线放开，二线高效管住"的监管模式，在这两个领域以"试点"的方式进行压力测试以积累监管经验。中国（广东）自由贸易试验区与香港在货物检验检疫和互认、金融业双向开放方面，仍有较大的改革空间。相较中国（广东）自由贸易试验区对金融和海关监管的不断开放，香港对金融业和海关的监管却显得更严格、更保守。

香港很多管制措施沿用港英政府时期颁布的政策，未能与时俱进，及时修订。除了不合时宜、阻碍经济发展外，还间接引致政治和民生问题。如郊野公园和荒地滩涂的开发有利于解决香港土地房屋造成的社会撕裂问题，但是由于香港土地开发一直沿用港英时代颁布的《法定图则》，一块土地从生地到熟地要花费5～11年的时间，严重影响着民生工程的进度。开发最容易的落马洲河套地区，由于香港土地和建筑开发的僵化规制，从土地平整到落成要经过重重论证，耗时7年，这样的低效率会对粤港澳三地的项目合作与经济往来造成极大的负面影响。

（二）缺少法定性联盟机制

虽然有利于促进粤港澳大湾区深度合作的制度安排已经开展多年，如1998年成立的"粤港合作联席会议"，2004年在广州签署的《泛珠三角区域合作框架协议》等。但粤港澳大湾区正式上升为国家战略之后，粤港澳三地政府在联盟机制的设立上仍未有重大突破。由于"一国两制"的原因，粤港澳三地的协调发展受到制度因素的影响，而且，粤港澳大湾区涉及三个省级行政单位，分不出主次，也就没能确立领导权。目前，尚未成立能统一调配粤港澳三地资源、协调三地产业发展的法定性联盟机制，若继续以粤港澳三地政府谈判、协商的形式推进粤港澳三地合作的话，原先的制度障碍将不会削减。

目前，粤港澳三地的合作以自发性的产业和投资贸易合作居多。香港政府方面，与内地合作的议题和"一带一路"的议题备受关注，但是香港与中国（广东）自由贸易试验区的议题却关注甚少，重视度不高。澳门政府方面则是侧重和珠海的通关和投资合作两个方面，对整合粤港澳大湾区资源的机制设计探索研究也比较少。

从粤港澳合作的格局来看，深圳与香港开展较为紧密的市场合作，澳门与珠海开展比较紧密的政府主导合作，广州与香港、澳门的合作则较为松散。正是由于粤港澳大湾区缺少法定性的联盟机制，使得粤港澳三地合作没有得到整体性和一致性的思考与顶层设计，导致目前粤港澳合作规划不足，合作相对松散。

（三）要素流动受限

由于粤港澳三地监管制度不同、对各产业的政策差异较大等原因，粤港澳大湾区生产要素没法在三个地区自由流动。一方面是因为各项基础设施尚未对接，另一方面是因为行业准入门槛不同、检验检疫标准差异、关税制度不同。

1．基础设施互联互通程度低

内地金融市场与香港金融市场是相互隔离的两个市场，缺少统一的交互平台。虽然股票市场"深港通"已经落地，港交所前海联合交易中心也在前海深港现代服务业合作区落户，但是，粤港澳大湾区的债券市场、黄金市场、银行间市场等金融市场组成部分尚未实现与香港对应金融市场的对接，缺少统一的交易平台。

中国内地出于信息安全的考虑，在电信和互联网领域对港澳均是有条件开放，不仅港澳地区的居民难以登陆内地的重要网页获取准确的信息，内地居民获取的港澳信息也不完善。粤港澳三地之间的数据传输体系还不完善，数据传输效率较低，电信领域对港澳开放度也有限，与港澳对接的国际通信通道效果有限，不利于粤港澳三地的信息交流。

粤港澳三地的交通体系还未全面对接，交通基础设施还需要进一步完善。由于港澳政府的管理制度等问题，多项有利于粤港澳合作的重大工程项目遭到拖延甚至搁置，广深港高铁香港段就是鲜明的例子。同时，能够自由往来粤港澳三地的机动车数量有限，导致地铁相连的各口岸人员拥挤，过关时间较长，不利于人员在粤港澳三地流动。

2．人员不能自由往来

粤港澳大湾区的居民不能在粤港澳三地自由往来，需要办理签证才能往来粤港澳三地，且往来次数有限，广东9城居民即使办理了香港、澳门自由行，1周也只能去1次香港，1个月去两次澳门。

其次，香港、澳门实施人才准入措施，部分专业服务产业不对内地开放，也就不允许持有内地牌照的专业服务者在香港、澳门直接提供专业服务。香港、澳门的产业保护政策，虽然减少了产业遭受内地的冲击的可能，但是也妨碍了优秀专业人才在香港集聚。

3．货物通关问题

香港是世界上最自由的港口，开放程度最高，但是事中事后监管也最严格，拥有与国际高标准经贸规则相适应的检验检疫标准和税收安排。目前，内地许多商品仍达不到香港检验检疫的标准，不利于粤港澳三地的货物通关。粤港澳大湾区拥有三个完整的关税区，而且，三地的关税制度差异较大，导致货物在粤港澳三地流转时面临纳税标准不一的局面。

（四）资金往来受限

虽然香港是中国内地的超级联系人，无论是外商投资还是对外投资，主要都是通过香港进行，但是，由于内地外汇管制较为严格，人民币国际化水平较低，限制了粤港澳三地资金的自由往来。

1. 外汇管制

与香港、澳门允许本外币自由流动相比，内地严格限制外汇流动，对外汇的监管十分严格。其中，在出口外汇管理方面，内地要求企业必须在规定时间内按照官方公布的结售汇率，将出口贸易赚取的所有外汇结售给指定银行。在进口外汇管理方面，企业必须征得外汇管理局的批准，方能在外汇管理局指定的银行兑换规定额度的外汇，用于购买进口商品。在对非贸易外汇收入管制方面，与出口外汇管理的模式大同小异，也是规定企业或者个人须按照外汇管理局的有关规定，按照官方公布的结售汇率，将所有或者部分外汇结售给指定银行。同时，禁止个人和企业携带、托带或邮寄黄金、白金或白银出境。

由于内地要求强制结汇，使得外汇不能在粤港澳地区内自由流动和使用，从资金流动的角度看，内地的外汇管理制度增加了资金流动的流程，只有将外汇换成人民币才能在粤港澳大湾区中的广东9城自由流动。

2. 香港离岸人民币中心地位减弱

长久以来，香港是内地最大的人民币离岸市场，是国际人民币结算的核心之一，在人民币的国际化进程中有不可磨灭的功劳。但是，近年来香港作为中国离岸人民币中心的地位有所下降，对粤港澳大湾区的人民币跨境流动而言，造成了一定负面影响。

　　从香港人民币存款和存款证总量上看，自 2014 起，香港人民币存款和存款证总量开始逐步下降，从过 1 万亿元人民币减少至近 6000 亿元人民币，详见图 5－5。在人民币汇率前景尚未明朗的情况下，香港人民币存款和存款证总量于 2016 年底，比 6 个月前进一步下跌了 21.5%，至 6251 亿元人民币。其中，人民币客户存款下跌 23.2%，企业客户存款的下跌幅度超过个人客户存款。另一方面，存款证余额的跌幅由 2016 年上半年的 46.8% 收窄至下半年的 7.5%。

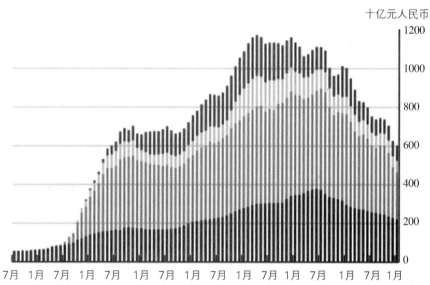

数据来源：2016 年度香港金融管理局《货币与金融稳定情况报告》

图 5－5　香港人民币存款和存款证总量

　　尽管人民币流动资金池收缩，银行的人民币流动性管理依然健在，资金池的规模足以支持大量人民币支付及金融交易。人民币即时支付结算系统的日均成交金额于 2016 年高企于 8636 亿元人民币。人民币贷款余额在 2016 年上半年出现调整后，于下半年恢复增长 2.6%。另一方面，香港银行处理的人民币贸易结算金额于 2016 年下半年降至 21769 亿元人民币，较上半年下跌 8%。虽然由香港汇出至内地的汇款继续下跌，但是，包括由内地汇入香港的汇款及离岸市场之间经由香港的汇款等其他贸易汇款恢复温和增长，详见图 5 - 6。

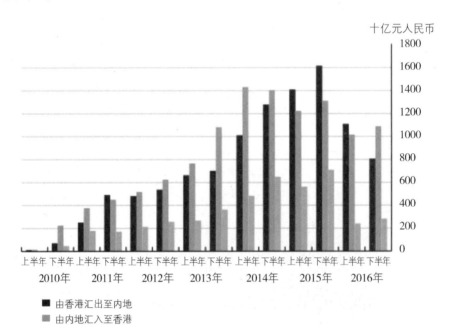

图 5 - 6　香港人民币汇款

预期香港人民币流动资金池仍会受到人民币汇率走势的不确定性影响，对粤港澳大湾区的跨境人民币使用造成障碍。

（五）产业合作不均衡

粤港澳三地的产业合作正稳步推进，但是，由于缺少顶层设计，粤港澳三地缺少战略层次的合作，各城市产业合作不协调。

与香港产业合作方面。在经历两次金融危机和 SARS 冲击后，香港产业分化、固化、单一化和空心化趋势明显。一边是高增值、低就业的金融业、房地产业、专业服务业，另一边是低增值、高就业的旅游业、餐饮住宿业、零售业等传统服务业，具有知识科技含量的智能制造产业长期缺失。一直以来，香港金融、贸易、会计师、律师及医疗等优势服务业产生的"虹吸效应"挤占了科技产业的发展要素，令其起色不大，香港创新科技发展的氛围一直缺失。

在"小政府、大市场"的不作为、难作为的双重理念影响下，香港政府的扶持效果甚微，当其他经济体纷纷发展知识经济时，香港已错失向知识经济转型的窗口期。目前，粤港澳大湾区中与香港合作最为紧密且效果显著的是前海深港现代服务业合作区，但合作产业依然绝大部分为金融、贸易和物流业。

与澳门产业合作方面。博彩旅游业的"一业独大"依旧是澳门产业结构的硬伤。各界亦对澳门经济多元化发展长期关注，提出了许多宝贵意见，但微小的经济体和土地的先天制约令澳门的经济多元化发展愿景沦为"谈得多，实现的少"。目前，澳门与珠海的产业合作相对紧密，但也仅限于旅游业的单向投资，双方互动投资和多元化投资仍有很大的拓展空间。

第六章

粤港澳大湾区的经济空间结构

所谓区域，是一个客观存在的空间概念，但在其具体内涵上，不同学者还是给出了稍有不同的界定。从地理学角度，区域是一个抽象客观存在的空间概念，地球表面上的任何一个部分、一个地区、一个国家或几个国家都可称为一个区域。

　　在区域经济发展的进程中，经济空间结构的变化与经济发展本身是相辅相成的，两者之间呈现出互为反馈促进的关系。正如美国区域经济学家艾萨德（Clark Edwards）① 提出的"经济增长发生于空间，它要受到空间经济的影响，并反馈于经济增长"。随着人类空间经济活动向广度和深度发展的推进，对空间经济结构形成与发展变化规律的研究就显得愈发有意义。② 在对粤港澳大湾区经济的分析中，对其空间经济结构问题的解析自然成为一个无法回避的问题。

　　粤港澳大湾区以改革开放先行区的珠三角湾区9城为核心，以国际化的香港、澳门特别行政区为桥梁，以泛珠三角城市群落为依托，在我国改革开放的进程中取得的发展成就举世瞩目。时至今日，区域内各城市的地区分工、产业结构等已发生翻天覆地的变化，港澳的国际都市地位进一步巩固，广深跻身世界一流城市行列，珠海、佛山、东莞的地区次中心地位悄然形成，其他区域产业升级之路正快速打开。但湾区内经济发展仍多有差异，区域协同发展的目标仍待进一步实现。各区域之间差异虽在不断缩小，但并不能掩盖差异存在的客观事实。因此，对区域经济发展差异的程度及变化趋势进行测算，对差异形成影响原因进行探究，以及对影响因素展开思考，无疑构成了粤港澳大湾区经济空间结构分析的主要内容。下文以理论简介、差异解析、原因探究、优化思考层层递进，对粤港澳大湾区空间经济结构进行探讨，为进一步强化湾区内经济发展与空间结构的互动效应进行理论支撑。

---

　　① *Spatial Aspects of Rural Development*，*Agricluture Economics Reseach* 第33卷，第3期，1981年7月，第11~12页。

　　② 实际上，传统西方经济理论长时间忽略了对经济行为空间问题的关注，正如经济学家沃尔特·艾萨德和帕纳基斯·雷欧赛特斯（1981）相信的："那些有关发展的理论、增长理论、进化理论、过渡和变革理论，总之，在社会动态理论方面，都存在着主要缺陷"，而其缘由正是忽略了对空间因素的考虑；所以，"应在经济模型中引入空间、距离、区位这些外生变量以扩充模型"。

一、区域、空间效应与区域经济空间结构

（一）区域和空间效应

1. 区域

所谓区域，是一个客观存在的空间概念，但在其具体内涵上，不同学者还是给出了稍有不同的界定。从地理学角度，区域是一个抽象客观存在的空间概念，在地球表面，任何一个国家、地区、部分或者几个国家皆可被称为某一区域①。从经济学视角来看，区域可以理解为一个辖区完整、功能明确，且具有强大内聚力的经济地域单元②。成为一个区域，应该具有五大要素：内聚力、结构、功能、规模以及边界。在这五大要素中，内聚力促使区域的形成和演变，决定区域内部结构的形成和功能分区，并进而影响区域规模和边界的实现，最终形成一个相互依存、具有共同区域利益趋向的经济单元③。在经济区域内，其存在形式包括两种：同质化和极化。前者即同质化现象，是指区域内当以某一特定标志进行划分时出现相似性现象；后者即极化现象，是指由于区域间要素相互流动的作用，最终形成强内聚力的区域划分。

本书所研究的区域——粤港澳大湾区，主要包括广东省的广州、深圳、东莞、佛山、珠海、中山、肇庆、江门、惠州9个城市，加上香港和澳门两个特别行政区，即所谓的"9+2"区域。

---

① 安虎森：《区域经济学通论》，经济科学出版社，2004年版。
② 孙久文：《区域经济学》，首都经贸大学出版社，2007年版。
③ 魏后凯：《现代区域经济学》，经济管理出版社，2006年版。

2. 空间效应

一般而言，空间效应包括空间相关性和空间异质性两个方面①。空间相关性（或依赖性）是指不同空间区域在经济增长中表现出关联特性，即空间位置作为影响因子进入到决定区域经济发展的相关要素之中。在不同空间位置之间所形成的相关关系中，可从正、负两个视角将其分为正相关和负相关。所谓空间正相关，即相邻近区域的经济发展表现出趋同现象；空间负相关则说明不同空间位置的经济增长之间没有相似特性。空间异质性在现实经济活动中以空间差异为表现形式，即指经济活动在不同区域呈现出非均匀特性。空间异质性和相关性共同决定了区域空间结构，进而产生空间经济效应。

空间相关性是由于不同区域各单元主体之间的空间相互作用而形成的一种截面相关。不同区域之间，由于各种经济要素流动、创新扩散、技术溢出等因素的作用，会形成区域间经济发展、创新差异等空间结构格局的演化，比如劳动力、资本流动等形成区域经济发展差异，研发投入不同在不同区域空间上形成示范效应等②。

（二）区域经济空间结构

1. 区域经济空间结构内涵

目前，学术界对区域空间结构的定义并不尽相同。如认为区域经济空间结构是指社会经济客体在空间中的相互作用和相互关系，以及反映这种关系的客体和现象的空间集聚规模和集聚形态③；如认为区域经济空间结构是指在

---

① 张可云：国外空间计量经济学研究回顾、进展与评述》，《产经评论》，2016（1）：第5~21页。

② 孙久文、姚鹏：《空间计量经济学的研究范式与最新进展》，《经济学家》，2014（7）：第27~35页。

③ 陆大道：《区域发展及其空间结构》，科学出版社，1998年版。

一定地域范围内，经济要素的相对区位关系和分布形式①；如认为其是人类的经济活动在一定地域上的空间组合关系，是区域经济的中心、外围、网络诸关系的总和②；或认为其指经济现象和经济变量在一定地理范围中以分布和位置、形态、规模和相互作用为特征的存在形式和客观实体③；或认为其是人类经济活动作用于一定地域范围所形成的组织形式④；或认为其是一定区域范围内，经济空间现象在集聚力和分散力的相互作用下所形成的结构⑤。

2. 区域空间结构理论

区域空间结构理论包括区域空间结构演变理论和区域空间结构模式理论。美国著名经济学家弗里德曼和国内学者陆大道等在区域空间结构理论上的论述具有较强代表性。

表6-1　弗里德曼区域空间结构演变理论

发展阶段	空间特征	地域组合	区域联系	经济特征
前工业化阶段	区域空间均质无序，没有等级结构分异	若干个地方中心＋广大农村	相对封闭，彼此少联系	生产力水平低下，经济极不发达，呈低水平均衡状态
工业化初期	空间极化现象凸现，区域空间结构日趋不平衡	某个区域经济中心＋落后的外围地区	中心不断吸引外围地区经济要素的集聚	某个地方获得发展的动力，经济快速增长，外围地区更趋落后
工业化阶段	区域空间结构趋向复杂化和有序化	多个区域经济中心＋外围地区	不同等级的中心-外围之间的联系较为紧密、频繁	产生新的经济中心，形成区域的经济中心体系，区域空间结构对区域经济增长有着积极影响
后工业化阶段	空间结构体系功能上的一体化最终走向空间一体化	中心—外围界线逐渐消失，终将达到区域空间一体化	各地区之间的经济交往日趋紧密和广泛，不同层次和规模的经济中心与外围地区的联系也越来越紧密	经济发展达到了较高的水平，区域经济发展水平的差异在缩小

---

① 崔功豪、魏清泉、刘科伟：《区域分析与区域规划》，高等教育出版社，2006年版。
② 陈才：《区域经济地理学》，科学出版社，2009年版。
③ 曾菊新：《空间经济：系统与结果》，武汉出版社，1996年版。
④ 陆玉麒：《区域发展中的空间结构研究》，南京师范大学出版社，1998年版。
⑤ 聂华林、赵超：《区域空间结构概率》，中国社会科学出版社，2008年版。

表6-2　陆大道区域空间结构演变理论

发展阶段	空间特征	地域组合	区域联系	经济特征
农业占绝对优势阶段	低水平均衡状态且比较稳定	居民点呈散布状态	城市与乡村之间在人员、物流、信息等方面的交流不多	城市逐步出现，区域性基础设施水平低
过渡阶段	区域空间不平衡，边缘地区极不发达	单一中心—边缘结构	城市与乡村的联系得到加强，农村人口大量流入城市	区域经济较快增长，区域商品生产与交换规模不断扩大
工业化和经济起飞阶段	城市等级体系开始形成，边远落后地区得到开发	多核心结构	城乡之间、城市之间的交流日趋活跃	区域经济进入强烈动态增长期
技术工业和高消费阶段	较高水平均衡状态	高度融合	城镇居民点、服务设施及其影响范围都已形成了各自的等级体系	社会生产力高度发展，现代交通运输和通讯网络形成，区域差异逐步消失

二、粤港澳大湾区经济差异的时空分析

（一）测算方法

对区域经济差异进行测算的指标有多种，如基尼系数、极差系数及泰尔指数等，本书选择运用泰尔指数对区域经济差异进行量化测度。之所以选择该指数，主要是考虑其可分解特性，以便对区域内和区域间差异进行深入解析。泰尔指数数值越大，即表现出区域单元之间的经济差异越大，其计算公式如下：

$$T_d = \sum_{i=1}^{n_1} \sum_{j=1}^{n_2} \left(\frac{y_{ij}}{Y} \right) \log \left(\frac{y_{ij}/Y}{p_{ij}/P} \right) \tag{6.1}$$

上式中，$N(n_1, n_2)$ 为区域个数，y_{ij} 为 i 特征区域 j 市域的国民生产总值，p_{ij} 表示 i 特征区域 j 市域人口数，Y、P 分别表示区域内的国民生产总值和总人口数量。

为了进一步对总差异的形成原因更多是区域内差异还是区域间差异进行解析，需将泰尔指数进行分解。

定义 $T_{di} = \sum_{j=1}^{n_2} \left[\left(\frac{y_{ij}}{Y_i}\right) \log\left(\frac{y_{ij}/Y_i}{p_{ij}/P_i}\right) \right]$，则有：

$$T_d = \sum_{i=1}^{n_1} \left[\left(\frac{Y_i}{Y}\right) T_{di} \right] + \sum_{i=1}^{n_1} \left[\left(\frac{y_{ij}}{Y}\right) \log\left(\frac{y_{ij}/Y}{p_{ij}/p}\right) \right] = T_{wr} + T_{br} \qquad (6.2)$$

其中，$T_{wr} = \sum_{i=1}^{n_1} \left[\left(\frac{Y_i}{Y}\right) T_{di} \right]$ 为特征区域组内差异，即地带内差异；T_{br}

$= \sum_{i=1}^{n_1} \left[\left(\frac{y_{ij}}{Y}\right) \log\left(\frac{y_{ij}/Y}{p_i/P}\right) \right]$ 为不同特征区域之间的差异，即地带间差异。

（二）粤港澳大湾区经济差异演变过程

本文以 2001—2016 年粤港澳大湾区内 11 个城市的人均 GDP 作为区域经济差异的测度指标，计算泰尔指数，并绘制成曲线图，以此来分析粤港澳大湾区内近十余年来的经济差异变化态势。

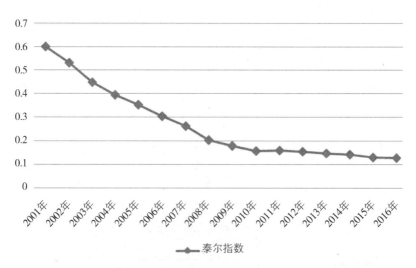

图 6-1　粤港澳大湾区 2001—2016 年人均 GDP 相对差异变动曲线

从图 6－1 可以看出，2001—2016 年的 15 年来，粤港澳大湾区经济差异呈现逐步下降的态势，泰尔指数从最早的 2001 年的 0.599，下降到 2016 年的 0.129，下降幅度达到 78.46%。在经济差异回落的过程中可以明显分为两个发展阶段：

2001—2009 年，粤港澳大湾区经济差异快速缩小，几乎呈现单边下降的趋势。泰尔指数从 2001 年的 0.599 快速下降到 2009 年的 0.179，下降幅度为 15 年来总体经济差异缩小幅度的 89.5%，年均复合差异缩小幅度达到 8.31% 的水平。

2009—2016 年，区域经济差异仍逐步缩小，但收缩速度明显下降。泰尔指数从 2009 年的 0.179 逐步下降到 2016 年的 0.129，绝对指数下降了 0.05，占 15 年来总经济差异缩小的 10.5%，年均复合差异缩小幅度仅为 1.26%。

总体来说，在 2001—2016 年间，粤港澳大湾区经济差异整体快速下降，尤其 2009 年前正值国内经济发展出现一轮高涨期，随着内地经济的快速发展，整体区域经济差异明显缩小；在 2009 年后，随着全球经济进入"后危机时代"以及中国经济逐步迈入"新常态"，区域经济差异缩小步伐明显放缓。但在供给侧结构性改革的大背景下，在广州南沙、深圳前海、珠海横琴自贸区设立的推动下，在粤港澳 CEPA 等一系列区域合作机制持续作用的促进下，本区域内各经济要素开始有效流动与整合。所以，即使在宏观经济增速从"高速"转入"中高速"的新发展阶段下，区域内的整体经济差异仍保持逐步缩小的发展态势。

（三）粤港澳大湾区经济差异地带间分解

粤港澳大湾区的"9＋2"经济单元中，包括了不同的经济体制单元、不同发展程度的经济单元。为进一步分析区域内地带间的经济差异，将 11 个市域单元分成 3 组。其中，考虑到经济体制，将港澳划为一组，在内陆 9 个市域单元中，考虑到广州、深圳两城市的经济总量及事实上的核心地位，将其归为一组,余下的 7 个市域单元分为一组。依照上述公式,基于市域单元对粤港澳大湾区进行泰尔指数分解。

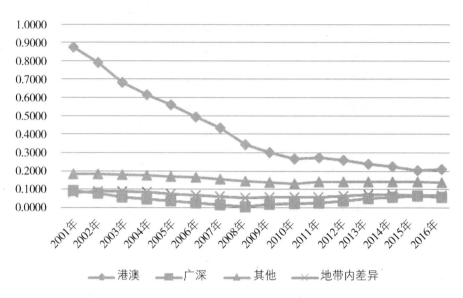

图 6-2 粤港澳大湾区人均 GDP 差异地带内分解

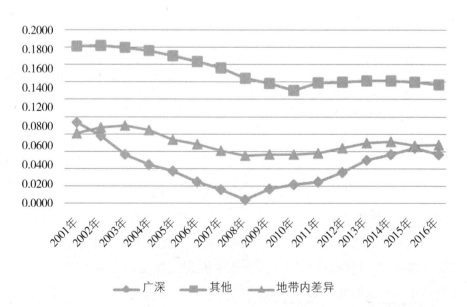

图 6-3 粤港澳大湾区人均 GDP 差异地带内分解(排除港澳区域)

从上图 6 - 2、图 6 - 3 可以看出,粤港澳大湾区内,粤港区域的经济差异在 2001—2010 年间迅速缩小,在 2011 年出现微弱扩大趋势,之后直至当前又呈现逐步缩小的趋势,但缩小的速度已大幅下降;广深区域的经济差异在 2001—2008 年间保持逐步缩小的发展趋势,2009 年以后两地的经济差异有逐步扩大趋势,直至 2016 年差异出现微弱减小,整体呈现出"U"型结构;其他区域经济差异在 2001—2010 年逐步减小,其后在 2011—2016 年间则呈现基本稳定的状态。从图中三个区域的曲线位置来看,港澳区域一直位于广深和其他区域的上方,说明港澳间的经济差异还是相对较大。而区域内其他经济单元的差异值则始终大于广深经济差异,说明广深两城的发展可谓齐头并进,并没有出现较大分化,这也与现实中两城作为广东经济领头羊的地位相对应。

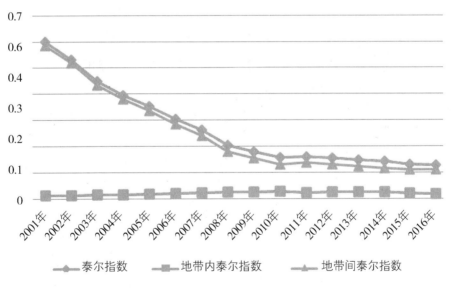

图 6 - 4　粤港澳大湾区人均 GDP 差异泰尔指数分解

从图 6 - 4 可以看出,泰尔指数在分解为地带间差异、地带内差异后,地带间泰尔指数的变动趋势与总差异泰尔指数高度相关,并且其数值远高于地带内泰尔指数。通过地带内泰尔指数可看出,地带内经济差异呈现出微弱的倒"U"型结构，即出现了先增大后减少的态势，但总体数值相对较小。粤港澳大湾区15年来的经济差异主要由地带间差异引致，且经济差异整体呈现逐步缩小的态势。这说明自本世纪初以来，随着区域内合作的增强和经济联系的紧密，港澳、广深和其他区域地带间的经济差异正逐渐缩小。

三、粤港澳大湾区经济空间结构及其演变

在空间集聚力和扩散力的共同作用下，区域之间必然会由于各种相互联系、相互作用而形成一定的区域经济空间格局。正是基于此，区域空间结构的经济集聚和极化现象形成了对区域经济空间差异的主要表达。下文以人均GDP及人均GDP增长率为实证研究指标，对粤港澳大湾区"9+2"城市经济发展水平的空间格局演变进行分析。

（一）测算指标

从空间联系角度衡量粤港澳大湾区的经济空间结构，一般包括两个方面的指标：一是空间结构性指标，包括全局空间自相关莫兰指数（Moran's I）和局部空间自相关莫兰指数（局部 Moran's I）；二是空间结构演化态势的指标，包括 Getis-ord 统计值。

1. 莫兰指数（Moran's I）

Moran's I 指数一般被用来对全局空间相关性进行检测，其具体公式表达为：

$$I = \frac{n}{S_0} \cdot \frac{\sum_{i}^{n} \sum_{j=1}^{n} w_{ij} (x_i - \bar{x})(x_j - \bar{x})}{\sum_{i}^{n} (x_i - \bar{x})^2} \qquad (6.3)$$

其中，x_i 是第 i 个空间单元上的观测值；w_{ij} 表示空间权重矩阵；S_0 是空间权重矩阵的所有元素之和；$\bar{x} = \dfrac{1}{n} \sum_{i=1}^{n} x_i$。I $\in$（-1，1），越接近于 1 说明空间正相关性越大，越接近于 -1，说明空间负向相关性越大。

2. 局部莫兰指数（局部 Moran's I）

$$I_i = \frac{n(x_i - \bar{x}) \sum_i w_{ij}(x_j - \bar{x})}{\sum_i (x_i - \bar{x})} = z_i \sum_j w_{ij} z_j \qquad (6.4)$$

上式中，z_i、z_j 为区域 i 和 j 的考察变量的标准化形式，表示各区域考察变量与均值的偏差程度；w_{ij} 为空间权重矩阵；$\sum_j w_{ij} z_j$ 为相邻区域的考察变量偏差的加权平均值。区域局部空间结构格局根据 I_i 和 z_i 值的大小分为四个区域：高高集聚区域、低低集聚区域、高低集聚区域和低高集聚区域。

（二）粤港澳大湾区经济发展水平的空间结构演变

为直观提示粤港澳大湾区市域经济发展水平的空间格局分布，把"9 + 2"城市的人均 GDP 与区域平均水平比值（λ）分为四类：λ < 0.75 为落后地区，λ $\in$［0.75，1］之间水平为欠发达地区，λ $\in$［1，1.5］之间为次发达地区，> 1.5 为发达地区。并选取 2004 年、2008 年、2012 年、2016 年为研究断点，来对粤港澳大湾区十余年来的经济发展水平时空变化进行分析。

表 6-3　粤港澳大湾区四个时间断点年份经济单元类型分布对应表

区域	2004 年	2008 年	2012 年	2016 年
发达地区	香港、澳门	香港、澳门、深圳	香港、澳门、深圳	香港、澳门、广州、深圳
次发达地区	广州、深圳	广州	广州	佛山、珠海
欠发达地区	佛山、珠海	东莞、佛山、珠海	佛山、珠海、中山	东莞、中山
落后地区	东莞、中山、江门、惠州、肇庆	中山、江门、惠州、肇庆	东莞、江门、惠州、肇庆	江门、惠州、肇庆

由表 6 - 3 可以看出：①在四个时间断点上，粤港澳大湾区内低水平经济的经济单元逐渐减少，从早期的 5 个城市减少到目前的 3 个城市，但江门、惠州和肇庆在一直在该区域内处于经济落后的状态；②经济发达区域单元逐步增多，除香港、澳门两地一直处于发达地区外，深圳、广州通过多年发展也逐步进入发达地区行列；③经济次发达地区由原来处于欠发达地区的城市成功补位，在深圳、广州发展进入发达地区后，原处于欠发达地区的佛山、珠海进入次发达地区行列；④欠发达地区经济单元出现较大变化，也出现落后地区成功补位的发展局面，即原来欠发达地区的佛山、珠海进入次发达地区后，处于落后地区的东莞、中山进入欠发达地区。这一进程中，值得关注的是东莞在 2008 年进入欠发达地区后，受全球经济大环境的牵累，于 2012 年退入落后地区；通过新常态下的发展转型努力，目前再次进入欠发达地区。

从 2000 年以来的相关数据可以看出，发达、欠发达区域逐步扩大，且在空间布局上欠发达地区主要是邻近发达地区的周边区域，而次发达、落后地区则主要是邻近次级发达地区的周边区域。由此可说明，粤港澳大湾区内确实存在着增长极化现象，核心湾区的辐射扩散效应非常明显，对其邻近地区的经济发展水平产生了积极作用。这有效地促进了区域内经济的均衡发展，对区域经济差异缩小、区域经济一体化都有极大的推动作用。但区域内的落后地区呈现大面积块状分布，一方面自身经济基础较薄弱，发展动力不足，另一方面缺乏增长极的经济影响，经济发展水平仍处于一种低水平的经济状态。

（三）粤港澳大湾区经济空间结构特征变化

1. 粤港澳大湾区经济空间结构相关性分析

下文根据 2001—2016 年粤港澳大湾区域 "9 + 2" 经济单元的人均 GDP 相关统计指标，根据上述公式计算出各经济单元的 Global Moran's I 指数值，对粤港澳大湾区域的空间关联程度和空间结构集聚状态进行分析。

表6－4　粤港澳大湾区2001—2016年人均GDP指数的Moran's I估计值

年份	Moran's I	Z值	P值
2001 年	0.4077	3.03	0.02
2002 年	0.4353	3.59	0.01
2003 年	0.4645	3.13	0.01
2004 年	0.4789	2.67	0.02
2005 年	0.4684	3.39	0.01
2006 年	0.4583	2.84	0.04
2007 年	0.4451	2.73	0.01
2008 年	0.4156	3.02	0.02
2009 年	0.3837	2.37	0.02
2010 年	0.3582	2.96	0.02
2011 年	0.3083	2.60	0.02
2012 年	0.2769	2.56	0.04
2013 年	0.2430	2.47	0.03
2014 年	0.2526	2.34	0.02
2015 年	0.3462	2.29	0.02
2016 年	0.3692	2.14	0.05

从表6－4可以看出，粤港澳大湾区的Moran's I的Z值均通过显著性检验，且p值均小于0.05，说明检验结果皆通过了5%水平的显著性检验，可以显著拒绝零假设。首先，Moran's I值在2001—2016年间全部为正，说明区域内人均GDP表现出了集聚特征，经济单元之间存在显著的空间正相关。这说明粤港澳大湾区内的经济发展出现了空间集聚现象，区域内经济发展相对较好的区域周边仍是经济较好区域，区域内经济出现极化现象；同样，经济相对落后的经济单元周边则往往是经济落后区域。其次，从Moran's I指数的变化趋势来看，2001—2016年间，该指数出现了先增大、后减小、再增大的运行态势。即说明粤港澳大湾区"9＋2"经济单元在空间相关程度经历了增大、缩小、增大的发展历程。2001—2004年Moran's I值出现逐

步扩大，区域内经济空间集聚程度逐步走高，说明核心经济区域的吸引效应发挥较大作用，这与世纪之初国内经济发展弱势、港澳核心区引领开放与经济发展有莫大联系。2005—2013 年间，国内经济经历了一轮经济发展的高胀期，经济规模大幅提升、发展结构大幅优化、发展质量较大提升、空间差异大幅缩小，所以 Moran's I 值出现连续 9 年的下降。此阶段，核心经济区域的辐射效应发挥较大作用，区域内空间集聚程度不断缩小。2014—2016 年，在"后危机"影响与"新常态"指引下，经济发展绝对速度较大下降，虽经济结构逐步优化，但优化效应正经历滞后释放，同时优势区域再次显示相对优势，吸引效应再次强势，使得区域内空间聚集程度有所提升。至 2016 年的全局 Moran's I 仍高达 0.3692，说明虽然区域间空间相关性减少，但区域内的空间自相关程度仍然较高，粤港澳大湾区域的空间"俱乐部"仍然存在，极化地区与非极化地区的经济差异仍然较大。

空间分析方法考虑了地理位置对区域经济增长的影响，而代表相对差异指数的泰尔指数则没有考虑地理位置的影响因素，通过对比粤港澳"9 +2"经济单元的泰尔指数和全局 Moran's I 值，可以发现两者在 2001—2013 年间的变化趋势存在着较大不同。虽然区域内经济差异基本呈现逐步下降的趋势，但从 Moran's I 值来看，2004—2013 年间莫兰指数值与泰尔指数保持正相关（同步下降），而 2001—2003 年、2014—2015 年莫兰指数值与泰尔指数出现负相关（莫兰指数升泰尔指数降）。2003 年之后，莫兰指数就一直高于泰尔指数值，说明空间因素对经济差异的影响显著提升，在考虑空间地理位置后，经济差异并没有如泰尔指数表达的那样小。这说明区域内部的增长极发挥了其扩散作用，但极化现象、空间"俱乐部"同样存在。这充分反映出在粤港澳大湾区内，经过十余年的发展，经济联系的加强及交通运输网络的构建，使劳动力、资金、技术和信息等要素在区域内增长极地区与周围地区之间进行了空间转移，促进了低水平经济地区经济逐渐发展，使得"9 +2"经济单元的经济差异处于缩小趋势。

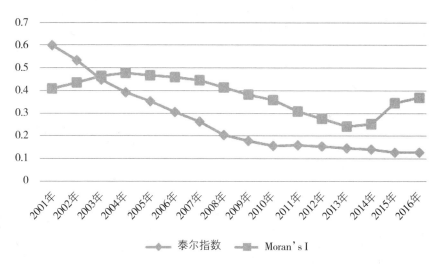

图 6 – 5　粤港澳大湾区经济人均 GDP 的 Moran's I 值与泰尔指数对比图

2. 粤港澳大湾区经济空间集聚形态

全局莫兰指数以整体视角来对总体相关性进行统计检验，其目标是说明区域内某经济单元与邻近周边区域空间差异的平均程度，其假定区域是同质的，并不能分析出该地区与周边地区空间差异变化的具体情况，难以表征整体内各地区的空间聚集特征。因此需引入局部莫兰指数对各经济单元的空间聚集特征进行研究。

2004 年、2008 年、2012 年和 2016 年四个时间断点上的 Local Moran's I 值分别为 0.4789、0.4156、0.2769、0.3692，可以看出，粤港澳大湾区内具有 H – H 集聚现象，即 2001—2013 年，香港地区一直是该区域的 H – H 集聚区。但遗憾的是，H – H 集聚区并没有出现扩大的态势，这实际反映出香港在大湾区内的单极化状态，以及与其他经济单元之间较大差距的现状。从四个时间断点上的 Local Moran's I 可以看出，2012 年该指数不断下降，显示出香港对其他经济单元的经济扩散效应较为显著，有效地缩小了其与其他经济单元的经济差异，而 2016 年 Local Moran's I 再次逐步提升至 0.3692，说明高聚集区的经济扩散效应出现减弱，对周边区域的经济带动效应下降。另外从相关莫兰散点图来看，整个粤港澳大湾区内出现空间二元结构，低经济水平的"落后"俱乐部成员数据远大于经济"发达"俱乐部成员；由于区域内低经济水平的区域和高经济水平的区域之间的经济差异较大，使得粤港澳大湾区域内部整体的经济差异仍然较大。

四、粤港澳大湾区经济时空差异影响因素的实证分析

前文已对粤港澳大湾区各区域之间的经济差异及其空间结构的集聚状态进行了解析，但造成这种时空差异的影响因素有哪些，各要素在时空差异形成过程中的作用大小如何，需通过实证检验进一步解析。一般来讲，形成区域经济时空差异的影响要素包括自然禀赋、资本劳动、产业结构、交通运输条件及区域政策等。下文运用空间计量实证方法对粤港澳大湾区域的经济收敛性和影响因素行实证检验。

（一）空间回归理论模型与变量选择

1. 空间回归理论模型

随着空间经济学的发展，空间计量经济模型的发展可谓日新月异。在常态回归模型基础上纳入单一空间要素，形成对区域经济时空差异研究较多使用的两个基本模型，包括空间滞后模型（SLM）与空间误差模型（SEM）。对于这两种模型的具体取舍，可参考具体检验结果进行甄选。

（1）空间滞后模型

空间滞后模型（SLM）多用来对区域经济单元是否出现溢出（扩散）效应进行检验，其模型可描述如下：

$$Y = \rho W_y + X\beta + \varepsilon \tag{6.5}$$

其中，Y 为因变量；X 为 $n \times k$ 的外生解释变量矩阵；ρ 为空间回归系

数；W 为 $n \times n$ 阶的空间权值矩阵，一般选择用邻接矩阵；W_y 为空间滞后因变量；ε 为随机误差项；参数 β 反映了自变量 X 对因变量 y 的影响。

（2）空间误差模型

空间误差模型（SEM）可由如下公式表示：

$$y = \beta X + \varepsilon \tag{6.6}$$

$$\varepsilon = \lambda W_\varepsilon + \mu \tag{6.7}$$

其中，λ 为 $n \times 1$ 的截面因变量向量的空间误差系数，μ 为正态分布的随机误差向量。参数 λ 衡量样本观察值中的空间依赖效应，即相邻区域的观测量 y 对本区域观测值的影响方向和程度。*SEM* 对空间依赖作用存在于扰动误差项之中，度量了邻近区域关于因变量的误差对本地区观测值的影响程度，由于 *SEM* 模型与实践序列中的序列相关问题类似，也被称为空间自相关模型。

（3）空间计量经济模型的估计及选择

在对模型的估计中，一般人们常使用最小二乘法（OLS）来对实证加以实现。但最小二乘法的缺陷是会出现系数估计值有偏或无效的情景，因此利用其他方法加以替代或改进就成为可考虑的研究路径。一般可选择使用极大似然法来对空间滞后模型（SLM）和空间误差模型（SEM）的参数进行估计。而在进一步具体使用 SLM 或 SEM 的选择中，需通过对两个拉格朗日乘子进行 LMERR、LMLAG 检验及稳健的 LMERR、LMLAG 检验来判别。卢克·安索林和雷蒙德·弗洛雷斯（1995）给出了一般的判决标准：如果 LMLAG 相比 LMERR 在统计上更加显著，并且 R-LMLAG 显著而 R-LMERR 并不显著，则选择空间滞后模型进行拟合；如果 LMERR 相比 LMLAG 在统计上显著，R-LMERR 显著而 R-LMLAG 不显著，则放弃对空间滞后模型的选用应更为恰当。如果出现两者从统计意义上都不显著的情形，则回退到使用 OLS 进行分析检验，实际上以后出现的空间杜宾模型正是这种方法修正发展的结果。

2．变量选择

（1）资本和劳动要素

在经典经济增长理论中，经济发展主要由资本和劳动两种要素推动，虽然经济发展理论层叠更新、不断完善，但这两种要素在经济发展中的基本作用始终被一致认同。从较宽泛的角度看，资本可包括人力资本和物质资本两个方面，但需要加以明确的是，这两种资本在经济发展的不同阶段，其作用与重要性程度是不同的。当经济处于发展初期，经济增长主要由物质资本的投入多少来决定，整体经济更多表现出的是粗放型、规模型的发展情境；随着经济发展进入成熟阶段，物质资本投入不再成为经济发展的唯一决定要素，而以科技进步和区域创新为表现形式的人力资本替代物质资本投入成为经济增长的重要动力来源。量化分析中，常用各经济单元的人均固定资产投资额表示资本要素，以年末从业人员数表示劳动力要素，分别用 X_1 和 X_2 来表示。

（2）产业结构要素

产业结构差异也是造成区域经济差异的主要原因，以粤港澳大湾区各经济单元中，其各自的第二产业和第三产业增加值与 GDP 总量的占比来对产业结构要素进行表示。第二产业用 X_3 表示，第三产业用来 X_4 表示。

（3）对外开放程度

考虑到大湾区作为处于我国最早开放的核心区域，开放发展正是这个区域经济得以腾飞的关键因素，所以将对外开放程度这一影响因子引入空间模型就成为必然选择。具体量化分析中，以区域内各经济单元的进出口总额与其当期的 GDP 占比作为对外开放程度的代理变量，用 X_5 表示。

（4）城镇化水平

虽然在大湾区内，香港、澳门已经完全城镇化，深圳也事实上城镇化，但考虑如肇庆、江门、惠州等经济落后地区，此指标的引入还是具有现实意义的。具体以各经济单元的城镇人口总数/常住人口数进行表示，用 X_6 表示。

（5）交通因素

交通运输是经济发展的重要基本要素，是加强区域间要素流动、强化区域联系、减小区域差异、实现区域经济一体化的重要抓手。随着交通网络的逐步构建，区域内经济差异将逐渐缩小，区域经济一体化协同水平将有实质性改善。具体数据上以各经济单元公路里程数/每百平方公里面积（即公路密度）进行表达，用 X_7 表示。

（6）居民生活

居民生活水平是区域经济发展的成果体现，同时也为该区域经济发展提供支持和拉动能力。因此区域内居民生活水平会对区域经济差异形成直接和间接影响，需考虑引入空间回归模型。量化分析中，以辖区居民可支配收入作为代理变量进行衡量，用 X_8 表示。

数据来源为《广东省统计年鉴（2001—2016）》、中经网数据库、《香港统计年鉴》以及一些公开数据报道。

（二）空间回归模型选择与估计

根据相关文献，模型初步设定如下式：

$$\ln Y = \beta_0 + \beta_1 \ln X_1 + \beta_2 \ln X_2 + \beta_3 X_3 + \beta_4 X_4 + \beta_5 X_5 + \beta_6 \ln X_6 + \beta_7 \ln X_7 + \beta_8 \ln X_8 + \mu \tag{6.7}$$

其中，Y 为被解释变量，选择人均 GDP 作为代理变量，来对各经济单元的经济增长水平差异进行表达。β_0 为常数截距项，β_1，…，β_7 为变量系数；X_1，…，X_8 作为解释变量，其含义分别如上所述。

利用 GEODA 软件将 2016 年人均 GDP 选入因变量，以人均固定资产投资额、年末从业人员数对数值、第二产业占比、第三产业占比、外贸依存度、城镇化水平和公路密度等变量组成自变量，并且加载地理权重矩阵（本文选择一阶 Rook 地理权重矩阵），即主要考虑地缘边界的相邻性来构建空间回归模型。在进行空间回归前，需先以普通最小二乘法（OLS）进行一般性回归检验，将模型中不显著变量 X_1、X_6 进行剔除，形成新模型如下：

$$\ln Y = \beta_0 + \beta_1 \ln X_2 + \beta_2 X_3 + \beta_3 X_4 + \beta_4 X_5 + \beta_5 \ln X_7 + \beta_6 \ln X_8 + \mu \tag{6.8}$$

其最小二乘的结果如下：

表 6-5　市域经济增长集聚与差异因素的 OLS 估计（2016 年）

模型	系数	T 统计量	P 值
CONSTANT	1.52043	0.811289	0.46271
$\ln X_2$	1.15216	3.89675	0.01759
X_3	2.75235	1.87674	0.13379
X_4	2.26449	1.23916	0.28303
X_5	-0.335769	-3.57068	0.02336
$\ln X_7$	-0.323966	-2.73857	0.05198
$\ln X_8$	0.874644	3.33342	0.02901
R^2	0.985889		
F	46.5785		0.00117233
误差正态性检验	自由度 DF	统计值	P
Jarque-Bera	2	0.4453	0.80038
异方差检验	自由度 DF	统计值	P
Breusch-Pagan	6	3.0986	0.79637
Koenker-Bassett	6	2.9707	0.81252
LogL	12.6532		
AIC	-11.3064		
SC	-8.52116		

由表 6-5 检验结果可以看出：通过最小二乘法估计的拟合优度达到 0.985889，说明所构建的模型在整体上是显著的。区域经济城市经济增长的最小二乘法估计误差的正态性检验表明，Jarque-Bera 在 10% 显著性水平下不能通过检验，说明拟合估计中的随机向量是不服从正态分布的。B-P 统计量和 K-B 统计量也都没能通过 10% 显著性水平的检验，说明所构建的回归模型存在异方差问题。异方差的存在，说明在最小二乘估计中的随机误差因子可能存在空间自相关问题，那么仅沿用简单经典线性回归模型已经不能解释模型设计的有偏问题，所以考虑将空间位置因素纳入回归模型。

在加载空间权重矩阵后，得出 OLS 回归的空间依赖性诊断结果（表 6-6）。可见由上述拉格朗日乘数检验可看出，LMLAG 相对于 LMERR 在统计上更为显著，而模型且稳健的 R-LMLAG 较 R-LMERR 也更为显著。因此应该选择空间滞后更为契合。

表6-6　空间依赖性诊断检验结果

检验统计量	MI/DF	统计值	P 值
拉格朗日乘子（滞后模型）	1	3.2442	0.07168
稳健拉格朗日乘子（滞后模型）	1	4.9376	0.02628
拉格朗日乘子（误差模型）	1	0.2668	0.60549
稳健拉格朗日乘子（误差模型）	1	1.9602	0.16149
拉格朗日乘子（萨尔玛法）	2	5.2044	0.07411

加载空间权重矩阵后，使用空间滞后模型再次对公式6.8进行回归，得到如下（表6-7）的检验结果。可以发现考虑了空间相关性的空间滞后模型的滞后项在1%的水平上高度显著，其余各变量系数都在1%的水平上十分显著，并且拟合优度有所提高，对数似然函数值LogL有所增大。同时赤池信息准则AIC和施瓦茨准则SC都有所降低，综合来看，空间滞后模型的拟合效果较好。

表6-7　区域经济集聚与差异因素的 SLM 估计

模型	系数	Z 统计量	P 值
Lny（-1）	0.301694	2.6346	0.00842
CONSTANT	-1.721	-1.15241	0.24915
$\ln X_2$	1.22819	8.43207	0.00000
X_3	4.44043	3.46874	0.00052
X_4	3.71223	3.46874	0.00052
X_5	-0.422706	-7.89057	0.00000
$\ln X_7$	0.356746	-6.14499	0.00000
$\ln X_8$	0.725684	5.08503	0.00000
R^2	0.990965		
异方差检验	自由度 DF	统计值	P
Breusch-Pagan	6	7.2159	0.30134
空间依赖性检验	统计值	P	
LogL	14.9215		
AIC	-13.8431		
SC	-10.6599		
LR	4.5366	0.03318	

（三）实证结果分析

通过空间滞后模型的回归分析，可得到如下的回归方程：

$$\ln Y = 0.301694 \ln y(-1) - 1.721 + 1.22819 \ln X_2 + 4.44043 X_3 + 3.71223 X_4$$
$$- 0.422706 X_5 + 0.356746 \ln X_7 + 0.725684 \ln X_8 + \mu$$

可以发现，基于一阶 ROOK 空间权重矩阵的空间滞后回归系数为 0.301694，显著性水平达到 1%。这表明在粤港澳大湾区的经济增长进程中，邻近区域的滞后冲击效应非常显著，即某一区域的经济增长变化与周边区域之间存在一种正向互动关系，整体经济增长在区域内表现出不断聚集的状态。

（1）在空间滞后模型中，劳动力于经济增长水平的回归系数为 1.22819，且通过 1% 的显著性水平检验，说明劳动力数量对大湾区经济的增长仍有较大的促进作用。这与大湾区区域内（除香港、澳门）仍有大量人口流入有较大关系。珠三角区域作为中国经济发展的核心区域之一，尤其是广深一线城市，对外来劳动力仍然有巨大的吸引力，导致就业人数不断增加。由于珠三角区域的产业结构相对劳动力来源地而言普遍较高，随着劳动力的增加，其劳动效率有明显提升，进而促进了经济发展。同时，在中国经济进入"新常态"后，大湾区内"9+2"城市出台了各项产业升级举措，意图改变经济增长过多地依赖于劳动力投入的结构局面，但政策发挥实效仍需时间。所以，劳动力数量的增加仍是影响区域经济增长的有效因素之一。

（2）产业结构对区域经济增长的回归系数皆为正值，即第二产业占比和第三产业占比在空间滞后回归方程中的影响系数分别为 4.44043 和 3.71223，且均在 1% 水平上显著。这说明工业化、三产化都有效地促进了区域经济增长，产业结构优化成为区域经济增长的主要路径，这也为区域政府纷纷提出产业升级、腾笼换鸟、优化布局、调整经济结构的区域产业政策给予了实证支持。事实上，截止 2016 年，大湾区区域内核心城市港澳、广州、深圳的第二、第三产业占比已经普遍达到或超过 99% 的水平。但从第二、第三产业各自对区域经济增长的影响来看，工业化相对于三产化似乎是一个更加有效的调整取向。这似乎与一般要求提升第三产业占比的政策取向有不同。形成这种局面的原因在于区域内三产化率存在巨大差异，如港澳三产化率达90%以上，广深三产化率超过60%以上，但"9+2"其他区域的三产化率多在50%以上。这与珠三角作为中国传统制造业基地仍存在莫大联系。

（3）外贸依存度对经济增长影响的系数为负数，且通过1%水平下的显著性检验。这说明大湾区区域内经济增长并不依赖于对外贸易的发展，这一实证结果与直觉理解相悖。造成这一数据结果的原因在于区域内核心城市的外贸依存度普遍较高，与湾区其他城市的外贸依存度存在较大差异。具体来讲，作为中国改革开放的先行区域，外贸依存度高与该区域发展初期即是通过大力发展外向型经济的政策取向直接关联。经济经过多年发展，区域内经济单元的外贸依存度绝对水平已然处于高位。当然，对外依存度在区域内部差异上也十分之大，典型如"制造之都"的东莞的外贸依存度达到167%，而经济相对落后区域如肇庆，该指标仅为22%。同时，在推动中国经济增长的"三驾马车"中，进出口、投资对经济的作用已逐步退居次席，内需消费已成为中国经济增长的主要因素。在这一进程中，尤其是在遭受2008年次贷危机影响后，原外贸依存度较高的区域出现经济增长相对放缓的局面是可以理解的，所以导致了回归系数为负的实证结果。

（4）交通运输与区域经济增长的影响系数为正，且通过1%水平下的显著性检验。交通运输的发展对区域经济的协调化起着重要作用，可有效地影响区域间经济差异，促进区域协同一体化进程。从区位角度来看，交通运输不仅促进了地区经济和社会的发展，也为欠发达地区的经济发展提供了机遇，在理论上契合佩鲁的增长极理论：区域经济发展是一个不均衡的发展历程，经济水平有高有低，经济发展有先有后。先发展地区由于所在区域各要素成本抬升，进而产生经济扩散的内在要求，致使扩散效应出现，而在这一扩散过程中，交通运输是一个重要的影响因子。原因在于交通运输的发展可有效地促使劳动力、物资、资本和信息等生产要素在区域内流动，尤其是促使这些要素向经济欠发达地区转移，这样就促使相对落后地区的经济得以发展，最终达到区域经济协调发展的目标。

（5）居民生活与区域经济增长的影响系数为 0.725684，同样通过 1%水平下的显著性检验。消费正成为拉动经济增长的主要动力，而消费增长则建立在居民收入水平增长的基础之上。尤其在大湾区内普遍存在住房、教育、医疗强度更高的刚性支出环境下，居民生活水平提升将直接通过影响消费支出而导致经济发展出现显著变化。

五、粤港澳大湾区经济空间结构优化

区域经济发展目标不仅有一般性指向的资源最优合理配置，而且还包括更具象的减少区域间经济发展差异的指向。随着粤港澳大湾区正式上升为国家战略，"9＋2"之间的区域经济合作将上升为新的发展阶段。因此，为加强粤港澳大湾区内的经济合作与协同，提升区域内经济总体水平，缩小区域经济差异，促进区域一体化进程，从经济空间结构优化的视角下，可从以下几个方面加以审视。

（一）突破行政区划障碍，强化区域合作发展

行政区划是我国进行地区划分的形式，通过行政边界的划分，会形成不同行政区域，执行不同的管理办法，甚至渗透着不同的管理思维方式。从经济层面来讲，就形成了很高的正式和非正式制度成本，从而在很大程度上阻碍着区域经济合作发展，平时俗称的"地方保护、地方主义"就出现了。在粤港澳大湾区内，这种行政区划更为复杂，不仅在"9＋2"城之间存在不同行政区划，而且还有香港、澳门两个特别行政区的不同社会制度、法律制度甚至文化差异。在现行的行政体制下，地方行政主体仍会以地方利益和政绩为导向，以行政区为依托，建立贸易壁垒，阻碍市场上资源和要素的流动。这种行政模型会使区域内经济空间的扩展形成较大障碍，影响"增长极"市域的辐射效应的作用发挥，在带来政府行政成本和企业成本的上升之际，最终让区域经济合作形成负面效应。而且在港澳加入大

湾区后，这种倾向甚至更为严重。由于不同社会经济制度、文化冲突的影响，港澳区如何打开"隔阂"，从人才流动、物流、资金流和信息流等方面主动融入区域发展，将成为区域经济协同发展的重大症结之所在。简略地讲，行政区划突破一方面包括内地 9 城之间的行政壁垒如何突破，另一方面则是港澳与内地 9 城之间的行政阻隔如何化解。上升为国家战略的粤港澳大湾区发展规划正抓紧编制与推动实施，将不同社会制度、法律环境、经济发展水平的主体蕴含于一个区位之内进行考虑，把外部性进行有效内化，将为区域经济合作提供有力的制度保证。

（二）发挥增长极扩散效应，强化核心城市辐射作用

通过对粤港澳大湾区内各区域空间格局的变化的分析，可以看到区域内经济差异已有了大幅缩小，但港澳在区域内的增长极的格局依然保持着。从整个区域来看，广州、深圳还有一定的发展空间，仍然没有进入到增长极的发展阶段。但从内地 9 城来看，广州、深圳作为增长极的作用已经开始发挥，尤其随着港澳经济发展的逐步放缓，这种发展趋势会更为强化。考虑到区域内已经实施的前海、南沙、横琴特区的出现，从空间角度看，港澳的经济发展重心将会向内地进行倾斜，所以广州、深圳进入增长极序列、发挥扩散辐射效应、促进区域差异缩小的作用会加快实现。因此，一方面内地 9 城应进一步加区域聚集，充分发挥此增长极的辐射扩散功能，促进边缘区域的共同发展，防止区域内的差异进一步扩大，另一方面，要积极发挥粤港澳大湾区内核心城市的带动作用。区域内的核心城市主要分为三个层次：第一核心城市，即香港、澳门这样具有国际影响力的城市；第二核心城市为广州、深圳，作为内地区域的行政中心，应该与省内其他城市加强联系、互通发展；第三是一些经济基础相对较好，经济发展水平相对较高的其他区域，如珠海、佛山、东莞等。

在未来的发展中，粤港澳区域应该强化港澳一线增长极的辐射效应，强化港澳对内陆区的辐射作用；重点建设二级增长极广州、深圳，使之成为区域经济新的增长极，不断扩大核心空间，使区域从极核发展非均衡阶

段向扩散发展非均衡阶段迈进，并最终达到多核心均衡阶段。同时，在此进程中应注重发挥广深在港澳与其他区域经济单元之间的中介作用、承启作用，推动港澳一些合作直接与其他区域对接，从而力促区域内经济差异缩小，强化区域内协同发展。

（三）优化产业结构，加快共同市场体系的建设和完善

在产业结构优化方面，各个区域单元面临的发展取向也不尽相同。第一，香港和澳门应发挥其产业结构优化度较高、资本实力雄厚、管理经验成熟和接轨世界市场等优势，加强同内陆区域的合作，拓宽内地市场，引领和推动大湾区的产业合作发展。其次，深圳和广州应积极发展技术密集型产业，并通过产业升级，将低附加值的劳动密集型和资源型产业向周边区域转移。大湾区内其他经济单元发挥自身资源优势，积极承接广深劳动密集型产业的转移，并同时提高自身的科技水平，促进本地区的产业化水平的提高。另外，粤港澳大湾区内应打破市场障碍，完善共同市场制度环境，统筹区域市场体系的布局和建设，发挥各地优势，实现区域内要素流动，加速构建泛珠区域市场网络体系。

（四）继续推进交通网络建设

交通是区域经济联系的纽带，是区域经济发展的基础条件，而区域空间内不同层次空间的分工和联系也主要依赖于由核心区向边缘区的辐射通道，交通基础设施的完善是区域内辐射通道的基础。不合理的交通布局可能会导致建设重复过剩、抑制地区经济的增长，而经过区域整合，粤港澳大湾区统一合理规划的交通布局则会避免重复建设，消除区域差异，促进区域一体化发展。根据目前"9＋2"经济单元的经济发展状况，本书认为轴带发展模式（或轴扇发展模式）仍是应坚持的主要发展思路，通过强化港澳深、港澳珠、深广等主轴线的走廊效应，带动多条辅轴及增长轴的建设，以获得区域经济发展的快速提升。在辅轴选择上应坚持"依附轴线，强化中心"的战略，选择佛山、东莞、中山等城市作为进一步发展目标。

第七章

将粤港澳大湾区经济打造
成为我国经济增长极

"增长极"这一概念最早由法国经济学家弗朗索瓦·佩鲁提出，他认为经济增长速度在不同的地区、行业或部门具有不平衡性，经济增长先出现在创新行业，这些行业集聚在空间的某些点上，形成了增长中心或增长极。增长极是围绕推进性的主导工业部门而组织的有活力、高度联合的一组产业，它不仅能迅速增长，而且能通过乘数效应推动其他部门的增长。当增长极产出增加时，能够带动其他产业产出或投入的增长，形成极强的连锁效应和推动效应，最终形成"产业群"。

粤港澳大湾区经济带将会成为我国最具增长潜力的发展区域，同时也会成为我国经济的增长极，对全国经济起着推动作用。

一、增长极形成机制

（一）增长极的概念与内涵

"增长极"这一概念最早由法国经济学家弗朗索瓦·佩鲁提出，他认为经济增长速度在不同的地区、行业或部门具有不平衡性，经济增长先出现在创新行业，这些行业集聚在空间的某些点上，形成了增长中心或增长极。增长极是围绕推进性的主导工业部门而组织的有活力、高度联合的一组产业，它不仅能迅速增长，而且能通过乘数效应推动其他部门的增长。当增长极产出增加时，能够带动其他产业产出或投入的增长，形成极强的连锁效应和推动效应，最终形成"产业群"。

"增长极"概念在经济研究和应用中不断得到修正与完善，包含了经济空间和地理空间的双重意义：从经济空间来看，增长极是指区域内的龙头企业或主导产业。龙头企业是指在某一产业部门中具备很强影响力的单一企业或若干核心企业共同组成的联合体。主导产业是在某地区内具有较强带动作用的产业。其上下游产业的企业多，对该产业的产品需求量大，市场前景广阔，具备带动相关产业发展的能力。从地理空间来看，增长极是指某区域内的核心城市群，在这些城市内部产业形成集聚效应，形成龙头企业和主导产业，从而带动区域经济快速长。在某种程度上，增长极也可以看作地理区域上经济发达并具有经济拉动能力的城市群。区域经济发展先由某单一城市作为区域中心，经济快速发展，其影响力逐步扩大，成为区域内的核心城市，并主导产业带动作用，产业扩散到周边城市，最终形成相互促进、相互辅助，并且相互制约的城市群。

（二）区域增长极发展动力系统

区域增长极是市场与政府两种机制共同作用的结果，也是多重因素互相促进、共同制约的结果，有利因素推动区域经济快速增长，而不利因素制约着区域经济增长。当区域内关键性的有利因素促进作用大于不利因素影响时，增长极则逐步在该区域内形成。这些促成增长极形成的关键因素构成了区域增长极发展动力系统，这些关键因素之间也相互促进、相互制约。创新能力、产业升级、市场机制健全程度和政府政策通常是增长极形成的最主要的动力。

1. 创新能力

创新是增长极产生和发展的源泉，熊彼特认为创新有五种形式：新产品、新工艺、新市场、新材料、新组织形式。创新意味着新的生产函数建立，它是生产要素重新组合和生产条件重新组合。创新需要承担较高风险，包括高昂的成本和失败的可能性。而企业家精神是创新的重要动力。企业家勇于创新、敢于挑战的精神是创新活动不断进行的基础，当外部环境适合企业家发挥其创新精神时，整个经济容易形成创新氛围。但并不是每个行业的创新都能促成增长极的形成，创新需要与主导产业相结合，才能成为地区经济增长的引擎。主导产业创新不仅能够推动产业本身的发展，而且具有较强的外向扩散能力，带动上下游产业发展，从而拉动整个区域的经济发展，形成区域经济增长极。主导产业中的企业依托于长期的技术和经验的积累，通过创新提升效率、降低成本，或提升产品品质，增强企业自身的竞争力，从而占有更高的市场份额，获取更高收益。而收益增长又增强了企业的抗风险能力，企业创新的意愿和能力不断提升，为保持企业的竞争优势，创新活动将持续进行，从而推动增长极持续发展。主导产业外溢效应拉动上下游产业发展，当主导产业的技术革新发生后，上游产业的企业为了获得订单，下游产业为了提升竞争力，均会根据主导产业创新技术水平，进行与其相匹配的创新，从而推动整个产业链发展，这种协同创新机制成为区域增长极发展的重要动力。综上所述，创新与主导产业的结合成为增长极形成与发展最根本的动力。

2. 产业升级

产业升级在增长极的动力系统中起着纽带作用。产业升级实质是产业进一步分工，产业分工的加深使得产业更专注于在某个细分领域进行创新，新产品、新服务被推向市场。从微观角度看，需求的拉动效应可以带动企业自主创新。产业升级能够促使企业生产更好的创新产品，进而推动市场规模的扩张和细分，更多的企业进入市场，加剧竞争，促使企业不断进行技术创新以降低生产成本、提高产品质量，进而抢占市场。从中观角度看，产业协同效应带动了产业层面的自主创新。某个产业升级后生产技术和工艺得以提升，对于原材料以及其他配套设施的要求也会越来越高，这就对上下游产业的技术、工艺等有更高的要求，上下游产业为了生存的需要，也会不断进行创新，以达到推进型产业的发展需求。

3. 完善的市场机制

完善的市场机制使得市场内的主体可以根据自身的利益做出最优的选择。在完善的市场中，企业与家庭能准确衡量自身的成本与收益，做出最优决策。企业追求利润最大化，消费者追求效用最大化。在利益的驱动下，企业有动力改进和提升技术水平，以降低成本，提升产品品质，更好地迎合消费者的需求，扩大市场份额，实现规模经济增加收入，进而推动产业在区域内的集聚，从而拉动区域内经济增长。作为产品需求方的家庭能根据自身需求，自主选择最好的产品，从而推动市场中的企业实现优胜劣汰。而作为生产要素需求方的企业为了提升竞争力，需要争取更多优质资源的支持，它们愿意为优质生产要素支付更多的报酬。作为生产要素提供方的家庭，高素质的劳动力更倾向于选择经济发达地区，因为这里有更多的工作机会、更高的劳动报酬。因此高净值家庭更愿意投资经济发达地区，因为这里有更多的稳定投资机会，能获得更高报酬率。同时，经济发达地区良好的基础设施和文化氛围吸引了更多追求高质量生活的高净值和高素质家庭聚集于该区域。这些家庭给该地区所带来的资源以及高效率的劳动，反过来又能推动当地的经济增长。完善的市场机制能推动生产要素实现最优配置，为增长极的形成提供正向循环发展的动力。不难看出，健全的市场是增长得以形成和发展的重要前提。

4. 政府政策

政府政策是增长极形成和发展的另一个重要动力。良好的政府政策制度为增长极提供了健康的外部环境，有效的政策能降低经济活动的交易费用，从而帮助区域企业节约成本，提升区域内企业的竞争力。譬如一个高效廉洁的政府能为企业提供更优质的行政服务，从而减少企业在行政审批环节所产生的成本，提升企业运营效率。同时在市场机制不能有效发挥作用时，需要政府调节和改善市场失灵的情况。充分有效的信息和要素自由流动是完善市场的两个标准，政府可以从这两方面改进市场。一般说来，增长极在形成之初是需要政府政策支持的，需要适宜其发展的外部制度环境。在发展之初，增长极会受到旧制度制约，需要建立起新的、更有效的制度规范其发展，如网络支付等新技术产生之初，面临着诸多旧金融制度的限制与制约，同时其自身发展过程中又有许多不规范的地方，这时需要政府及时更新相关制度，安排指导其健康发展。有效的政府政策能引导市场发展，促进企业创新产品有序发展，消费者理性消费与投资，推动规模经济形成，实现产业高效聚集，最终促使新的增长极形成。

二、世界经济增长极培育与发展经验

（一）科技创新增长极——硅谷

1. 硅谷命名的由来

"科学园区"是当代科技创新型经济增长极，典型代表有位于美国加利福尼亚州北部、旧金山湾区南部的美国硅谷。这里拥有一流的研究型大学和科研机构，它们为当地高新技术企业发展提供科技人才和前沿技术。高新技术企业集聚产生外溢效应，促成企业间的协同创新，实现产学研紧密结合，成为全球技术创新的强大引擎。1971年1月11日《每周商业报》电子新闻出现了以"硅谷"为题的一系列文章，之所以称作"硅谷"，是因为当地的半导体及电脑企业的产品多数是由高纯度的硅制造的，而"谷"则是由圣塔克拉拉谷而来的。当时的硅谷就是从旧金山湾南端沿着101公路，从门罗公园、帕拉托经山景城、桑尼维尔到硅谷的中心圣塔克拉拉，再经坎贝尔直达圣何塞的这条狭长地带。

2. 硅谷的发展

军事订单对早期的硅谷发展作用很大。最初美国海军的一个工作站点设立于硅谷，包括一个海军的飞行研究基地，后来围绕着海军的研究基地，许多科技公司建立起来。美军由于第二次世界大战和朝鲜战争，对于军事尖端技术产生了大量需求，硅谷企业自然成为这些军工订单的接单者。在产品的创新能力上，硅谷企业能达到军方满意的要求。军工订单的定价一般采用成本加成的定价模式，成本对企业的约束力相对于民营企业较小，使军工企业有动力去研发先进但成本相对昂贵的军工技术。与此同时，硅谷企业能从联邦资金得到研发补贴，使得硅谷企业的领先优势更为显著。

在1960年初，因为美国国防部支出减少，当地军工企业的发展缺少了国家军工需求的扶持，造成硅谷出现了短暂的衰退。军工企业需要寻找新客户，军事技术应用于民用方向成为军工企业发展的新方向，以半导体为主导的产业快速发展，并形成产业集群优势。而其后半导体、个人电脑、互联网及绿色科技等革命性技术和新兴产业交替发展，成为全球重要且持续的创新发源地。20世纪70年代，由于微型机发明带动半导体制造业飞速发展。每隔两周一家新公司在硅谷诞生，并且多数公司表现出顽强的生命力，75%在6年以上，其存活率远高于美国公司的平均寿命，也使得硅谷成为美国收入最高的地区之一。20世纪80年代，个人电脑的发明推动了硅谷高新技术企业进一步发展，其高新技术企业的国际化进程提速。1981 年由 IBM 公司率先发明个人电脑并取得了良好的市场反响，也带动了和个人电脑相配套的软件和硬件公司的发展。计算机维修服务业也应运而生，PC 行业成为硅谷发展的新引擎。硅谷单电子制造公司就有约 3000 家，以小规模公司为主，雇佣工人人数大多在 50 人以内。另外为生产者提供服务的公司约有 3000 家，从事高新技术活动的有 2000 家。在此期间风险投资也伴随着科技创新快速发展，为科技进步提供了强大的资金支持，成为硅谷创业者的主要融资来源。硅谷不仅拥有大量的高新科技企业，并且生成了自我支持的金融系统，形成了良性发展轨道。硅谷创造财富，并以风险投资形式去培育新的企业家。20 世纪 90 年代后期以来，硅谷的技术创新仍在继续，但技术创新的主体却发生了重要变化：新兴创业公司不再是技术创新主体，相反，一些巨头公司建立了研究中心，例如 IBM 公司的阿尔马登研究中心成为硅谷创新的主要动力。但近年来，美国以及硅谷大型公司的科技投入有所下滑，如美国联邦政府对尖端计算机科学和电子工程研发的投入锐减，一些大型高新科技企业更注重能够快速盈利的项目，对于科技研究的投入也不断下滑。

在硅谷发展的过程中，高校与金融业的发展为硅谷的科技创新提供了强有力的支持。以斯坦福大学为例，其在硅谷发展中起到了重要作用，将科研与技术应用紧密结合起来。它在聘用新兴产业界的科技领袖推动学校相关学科发展的同时，向企业输送大量具有实际操作能力的毕业生。斯坦福大学也推动了科技产业园的发展，其土地资源为大量科技公司提供廉价的租金，降低创业成本，推动创新氛围的形成。在金融方面，金融创新不仅为科技公司提供了必需的资金支持，也成为企业提升效率的手段。天使投资成为硅谷创新企业的主要资金来源，股权融资是创新企业的主要融资方式，一批全球知名的风投机构如红杉资本等在硅谷诞生，一些创新性激励方式也被发明出来。为了留住企业的关键性人才，企业让重要员工参与利润分成，股权激励在硅谷企业被广泛运用，这些金融创新也有力地支持了硅谷高新科技企业的发展。

3. 硅谷发展中的问题

硅谷经过一个多世纪的快速发展，催生了众多知名的高新科技企业和新技术，成为全球技术创新的增长极。伴随着硅谷的快速发展，影响增长极发展的一些制约因素也日益凸显。

首先，不断攀升的生活成本不仅给企业带来了较高的成本压力，也影响了当地居民的生活质量。由于硅谷的高收入水平、更多的就业机会和个人发展的前景，吸引了更多人才涌入，导致基础设施不足，交通状况日趋恶化，学校教育资源跟不上人口的增长，继而硅谷的办公、住宅等生活成本急剧上升。另一方面，硅谷的收入差距拉大，除开少数高收入人群，大多数人的生活质量出现下滑，高强度的工作占用了个人大部分时间与精力，关心和照顾家人的时间和精力减少，容易产生家庭矛盾，这直接导致了硅谷的离婚率上升，而生育率则在不断下降。相对于需要承受的工作压力以及产生的家庭矛盾，硅谷收入水平和生活环境的吸引力在下降。

第二，创新动力不足。大企业的产品在市场上的份额达到一定比例后，大企业往往不愿意研发颠覆现有产品的技术，而新兴企业却又在创新上浮躁冒进，缺乏有效技术支持和长期市场前景的支撑，博眼球、炒概念成为多数创新企业融资的手法，真正沉下心来做有价值的企业的非常罕见，出售股权套利退出成为创办企业的最终目的。以至于格罗夫认为：今天的新兴公司根本不能与硅谷巨头们相提并论，他们不会变成下一个英特尔、思科、甲骨文、惠普、苹果、谷歌。当今硅谷的一些企业经营者目光短浅、胸无大志。

第三，初创公司融资难度大。金融危机爆发后，硅谷不少公司破产，加之具有投资价值的企业减少，让风险投资如今早已没有了十几年前的胆魄，投资的标的选择和投资量变得更加小心谨慎，风投公司用于投向初创型公司的天使投资不断减少，硅谷的风投专家开始看淡创新公司未来的成长性，甚至是一些互联网行业的龙头企业，如脸书社交网络。不仅是创业与风投环境出现重大变化，在政府政策方面，政府对硅谷的支持力度也在下降。在硅谷，创新型企业获得美国政府的联邦基金支持变得非常困难，受硅谷经营环境的变化，很多公司已经迁离硅谷。

第四，环境污染严重。高新科技并不等于零污染，在人们通常的观念里，高科技的产品污染较少，而污染较重的是传统的重工业。而硅谷这样一个高新技术产区仍然面临着污染威胁，这种威胁源自几方面：①高度危险的废溶剂等化学物质向外泄漏；②高科技产品的生产所产生的有毒废物；③重金属（包括镉和镍等）污水排放。这些污染造成的后果是地下水中发现了大约100种化学物质，使附近的湿地蒙受严重的环境危害，空气质量差，产生较重雾霾。

硅谷是美国最重要的科技创新增长极，对美国经济的发展有很强的外溢作用，是美国经济增长的重要动力。硅谷发展遭遇瓶颈，美国整体技术创新能力减弱，所影响的不仅是该区域的经济，由于其外溢效应减弱，更将影响美国整体经济的发展。这些不利因素影响虽然存在多年，被经济快速增长所掩盖，但当经济增速下滑时，它们对硅谷发展的制约作用就会日益凸显。

（二）产业综合体增长极——法国西南部拉克地区

1957年4月，法国西南部发现了一个大天然气田，该气田在下比利牛斯省的拉克地区，开发之初日产量可达100万立方米，此后产量快速上升，4年后达到了2000万立方米。该地区总计开发了13口平均深度超过4000米的矿井。工厂建立在天然气层上，占地达2200公顷，而整个从矿井到天然气加工厂的运输网络都在地下。整个欧洲只有一家这种类型的工厂，其脱硫装置在世界上占有最重要的地位。1961年，拉克产业综合体正式建成，拥有1个热电中心、3组发电机组，发电量达12.5万千瓦时；与此同时，与天然气相关的化学品制造厂，如乙炔、氨、甲醇、聚乙烯和硝酸盐肥料等制造厂也相继建立起来。1961年，拉克天然气被用于热电站、能源产业，分配给公众、拉克综合体的企业、其他化学工业，用作内燃气，各类比例分别为31.5%、25.5%、23.5%、16.8%、1.2%、1.5%。不难看出，82%的天然气主要作为能源使用，其他18%作为投入品使用。天然气的地区销售占比依次为：西南地区为 38%，巴黎地区为 28%，中东部为 23%，西部和中西部为 11%。

拉克天然气发现之初，法国希望借此带动地区产业化发展，从而推动法国西南部经济发展。单从佩鲁式的推进型产业的定义来看，拉克产业综合体完全满足推进型产业定义，比如不对称效应以及高于全国平均水平的增长率等。然而，它对法国西南部经济的发展带动作用与最初的预计刚好相反。尽管它也带动了一些引致性产业发展，但拉克综合体的扩张被限制在邻近地区内，对地区就业的影响很小。换句话说，拉克综合体基本上是一个地区现象，对改善法国西南地区的经济情况没有太大的作用。据相关部门调查，1964 年，综合体的总产值达 11.9 亿法郎，其中 3.37 亿法郎主要是在区域外部进行的商品和劳务的购买。因此，综合体带来的增加值事实上有 75% 可能离开了这一地区，在其他地区进行收入分配。当地所产的原材料（硫、铝、化工原料等）无一是就地加工的，大部分是由法国其他地方甚至国外加工的。就天然气来说，不应用于当地综合体时，大部分就要远距离外运，而用于区内工业的多半也是运往波尔多和图卢兹等大城市，它们在 200 公里外。给当地用户的低价优惠未能吸引来所指望的新工业，因为拉克生产出来的天然气不需要当地加工或任何当地的营销措施，就能够很容易地出口，这导致天然气产业对该区域经济增长的影响非常小。综合体自身的就业规模并不很大，1959 年为 10000 人，1964 年为 7500 人，天然气开发工程竣工后，再就地招工 3500 人。全部或者几乎全部决策都是巴黎做出的，开发利用天然气所得的巨额利润，全部用于法国其他地区或国外石油或化工研究的再投资。1964 年，产业综合体总增加值为 8.57 亿法郎，支付的工资（包括对社会安全的雇主贡献）总额仅有 1.12 亿法郎，其余的是 6.26 亿法郎的总利润以及税收。因该综合体而开始的现代产业的发展并没有取得预期的成效，经济结构仍然没有得到改善，相反还对农业产生了不利影响，成为一种典型的二元经济发展模式。

政府的政策也是拉克产业综合体未能促进更广大地区经济发展的原因之一。因为天然气被分配到了很多地区，而西南地区自身利用的仅占较小部分，从而丧失了创造一个对整个西南地区有积极影响的增长极的大好机会。这种对政府政策的攻击似乎是合理的，然而，政府政策并非决定性因素，能否在西南地区利用拉克的天然气更多地由市场机制决定，天然气能否带动引致产业在当地发展，也决定于引致的其他部门的扩张程度。天然气有两种工业用途，一是作为工业能源，二是作为化学工业的主要投入品。当天然气作为能源用途时，引致产业化的可能性决定于两个基本因素：在各种不同工业的产值中能源成本的重要性，以及这些工业的成长程度。在1956年，各种不同的产业部门中能源消费的重要性不一。这些对能源有相对较高的购买需求，并将其作为最终产品价值的一部分的部门有：铝（16.3%）、电（15.3%）、钢制品（14.7%）、矿物化学产品（11.6%）、玻璃（10.0%）、建筑材料（9.7%）、有机化学产品（9.3%）和合成纤维（6.4%）等部门。这些数据从另一个角度暗示了被吸引到拉克的主要能源消费型产业的可能性。即使是在这些部门，其非能源支出也占到总支出的84%~93%，这些产业在其他地区设厂可能由非能源支出所决定。比如，与原材料产地之间的距离、狭窄的市场、劳动力特征、产业本质，甚至产品的重量，所有这些因素都可能为在能源地设厂造成障碍。

　　拉克产业综合体案例说明，产业综合体增长极的发展必须满足一定的条件。法国学者佩努伊将这些条件概括为：第一，增长极必须有相关产业和生产要素配套作为支撑。如果经济活动太复杂，当地无法提供转包合同产业以及必需的技术人员，那么大部分的投资就必须通过区域外资源来完成，欠发达地区就是典型的例子。在拉克地区的天然气产业的发展必须从外部购进必要的装备和技术力量。伪增长点对当地经济的实际影响是可以忽略的，而且经验证明：小制造产业乘数产生的增长激励比大但不综合的活动性产业产生的增长激励还要大。第二，引致产业的当地化是增长极形成的重要推动力。产品的加工越能够当地化，对经济发展的影响就会越大。像拉克地区，一旦原材料被出口到区域之外，补偿性的引致产业就无法发展。引致产业相关成本的比重决定了是否需要在原材料产地生产。在交通成本不是决定性因素的情况下，加工业和生产成品的厂址选在靠近市场而不是靠近原材料产地的地方（拉克地区就属于这种情况），输送天然气给客户要比在能源产地建立新产业经济得多。第三，增长极对当地就业和收入分配的影响程度决定了增长极对经济的拉动力。增长极拉动经济增长的另一重要路径是收入乘数效应，增长极的产业支出被转换成当地的居民收入，居民收入的增加能产生更多消费需求，反过来拉动了对当地企业的需求。产业雇佣当地劳动力越多，当地劳动力技能水平越高，劳动技术含量越高，当地居民获得的工资就越多，引致消费需求的效应就越大。然而，以石油业为基础的天然气和电力产业的人力成本仅在总成本结构中占一小部分。

（三）增长极发展的先决条件

增长极通过产业关联带动上下游产业发展，在推动区域经济增长的数量上表现出乘数效应，从而带动区域经济快速增长。通过科技型增长极美国硅谷和产业综合体增长极法国西南部拉克天然气的发展案例探析，我们不难总结出增长极的培育与发展需要具备先决条件。能否利用好这些基础条件，是增长极能否持续发展的关键因素：（1）政策引导。政府政策在一个新增长极的形成中起到了重要作用，但政府过度干预又会影响市场公平竞争，降低效率。一个长期有效的政策在增长极形成过程中尤为重要；（2）良好的市场环境。公平有序的竞争能提升市场运行效率，有效保护企业合法权益，是可持续创新不可或缺的条件；（3）地理、资源优势。在增长极形成的初始阶段，地理位置、资源条件显得尤为重要，在资源充裕、交通便利的区域，资源使用和运输成本低，有助于企业降低成本，更容易实现规模经济，为新增长极形成创造基础条件；（4）良好的基础设施。区域内城市内部及各城市间便利的交通，如由高速公路和铁路、便利内河和海洋运输以及航空运输构建起的立体交通网络体系，有助于区域产业的相互融合，促进区域内产业的聚集与扩散，是经济增长极形成不可或缺的基础；（5）产业、技术基础是增长极发展的关键因素。任何增长极的形成都是以一定的产业背景和技术水平作为其发展的基础，产业分工层次、集聚水平制约着技术创新，现有技术的水平和产业优势也决定了创新和发展的能力，产业水平越高、创新能力越强，则更适合于增长极的产生和发展。

三、粤港澳大湾区不同时期的增长模式

粤港澳大湾区占全国的土地面积不足1%，人口数量不足全国的5%，但是却创造了全国经济总量的约13%。就国际湾区而言，粤港澳大湾区的经济总量仅排在纽约湾区和东京湾区之后，名列第三位。推动粤港澳经济增长的动力在不同的时期并不相同。在粤港澳大湾区区域经济发展的过程当中，不同时期、不同地域增长的动力源自聚焦于某些不同的主要主导部门或有创新力的行业，这个动力源能推动自身区域的经济增长。

（一）"前店后厂"模式

1978年中国改革开放后，毗邻港台的优越地理位置，给广东经济的发展带来机遇。改革开放初期，广东经济发展落后，工业基础薄弱，资金缺乏，闲置劳动力多。1978年广东全省的GDP仅191.14亿元，人均GDP不足400元，比全国的人均还低二十多元。而此时毗邻广东的香港工业正处于升级调整的阶段，土地、原料、劳动力等价格的不断攀升，导致香港传统的劳动密集型制造业成本上升，竞争力逐步丧失。在改革开放政策的推动下，广东凭借地理位置和语言文化等相近的先天优势，成为香港进行产业转移的首选地区。广东为香港制造业提供了廉价劳动力，从而降低生产成本。通过港资的注入，广东开始发展劳动密集型产业，将香港的轻工业承接过来，并初步实现工业化。

粤港澳在经济发展中优势互补，"前店后厂"的加工贸易模式逐步形成。广东是"厂"，香港为"店"。港澳地区成为广东海外贸易的窗口，海外订单承接、市场推广、对外销售、原材料供应、新产品和新工艺的开发等环节由香港完成，香港扮演与顾客对接的"店"的角色。广东则承担了生产过程，承接了香港制造业的工厂或加工程序，利用土地、劳动力低成本的优势，加工、装配产品，扮演生产者"厂"的角色。20世纪80年代，广东发展的产业主要以食品、服装、纺织等日用消费品为主，其中食品与纺织服装迅速发展并成为支柱工业；80年代末至90年代初，主要发展耐用消费品，如彩电、空调、冰箱三大家电产品，"三来一补"形式成了广东企业在该阶段的主要结构。

同时香港利用其金融优势，为广东的经济起飞提供资金支持。内地金融市场在当时还不健全和完善，融资困难，制造业的发展刺激了广东的经济发展，亟须大量资金，香港扮演了为广东经济的发展融资的角色，广东的资金需求也促进了香港金融市场的进一步繁荣。从1978年起，香港的资本占据了广东外商直接投资中的大部分，广东通过引入香港、澳门的直接投资，推动了初期的粤港澳在产品分工与金融领域的合作。在此阶段的粤港澳经济合作主要表现在以香港、澳门为核心，香港、澳门通过直接投资，向广东进行产业转移，辐射带动广东经济发展，广东省成为港澳对内地经济外溢的主要地区。

（二）"外向型"模式

20世纪90年代后，随着中国改革开放深入进行，广东逐渐形成了良好的投资环境，这时广东的外资来源更广泛，成为中国吸引外资的重要地区。特别是1992年邓小平的南行讲话，使广东省成为全国对外开放的窗口。广东大力吸引外资，出台了一系列政策。虽然此阶段外商直接投资流入的领域依旧以传统的制造行业为主，但在外资的来源和外资投资的行业上出现了新的变化。在外资来源上，香港、澳门的外资比重有所下降，外资结构更加多元化，东亚国家和地区产业转移为广东经济的增长增添了新动力。在外资投资行业结构上，电子信息行业的外资逐步增加。以台资为例，中国大陆地区开始成为台湾电脑生产的基地，相关行业的台资选择了广东的深圳、东莞、惠州等作为其投资的主要区域。20世纪90年代中后期之后，日用品产业继续保持发展。随着外资在电子信息、电器机械产业对广东投资的直接增长，电子信息、电器机械产业的发展将广东省带入高精加工制造业发展阶段。便利的通关口岸、发达的城市交通网络推动了广东地区的产业集聚，各行业在广东省形成了较为完整的产业链。在产业集聚的带动下，产业特色专业镇成为广东产业发展的重要特点，它们具有专业性强的特点，集中于某一产业或某一产品，特色和优势明显，在各镇内形成了某一类产品的规模效应。产业集聚的发展促进了广东地区制造企业的配套形成，同时也推动了其上下游产业和辅助产业的发展。广东逐步形成了集中于珠江三角洲地区的三大产业体系：珠江西岸的珠海、顺德、中山、江门的产业以家庭耐用与非耐用消费品、五金制品为主，并拥有科龙、格兰仕等知名品牌；珠江东岸的深圳、东莞、惠州的产业以电子通讯设备制造业为主，是全国最大的电子通信业产业聚集地；中部广州、佛山和肇庆市则形成了以电气机械、钢铁、轮船、纺织建材产业为主的产业带。这一时期，广东发展呈现外向型特点，出口总额连续十几年在全国排名第一，仅珠三角地区就与全球各国和地区建立了贸易往来。

（三）"内生增长"模式

2008年以来，受次贷危机影响，全球经济放缓，各国对外贸易发展均面临巨大压力，广东也不例外。加上劳动力成本、土地资源、环境等多种因素制约，广东省经济增长模式面对挑战，在经济高速发展的背后，产业结构调整的问题也日益突出。成本上涨的压力，国内人民生活水平的显著提升，让内需对经济的拉动力呈现出不断增长的趋势。利用外资和国内廉价劳动力的出口导向型增长模式变得不可持续，新的增长动力亟待发掘。拉动内需成为推动省内经济增长的重要手段，广东省政府实施扩内需稳外贸、环保倒逼等措施以应对金融危机的冲击，产业结构转型、经济发展方式的转变被提上日程。

在完善相关配套，改善投资环境，注重内需的同时，提升创新能力、服务能力，加强引进外资的质量，成为广东经济发展的另一个重要手段。从2008年至今，是利用外资的新一轮调整阶段。广东在完善投资环境的同时，在吸引外资方面坚持严格把控引进外资的质量、主动争取高质量外资的原则，把握了新一轮服务业、高新技术产业的国际产业转移，让新一轮的国际产业转移助力广东经济发展与产业结构的升级。2008年以来，广东大力推动产业自主创新，先后制定了《广东自主创新规划》等政策文件，实施"十大创新工程"。广东产业转型升级的科技创新、资金投入、人才投入等动力正在发生积极变化，高新技术产业的增加值占规模以上的企业增加。2015年，广东规模以上的高新技术制造业企业数达到6194个，比2010年增加365个，占规模以上的工业的比重提升至14.7%，比2010年提高3.8%；实现工业增加值7537.34亿元，占规模以上工业的25.6%，比2010年提高4.5%；资产总额达26882.61亿元，比2010年增长64.8%；实现利润总额2034.14亿元，比2010年增长64.1%；上缴税金总额919.64亿元，比2010年翻了一番。2008年以来，第二产业的比重开始下降，第三产业增加值占GDP的比例不断上升，对经济拉动的作用不断增强。2008—2013年广东第三产业占比从44.4%提升至48.8%，提高了4.4%。

四、新时期粤港澳增长极的培育与发展

粤港澳增长极正由粗放型外向增长模式向科技化内生增长模式过渡，支撑粤港澳早期经济起飞的土地、劳动力和资本等传统要素优势不再，主要依靠要素投入（即外延式增长）及结构转换效应所实现的经济增长难以为继，简单的资本和劳动增量投入方式无法得到更高回报时，高成本、低产出就会导致经济增长不可持续。因此，在科技化内生增长模式阶段，依靠技术进步的产业升级成为推动经济增长的主要方式。经济增长方式必须转变为集约式发展。粤港澳要实现经济增长方式的转变，须利用好其现有的良好基础，克服面临的不利因素。

（一）发展粤港澳增长极的有利条件

粤港澳经过多年的探索与合作，已经逐步建立了合作机制，在科技与基础设施等方面也取得了长足的发展，这些为新时期粤港澳增长极的培育打下坚实的基础。

1. 国家层面制度支持

"一国两制"为粤港澳协同发展提供了坚实的制度基础。虽然"一国两制"看上去是为了实现国家统一的政治体制安排，但它实质上为粤港澳经济发展提供了全新的发展模式，允许香港、澳门保持原有的资本主义制度长期不变，不仅有利于保持香港和澳门的经济稳定，也有利于香港和澳门发挥各自的优势，为港澳经济的稳定提供制度保障，为粤港澳在不同的经济体制间进行合作提供制度基础。CEPA 协议是我国国家主体与香港、澳门的单独关税区之间签署的自由贸易协议，协议的签署和实施从制度上推动了粤港澳间的生产要素自由充分流动，降低了粤港澳不同区域内企业经济的合作成本，推动了区域资源优化配置。在"一国两制"和 CEPA 协议的框架下，粤港澳可发挥各自的优势，融入经济全球化和区域经济一体化的世界大潮中去。

2. 政府相关政策和机制支持

2014 年获批的深圳国家自主创新示范区，是我国首个以城市为基本单元的国家自主创新示范区。2015 年 9 月，国务院批复同意建设珠三角国家自主创新示范区，涵盖了广州、珠海、佛山、惠州、东莞、中山、江门、肇庆 8 个地级以上市，这是全国自创区中涵盖城市最多的自创区。2016 年 4 月，广东省政府制定《珠三角国家自主创新示范区建设实施方案（2016—2020 年）》。2015 年 9 月，中办、国办印发《关于在部分区域系统推进全面创新改革试验的总体方案》，将广东列为全国 8 个全面创新改革试验区域之一。2016 年 6 月，国务院批复了广东省推进创新改革试验方案，原则上同意《广东省系统推进全面创新改革试验方案》，要求认真组织实施。根据国务院批复，2016 年 11 月，广东省迅速制定了《广东省系统推进全面创新改革试验行动计划》，系统梳理，细化提出了 117 项具体改革事项，包括国家授权的改革事项 16 项，省属权限改革事项 101 项。这些政策安排，为培育粤港澳增长极提供了政策和机制的保障。通过一系列政府政策的推动，广东形成了以深圳、广州为龙头、珠三角 7 个国家级高新技术产业开发区为支撑、辐射带动粤东西北协同发展的 "1 + 1 + 7" 的创新格局。

3. 粤港澳产学研合作具备一定基础

2016 年 6 月，由香港科技大学牵头组织，澳门大学、中山大学、华南理工大学、广州工业大学、广州大学联合发起的 "粤港澳高校创新创业联盟" 在广州南沙区香港科技大学霍英东研究院正式成立。为深化粤港澳创新合作，广东省实施粤港创新走廊行动计划和粤港科技合作联合资助计划，支持高校、科研院所和企业走出去，现已设立了超过 240 家海外研发机构。同时，实施国际科技合作提升计划，支持企业在科技资源密集的国家和地区，通过自建、并购、合资、合作等方式设立研发中心，取得境外技术，并在广东实现成果转化。此外还重点加强与以色列、英国、德国等国家的科技合作，中国（广东）自由贸易试验区、中以（东莞）国际科技合作产业园、揭阳中德金属生态城建设德国先进技术推广中心和德国先进装备国产化中心等创新平台建设顺利推进。

4. 技术创新能力不断增强

2016 年，广东高新技术企业数量跃居全国第一，达到 19857 家，而珠三角地区所占比重非常高，数量达到 18880 家，并且增速很快，同比增长 78.8%。其中，深圳、广州是广东高新技术企业集聚地，分别达到 8037 家和 4744 家；广州、东莞、中山等市高新技术企业存量实现 100% 以上快速增长，同时建成各类新型研发机构 200 多家，其中省级新型研发机构 154 家。在创新创业环境方面，2016 年珠三角地区内新增科技企业孵化器 126 家，总数达 491 家，纳入统计的众创空间 311 家，其中国家级众创空间共 165 家，数量居全国第一。珠三角已成为我省创新资源最密集、产业发展最先进、创业孵化最活跃的发展高地，也是广东省实施创新驱动发展战略的核心区。在人才引进方面，珠三角实施了 "珠江人才计划" "广东特支计划" 等重大人才工程，累计引进创新创业团队 115 个、领军人才 88 人。2016 年，珠三角地区发明专利申请量和授权量增速均超 40%，珠三角自创区内的国家高新区以占全省 0.07% 的土地面积，创造了全省 1/7 的工业增加值、1/5 的营业收入、超过 1/5 的净利润。

5. 区位优势及成熟的交通网络

粤港澳大湾区对外交通运输网络逐步形成，形成了海陆空立体运输交通网络。在陆路运输方面，在国内建成了黎湛、京广、京九、沿海等横穿东西、纵贯南北的铁路大通道。广东已开通了深圳至河内的国际道路货运线路，随着广东到湛江、南宁的铁路的建设，珠三角核心地区与东盟之间的铁路运输能力得到增强，并通过国家铁路网，经中部地区、西南地区与西北地区和欧亚大陆桥的铁路相连接。截至 2016 年年底，广东省公路通车总里程达 21.8 万公里，其中高速公路通车里程达到 7673 公里，位居全国第一。在航空运输方面，广东拥有全国三大枢纽机场之一的广州白云机场和大型骨干机场之一的深圳机场，国际航线基本覆盖全球大部分国家，2015年香港国际机场的总客运量达 6850 万人次，总货运量共 438 万吨，航线覆盖全球 200 多个国家和地区。澳门国际机场拥有的货运和客运设施每年可处理 600 万乘客及 16 万吨货物，航线主要覆盖亚洲国家及地区。在海运方面，香港是世界第三大货柜港，共有 9 个货柜码头、24 个泊位，2015 年吞吐量为 2010 万个标准货柜；广东省港口与国外港口结为 29 对友好港口，共开通国际集装箱班轮航线 291 条、港口码头泊位 2811 个，其中万吨级及以上泊位 304 个。广东省港口货物年通过能力达到 16.7 亿吨，位居全国第二，其中集装箱年通过能力达到 5948.1 万标箱，位居全国第一。包括香港、澳门在内，粤港澳已经拥有世界上客货吞吐能力最大的空港群。

（二）发展粤港澳增长极的制约因素

粤港澳增长极的发展面临着一些不可回避的制约因素。从城市发展看，在增长极内存在着重视城市建设，忽视城市化质量的塑造，跨城市间的长期规划滞后于经济发展的问题。粤港澳经济的发展还面临着劳动力成本上升、土地资源减少、经济互补性减弱等因素的影响，需要寻找和建立新的发展方式。

1. 增长极的形成过于倚重行政主导

我国增长极的形成过于依赖政府的干预。政府的增长极培育政策多以省级制定和推行，省级制定者未必能清楚地了解下属各个市的经济情况，同时省内各个市都有其自身的利益。为了获得更好的政绩，各市都试图为自己争取更优的省级发展规划，各市之间利益难以协调，各市级产业相关政策与产业发展规划都基于自身的利益制定。由于政府在经济活动中有着较强的影响，导致增长极内产业同构，各市区处于低水平竞争，造成资源浪费，使用效率低下，难以形成各自的比较优势。另一方面，重视政府的作用必然弱化市场机制的建设，或多或少会扭曲市场机制在资源配置中的作用。

2. 粤港澳三地体制机制对接方面存在不协调

"一国两制"提供了基础制度保障，是粤港澳开展区域经济合作的前提，但粤港澳之间的体制政策差异也为三地的经济合作增加了难度。虽然市场经济已成为我国经济运行的主要方式，但政府对经济的影响与作用仍然很大，而香港、澳门完全遵循自由市场经济体制，经济运行主要通过价值规律、供求关系和竞争机制实现自发调节。粤港澳三地经济在社会管理体制方面有较大差异，增加了三地合作的协调难度。以广深港客运专线建设为例，广深段已于2011年建成，原定2015年完成的广深港高铁香港段工程延误至2018年完工通车。由于粤港两地决策和咨询机制的差异，造成两地建设不同步，香港段的建设成本不断攀升，高速铁路专线作用受到很大影响。再如粤港过境私家车一次性特别配额试验计划（俗称粤港自驾游）的推行过程，在香港享有第一阶段试验计划、可优先驾车北上广东作短暂逗留的前提下，广东政策以行政决策方式推行，速度更快，而在香港方面，香港特区政府政策须进行公众咨询，众多香港民众不满内地居民来港挤占香港的公共资源，为区域内民众提供出行便利的议题难以推行。

粤港澳在行业标准、行业资质上存在较大差异，同行业评估标准差别较大，导致行业内商业来往的成本增加，粤港澳同行业内资质相互不认可影响了人员在区域间流动，致使区域内资源无法自由流动。如港澳与广东在科技服务行业采用了不同标准，香港与澳门遵循国际标准，广东采用国内标准，行业标准不统一增加了科技服务合作的难度。又如在职业资格认证方面也同样存在标准不统一的问题，粤港澳之间还未出台互认政策，高科技人才在粤港澳流动不顺畅。粤港澳政府政策间协调难度大，制约了政府政策的统一性和协调性，影响了政府政策的整体性和有效性，也阻碍了粤港澳协调发展。

3. 劳动力成本困境

低成本低价格是过去广东制造业最重要的优势，成就了广东制造业的辉煌，使得广东省成了世界制造业产品的生产地和出口地。"广东制造"的崛起和迅速发展离不开"低劳动力成本优势"。广东省成为中国用工量最大的地区之一，劳工市场处于供大于求的状态，来自全国各省市的富余劳动力成为广东低制造成本的保障。然而，持续多年的高速增长之后，广东地区遭遇了大范围的用工难，特别是技术工人的紧缺，使很多劳动密集型企业发展日益困难。珠三角地区的生产工人缺口主要集中于一些劳动密集型企业，缺口量达百万以上。用工成本也在不断提升，在新《劳动合同法》中一些保护劳动者权益的条款里，无基本工资、压缩福利、工作时间等都已成为非法降低成本的手段，加之新增劳动者福利项"无固定期劳动合同"、加班工资加倍、带薪婚假、病假、年假等规定，使得用工成本大幅增加。此外广东地区的生活成本不断攀升，也不断推动广东劳动力成本上升，劳动力优势逐渐丧失。劳动力成本在过去是广东经济发展的重要支持因素，而如今却成为广东经济增长的制约因素。

4. 土地供给紧张

广东制造业经过多年快速发展，大量住宅、商业、工业园区建设已经使用了大部分的广东省内可建设用地，深圳、广州、东莞等经济发达城市可以供应的土地非常少，土地逐步成为稀缺资源，土地成本不断飙升，地王频出，租金上涨，企业经营成本、居民生活成本也随之快速上涨，高昂的成本使得地区适宜投资的项目快速减少。珠三角土地面积仅4.17万平方公里，可供开发的土地相当有限，有限的供给制约了新企业和大型项目的发展。

5. 粤港澳三地经济互补性趋弱

从粤港澳发展的增长模式来看，经过四十年的发展，广东利用其在土地、能源、劳动力上的优势，引进外资，在多个制造行业内已建立完善的分工体系，并形成了产业集聚效应，港澳的优势项服务业也得到快速发展。20世纪90年代后，随着广东引进外资的多元化，产业体系的逐步建立，香港、澳门对广东经济的辐射作用逐渐减弱，随着广东生产、生活成本不断提升，港澳与深圳、广州等经济发达城市的经济结构趋同现象日益显现，这也是三方发展中面临的直接利益冲突，是粤港澳开展深度有效合作必须解决的重要问题。如果粤港澳间缺乏有效的沟通与协调机制，会直接影响各方的合作动力，导致粤港澳政府间政策缺乏协调和配合，各方进入各自为政的发展局面。这种局面的出现，不利于生产要素在粤港澳间的自由流动，妨碍粤港澳信息共享，不利于区域内的资源有效配置，也导致粤港澳无法发掘自身区域优势，将直接影响到粤港澳经济的整体发展。

（三）粤港澳增长极发展应重点突破的领域

粤港澳跨行政区域要实现可持续发展，不能单纯以经济增长为目标，而应以粤港澳三地的科技合作为基础，从各自为政的发展模式转向深度融合的产业分工协作模式，实现跨行政区域科技、产业、金融一体化发展，从粗放型发展向集约型发展路径转变，实现产业结构的提升。

保持粤港澳持续增长是一个系统、复杂的工程，必须利用好其优势因素，实现区域内协同发展，即"双协同"发展、"粤港澳三地"协同发展、"科技、金融、产业"协同发展，实现"1+1+1>3"效应。

1. 持续加强粤港澳沟通体制机制建设

由于粤港澳在体制、文化、法律等诸多方面的差异，要实现粤港澳协同发展，三地间的有效沟通必不可少。粤港澳间的沟通可以分为两个层面进行：第一，粤港澳三地政府间的沟通，侧重于政府政策间的协同，三地高层定期与不定期会晤，着重就重要协作事项进行磋商，协调事项，统一进度安排表，完善协调制度，提升各方的执行力，保证政策实行效果。第二层面是粤港澳民间合作，促进粤港澳间要素自由流动，实现粤港澳资源最有效的配置，发掘各自的比较优势，同时协助解决通过政府机制无法解决的问题，特别是在司法和社会管理方面，推动粤港澳融合，发展良好的社会文化环境。建立健全粤港澳行业协会间的合作，建立相关合作平台，在工商界和学术界搭建高层次的对话平台；支持相关城市的联络沟通，推动粤港澳大湾区协同发展。粤港澳行业之间经常性交流机制的建立，有助于建立统一规范的行业标准，不同行业具有不同的特殊性，行业间的交流与沟通更有利于实现行业内要素的自由流动，同时在各行业内建立信息共享平台、科技创新服务平台、金融服务平台等，以减少信息的不对称性。如一般性的信息可以通过公共服务平台来实现，为一般性的企业服务，使整个市场运行更加开放、透明。

2. 促进三地要素自由流动，实现区内资源最优配置

2015 年 11 月内地与香港、澳门分别签订了服务贸易协议，推动内地与港澳服务贸易的自由化，协议于 2016 年 6 月 1 日起正式实施。内地对香港、澳门开放服务部门将达到 153 个，占世贸组织服务贸易分类标准的 95.6%，其中 62 个部门实现国民待遇。香港使用负面清单的领域，限制性措施仅 120 项，且其中的 28 项限制性措施进一步放宽了准入条件。跨境服务、文化、电信等使用正面清单的领域，新增开放措施 28 项。内地全境给予香港最惠待遇，即今后内地与其他国家和地区签署的自由贸易协定中，只要有优于 CEPA 的措施，均将适用于香港。此外还将进一步建立健全与负面清单模式相适应的配套管理制度，除了该协议保留的限制性措施及电信、文化领域的公司，金融机构的设立及变更外，香港服务提供者在内地投资该协议开放的服务贸易领域，其公司设立及变更的合同、章程审批改为备案管理，以更加便利香港业者进入内地市场。澳门服务提供者可通过商业存在

的形式进入内地市场,享受与内地企业同样的市场准入条件。服务贸易协议是内地全境以准入前国民待遇加负面清单方式全面开放服务贸易领域的自由贸易协议,标志着内地全境与香港澳门基本实现服务贸易自由化。

WTO 将全世界的服务部门分为 12 个部门、160 个分部门。从数量上看,内地对港澳地区已经开放 153 个服务部门,已经占 WTO 所列部门的 95.6%,但开放措施在具体实施过程中还存在一定障碍,真正的粤港澳服务贸易自由化程度还没有达到形式上开放的高度。同时人民币在资本项下还没有实现自由兑换,资金还没有完全实现自由流动,其他包括人员流动、物资流动、机构流动、信息流动等也都受到明显限制,内地以及广东与港澳实现要素自由流动还需要继续努力。

3. 增强科技产业化能力

尽管广东省科技人才数量处于全国领先地位,但从高新科技产业人才的分布、结构上来看,缺乏顶尖的高新科技技术人才。虽然各区域和地区聚集了大量的科学研究人才,但与企业合作的深度不够,一般偏向于学术创造的居多,对科技的创造力没有体现出来,成果转换率很低,甚至是对资源的浪费,限制着产业的科技发展。

科技知识、技术、信息的大量交换和反复交流能降低知识、技术、信息的交流成本,共享创新基础设施,增进科技创新的规模效应和外溢效应,建立健全科研设备和科技信息的共享制度,强化创新平台的公共服务功能,可以解决中小企业研发资源不足的问题,为促进创新和创业提供支撑。

4. 实现粤港澳大区内产业梯次转移

根据梯度推移理论,包括新产品、新技术和新的管理方法在内的创新活动大多都从高梯度地区开始,然后按顺序逐步从高梯度地区向低梯度地区转移。粤港澳产业梯度可以分为三个层次:(1)香港、澳门、广州、深圳为高梯度地区;(2)粤中和粤东地区为中梯度地区;(3)粤西、粤北为低梯度地区。广东省应利用好省内的梯度层级,让技术与产业在省内各梯度间高效、有序地转移,增强粤港澳大湾区区域内经济联动性,推动粤港澳大湾区区域内经济循环。提升香港、澳门、广州、深圳高梯度地区的高新技术产业、服务经济辐射和带动功能，积极利用地理、资金、技术等优势，发展新的产业增长点，推动粤西、粤北承接高梯度地区产业和劳动力转移。低梯度地区需积极利用自身的比较优势，形成比较优势产业的集聚效应，促进自身的经济发展。在不同梯度内培育和发展有各自特色的经济增长极。

5. 推动科技、金融、产业协同发展

粤港澳大湾区目前存在的问题是：科技、金融、产业结合程度不紧密，科技、产业间相互转化不顺畅，金融、产业间相互支持不协调。科技产业化过程需要金融系统在资金上予以支持，但在现有的金融体系下，金融服务与企业创新周期脱节。缺少金融体系的支撑，技术成果产业转化率低，使得科技停留在科研层面，无法将科技转变为现实生产力，使之成为经济推动力。首先，金融机构对科技缺乏有效评估的能力，特别是对于融资主体银行而言，对风险控制的要求会拒绝大多数科技公司的融资需求。科技成果评估体系的建立将有助于降低金融机构与科技企业间的信息不对称，增强金融机构对于科技公司融资风险的控制能力。其次，需要建立起多层次的科技融资体系，根据科技研发的不同阶段进行金融产品和服务方式创新，使之在各阶段内有不同的金融机构和金融产品支持，加大多层次的资本市场建设，发展和完善针对科技类公司的股份转让系统，培育科技投资专业机构。再次，科技综合服务平台让技术成为一种生产要素，能在各需求方之间高效流动，让科技资源得到有效配置。

"一带一路"倡议的深入推进为粤港澳大湾区建设"科技湾区"创造了新的契机，推动"一带一路"也离不开粤港澳大湾区的支持和配合。粤港澳大湾区以环珠江口区域为核心，背靠内地，面向南海，地处国际航线要冲，是中国与海上丝绸之路沿线国家在海上往来距离最近的经济发达区域；大湾区的发展面向"一带一路"大市场，粤港澳三地需搭乘"一带一路"为科技产业创新带来新的空间，将粤港澳大湾区打造成全球创新高地。

第八章

粤港澳大湾区的国内经济辐射效应

粤港澳大湾区城市群是在原先珠江三角洲城市群的基础上，加上香港、澳门两地，形成"9＋2"的格局，以珠江入海口为核心，其具体空间格局可以用"一环两扇，两屏六轴"来形容。其中最核心的就是一环，该环线上坐落着香港、深圳、东莞、广州、中山、珠海以及澳门，形成了环珠江口经济圈。

粤港澳大湾区经济的基础主要是以珠江三角洲为核心，加上香港和澳门，形成一个大湾区经济，所以，粤港澳大湾区首先对珠江三角洲地区产生了推动作用。

粤港澳大湾区城市群是在原先珠江三角洲城市群的基础上，加上香港、澳门两地，形成"9＋2"的格局，以珠江入海口为核心，其具体空间格局可以用"一环两扇，两屏六轴"来形容。其中最核心的就是一环，该环线上坐落着香港、深圳、东莞、广州、中山、珠海以及澳门，形成了环珠江口经济圈。以此环线为核心，以广州为分界，形成珠江口东岸城镇扇面，该扇面覆盖广州东部地区、东莞水乡经济区、松山湖高新区、惠州潼湖生态智慧区、环大亚湾新区等，错落有致地排列着多形态、多功能的产业园区，形成多增长极的空间产业布局，加快推动了东岸地区的产业转型升级。其次是以肇庆江门为界限、珠江口西岸为核心的城镇扇面，在保留该区域良好的自然生态环境的前提下，以此为跳板，打通西南地区经济贸易通道，通过机场、港口、轨道等多种交通方式协同联运的综合枢纽，引导人口、产业进一步向我国西南部集聚，打造西岸先进装备制造业带。两屏是指北部连绵山体森林生态屏障＋南部沿海绿色生态防护屏障。六轴是指加强湾区与外围地区的空间衔接，构建六大城镇产业拓展轴：（1）香港－珠海－高栏港－大广海港－阳江－粤西地区；（2）深圳－中山－江门－阳江－粤西地；（3）广州－佛山－肇庆－云浮－西南地区；（4）广州－清远－韶关－华中地区；（5）东莞－惠州－河源－粤东北地区；（6）深圳－环大亚湾－汕尾－粤东地区。

一、珠江三角洲地区成为中国最具活力的地区

粤港澳大湾区不仅会对湾区内部以及整个广东省的经济产生辐射效应，其辐射还涵盖了整个泛珠江三角洲区域。泛珠江三角洲区域是 2003 年 7 月正式提出来的概念，跟粤港澳大湾区一样，也是"9＋2"概念，9 指我国华

南、东南以及西南的 9 个省份，即广东、福建、江西、湖南、广西、贵州、四川、云南以及海南，2 则指香港和澳门两个特别行政区。整个泛珠三角地区覆盖了我国近 20% 的国土面积以及 1/3 的人口，经济比重超过全国的 1/3。2004 年《泛珠三角区域合作框架协议》签署，泛珠三角区域合作启动。2016 年 3 月，国务院发布《关于深化泛珠三角区域合作的指导意见》，进一步对泛珠三角区域合作做出了深化合作的总体要求，意味着泛珠三角区域合作进入新阶段。整个泛珠三角区域依托粤港澳大湾区为重要枢纽，其出海口覆盖了全部东盟成员国和海上丝绸之路的沿线各国，该区域面对的多是国际经济规则话语权弱于中国的发展中国家。在整体的经济定位以及经济布局上，整个泛珠江三角洲的经济功能首先是输出内资，其次是引进外资，再次是供给侧改革，对外可以打造成外资进入中国的前哨站、中资走向世界的总后方，对内可以深化区域合作，有利于统筹和提高沿海、沿江、沿边和内陆开发开放水平。

粤港澳大湾区不仅涉及湾区内部城市群发展的问题，还涉及整个广东省各城市的协调发展问题，乃至整个泛珠三角区域 9 省的协同发展，可谓牵一发而动全身。"9 + 2"城市群的进一步融合发展将会提升粤港澳大湾区作为泛珠三角地区引擎的发动力和辐射范围，因此，整个粤港澳大湾区的经济辐射分析也应该从粤港澳大湾区内部这个小环到广东省这个中环，然后进一步推进到泛珠三角这个大环，进行有层次有侧重的分析。

考虑到以上原因，本章的研究思路是：

首先，在小环的经济辐射上，考虑粤港澳大湾区内部。从城市群角度来定位，它存在着多中心的现象，同时又由于存在着不同的经济制度，"一国两制"的差异化经济体制的顶层设计欠缺，导致在大湾区内各中心城市的联通交流存在一定障碍，严重影响大湾区作为泛珠三角发动引擎运转的效率，同时广州和深圳作为珠江三角洲的发展两极，在过去的经济发展中往往互相视为竞争对手，两地经济互动效率以及成果也需要精确评估。

其次，在中环的经济辐射上，考虑广东省。整个广东省由于被珠江三角洲切割形成了两扇格局，两扇的发展远远落后于珠三角的发展水平。近年来，珠三角地区的 GDP 增速已经超过了粤东西北的 GDP 增速，这就意味两扇区域与珠三角地区的经济差异将会随着时间的推移进一步扩大，这其中到底是因为珠三角区域集聚效应的增强进一步导致生产要素的集聚，使得周边区域的要素流失，还是整个珠三角的辐射效应减弱，又或者两者都有，这也是需要深究的问题。

最后，粤港澳大湾区在大环的经济辐射上，需要从整个泛珠三角区域着手。而泛珠三角区域覆盖我国整个南部众省，横向跨越了东部、中部，一直延伸到云南、四川等西部地区。我国整体经济的特征是经济水平由东部向西部递减，因此泛珠三角九省经济发展各不相同，同时生产要素禀赋各具特点，粤港澳大湾区作为引擎，对于各省的带动作用也不尽相同。要反映粤港澳大湾区与相邻九省的经济辐射，最主要的就是探讨它对九省的产业转移以及产业升级的作用，分析粤港澳大湾区在产业链端的支配地位和生产要素的支配地位对整个泛珠三角区域的影响。

二、粤港澳大湾区内部的经济辐射效应

针对粤港澳大湾区内部经济辐射的研究，其实更多的关注点落在了香港、深圳和广州这三座城市的经济互动以及各自的经济发展特点上，其核心问题是粤港澳大湾区内部的融合问题。因为"一国两制"的差异化经济制度的确实存在，以及内地与港澳地区在人才、资金乃至科技交流上的障碍，导致粤港澳大湾区的发展势必不同于其他湾区的发展，内部的协同问题和融合问题显得尤为关键。由于历史的原因以及这些壁垒的存在，阻碍了各项资源要素在节点城市的集聚，因此，粤港澳大湾区城市群与国际各大湾区城市群最大的一个差异，就是没有一个龙头城市，而是三城互立，形成一条带状区域。因此，多中心城市群的治理是粤港澳大湾区现在急需突破和解决的问题。虽然粤港澳大湾区从地理区位界定符合湾区经济，但是由于其内部多中心的发展情况，注定了以往单核心的湾区建设理念不能够适应粤港澳大湾区的规划发展。因此，需要借鉴城市经济学中多中心城

市群的概念，以此为理论框架，对粤港澳大湾区经济的特点进行剖析，才更有现实意义。

多中心城市群理论（Polycentricity）的现实推进更多在欧洲，自 1999 年的《欧洲空间发展展望》就开始了对多中心城市群的推进。彼得·霍尔和凯茜·佩因组织了国际课题小组，对欧洲 8 个多中心城市区进行"多中心网络"（Polynet）的实证研究，通过出版《多中心大都市：来自欧洲举行城市区域的经验》发表了研究结果，这给后续针对多中心网络的研究提供了案例和思路。该研究成果指出，世界城市的产生源于先进生产服务业（APS，Advanced Producer Services）在不同等级的城市产生出支配网络，因此城市群间的网络结构成为研究城市群问题的主要手段。

（一）粤港澳大湾区内部的经济分布格局分析

针对粤港澳大湾区内部经济的辐射效应分析，将通过以下研究路径：首先，对粤港澳大湾区内部的经济分布格局进行准确测算；其次，在确定粤港澳经济多中心分布格局之后，分析各中心之间经济相互影响的效应；最后，在完成粤港澳大湾区区域经济增长空间关联性分析的基础上，建立粤港澳大湾区区域经济增长空间网络。通过上述路径，完成对粤港澳大湾区内部各城市的经济依存度分析，从而对粤港澳大湾区最核心的经济辐射小环进行深度的分析解读。

研究粤港澳大湾区内部经济的分布格局，首先要从粤港澳大湾区城市规模的分级情况进行分析，这包括对城市的经济水平、人口以及资金等维度的全方位测评。表 8 - 1 为粤港澳大湾区城市群的城市 GDP 和人口数据，数据来源于 2016 年《广东省统计年鉴》、2016 年《香港统计年鉴》以及 2016 年《澳门统计年鉴》。

从 GDP 数据来看，广州、深圳两城的 GDP 增速明显，名义 GDP 增量率基本上每 5 年都能够翻上一番。除了江门市以外，粤港澳大湾区中原珠三角城市在 15 年间，名义 GDP 基本都能够增长 7～8 倍，澳门的经济增长只有 5 倍，而香港的 GDP 名义增长水平只有 1.7。香港在 20 世纪 70 年代开始崛起，

表8－1 粤港澳大湾区城各城市 GDP 和人口数据

	2000 年	2005 年	2010 年	2011 年	2012 年	2013 年	2014 年	2015 年
城市 GDP （单位：亿元）								
广东	2492.7	5154.2	10748.3	12423.4	13551	15497	16706	18100
深圳	2187.5	4950.9	9773.3	11515	12971	14572	16001	17502
珠海	332.4	635.5	1210.8	1410.3	1509.2	1679.0	1867.2	2025.4
佛山	1050.4	2429.4	5622.6	6179.7	6579.2	7010.7	7441.6	8003.9
惠州	439.2	803.9	1730.0	2094.9	2379.5	2705.1	3000.4	3140.0
东莞	820.3	2183.2	4278.2	4771.9	5039.2	5517.5	5881.3	6275.1
中山	345.4	885.7	1853.5	2194.7	2446.3	2651.9	2823.0	3010.0
江门	504.7	801.7	1570.4	1830.6	1880.4	2000.2	2082.8	2240.0
肇庆	249.8	435.1	1088.4	1328.8	1467.7	1673.4	1845.1	1970.0
香港	13375	14121	17763	19344	20370	21383	22600	23984
澳门	521.0	939.9	1922.9	2307.6	2750.9	3295.6	3536.2	2899.7
城市人口 （单位：万人）								
广东	994.8	949.7	1271.0	1275.1	1283.9	1292.7	1308.1	1350.1
深圳	701.2	827.8	1037.2	1046.7	1054.7	1062.9	1077.9	1137.9
珠海	123.7	141.6	156.2	156.8	158.3	159.0	161.4	163.4
佛山	534.1	580.0	719.9	723.1	726.2	729.6	735.1	743.1
惠州	321.8	370.7	460.1	463.4	467.4	470.0	472.7	475.6
东莞	644.8	656.1	822.5	825.5	829.2	831.7	834.3	825.4
中山	236.5	243.5	312.3	314.2	315.5	317.4	319.3	321.0
江门	395.2	410.3	445.1	446.6	448.3	449.8	451.1	452.0
肇庆	337.7	367.6	392.2	395.1	398.2	402.2	403.6	406.0
香港	666.5	681.3	702.4	707.1	715.4	718.7	724.1	730.5
澳门	43.0	47.4	53.7	54.9	56.9	59.5	62.2	64.2

1970 年之前，它只不过是一个不起眼的殖民地，1970 年的香港 GDP 为 231 亿港元，此后香港的经济突飞猛进，到 1980 年，增长到了 1436 亿港元，10 年时间，其经济规模暴涨了约 6 倍，实现了不到两年翻一番的奇迹。这黄金十年，奠定了香港产业经济的基础。1980 年后香港经济仍然高速发展了相

当长的一段时间。1990 年其 GDP 为 5993 亿港元，相对于 1980 年又增长了 317%；2000 年其 GDP 值为 13375 亿港元，比 1990 年增长了 123%。这种增速虽然比不上 20 世纪 70 年代黄金十年的增速，但也算很不慢了。香港的经济增速从 2000 年开始迅速放缓，主要原因是香港赖以生存的制造业受到了内地改革开放的冲击，香港的企业家将产业迁到内地，并满足于三来一补的优惠，而没有对本岛的产业进行升级。到 1990 年，制造业就业人口占总就业人口比值下降到约 30%，到 1995 年就下降到约 20%，2000 年是 12%，到了 2010 年，已经仅仅只有 3% 左右，几乎可以忽略不计。从就业人口的绝对数看，1980 年香港制造业工人总数约 100 万，而 2010 年仅 10 万出头。制造业的缺失导致了香港经济的高速增长难以为继，而其以金融业为代表的高端服务业有着高收入低就业的特性，其产业规模和就业人口无法支撑香港经济的持续增长。而地处珠三角的深圳和广州产业升级较为合理，广州的产业优势体现在商业商贸上，而深圳的产业优势则体现在金融和互联网科技上，两城不断升级的经济推动引擎导致了它们在经济总量上已经和香港平起平坐，以前香港经济独占鳌头的现象难以再现。为了进一步分析粤港澳大湾区城市发展水平的协调性，需要对现有的城市规模数据进行测算，其中在区域经济学领域较为常用的分析方法是位序 – 规模法则，或者称为齐夫（Zipf）法则。

位序 – 规模分布由 G. K. 齐夫于 1949 年提出，是研究一个国家或者地区城市规模分布的理论工具。城市规模分布可以反映一国城市人口在不同层级城市中的分布情况，是考察一个区域城市体系发展状况的衡量指标。根据巴拉巴希（2002 年）针对规模分布的定义，在规模分布的模式上，分为有特征尺度的分布和没有特征尺度的分布，北京大学的陈彦光（2010 年）通过数学分析中的二倍数法则，证明了没有特征尺度的分布都服从齐夫法则。根据齐夫法则，在一定区域范围内的城市规模与其规模在所有城市区域中的排序乘积为一常数。用数学公式描述如下：

$$P = C/S^{\beta}\beta \quad P = C/S^{\beta}$$

其中，P 为城市规模指标，一般采用经济水平或者人口分布数据；S 为位序数，即该城市的规模指标在所有区域城市中的排名；C 为常数，β 的取值即为齐夫法则的衡量标准。当 $\beta=1$ 时，说明了该区域中的城市符合位序规模法则；当 $\beta>1$ 时，说明城市发展不均衡，具体表现为其发展多集中于大城市，小城市的发展水平不足。这也就说明该区域的资源以及各项要素都集聚在核心城市，其周边城市与核心城市发展脱节。核心城市更多的是集聚效应，没有适当的外溢效应，这将会导致城市发展的两极分化越来越明显，核心城市和周边城市发展无法形成有效联动，使得整体区域发展出现割裂现象；当 $\beta<1$ 时，说明城市规模分布均衡，大小城市没有形成两极分化，没有特别突出的城市，整体区域发展均衡，但是另一方面体现了该区域缺少核心城市或者核心城市的地位不突出。区域中如果缺少核心城市，难以形成集聚效应，也会降低推进区域发展的核心引擎的动力。用齐夫法则对粤港澳大湾区城市群的人口进行测算，根据经济发展水平为指标的齐夫法则结果显示如图 8 - 1。

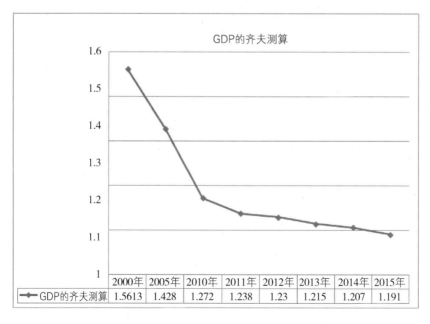

图 8 - 1　粤港澳大湾区城市 GDP 水平的齐夫测算

从图 8-1 可以看到，关于粤港澳城市群，以 GDP 为城市规模指标，测算得到的 β 值在 2000 年的时候为 1.5613，之后随着时间的推移，该指标开始往 1 逼近，这意味着以 GDP 为城市规模指标来测算粤港澳大湾区的城市群，其均衡程度由发展极不均衡开始逐年递减。分析 2000 年的 GDP 数据，香港的 GDP 远远高于深圳、广州两城，在粤港澳大湾区城市群中的占比超过 50%，而广州和深圳在这 15 年间，GDP 增速远高于香港，一定程度上使得整体粤港澳经济的发展趋于均衡。但从整体来说，2015 年 β 的值为 1.19，但是其他城市的 GDP 占比还是呈现萎缩态势，这说明当下，粤港澳大湾区城市群整体区域的均衡化基础在香港、深圳和广州这三个城市 GDP 水平基本持平，三地 GDP 占整个粤港澳大湾区城市群 GDP 总量的 70% 左右。从这个角度来说，粤港澳大湾区经济发展的均衡趋势来源于这三座核心城市的 GDP 量级平衡，其本质依旧是不均衡发展。

以人口维度来分析整个粤港澳大湾区城市群的均衡程度，通过齐夫规则的测算，具体的趋势图如图 8-2。

人口齐夫测算

	2000年	2005年	2010年	2011年	2012年	2013年	2014年	2015年
人口齐夫测算	0.976	0.9383	0.9984	0.9958	0.9914	0.986	0.9824	0.9921

图 8-2　粤港澳城市群人口齐夫测算

根据齐夫测算，粤港澳城市群人口分布基本符合齐夫法则，β 值虽然在 2005 年出现了一个低谷，但是在 2010 年之后，其 β 值都保持在 [0.98，1] 的区间中，这说明了以人口规模为度量维度的粤港澳城市群发展较为均衡，且发展趋势也较为合理。

通过对粤港澳大湾区城市规模的测算发现，在经济水平上，虽然不均衡发展的问题有比较大的缓解，但是深入分析其原因，更多的还是因为香港经济增速的放缓，导致了广州、深圳两城凭借自身优势以及国家政策的倾斜，实现了经济发展的弯道超车。这些造成现在整个粤港澳大湾区城市群三城鼎立，香港、深圳和广州三城形成了一条纵向的经济高速发展带。接下来，就是要针对这三座核心城市分析三城对整个大湾区的辐射效应。

（二）粤港澳大湾区三大金融中心的地位评价

大湾区经济的一大特点是高端服务业发达，尤其是金融服务业。根据英国智库 Z/Yen 集团在 2017 年 3 月发布的最新一期全球金融中心排行榜（GFCI）的测算，粤港澳大湾区的三座核心城市香港、深圳以及广州都进入了全球金融中心的榜单。全球金融中心排行榜的评估是依据营商环境、金融体系、基础设施、人力资本以及城市声誉为主要评价指标进行评判，全球几大湾区的核心城市都有进入该排行榜。其中，纽约湾区中，纽约以 794 分排在第二位，仅以 1 分落后于第一名的伦敦，东京湾区的核心东京以 734 分排名第五，旧金山湾区的核心旧金山则以 720 分排名第六。粤港澳大湾区城市群的三大核心城市中，广州市是第一次进入全球金融中心排行榜，以 650 分排在了第三十七位，深圳以 701 分排在了第二十二位，香港则是以 748 分的高分排在了第四位。上榜"全球金融中心指数"，发展迅速、潜力巨大、特色鲜明的金融产业是前提条件之一，三座城市金融发展各具特点：

①香港全球金融指数为 748，作为我国"一国两制"特区，享受到了独特的政策优惠，是世界知名的繁华大都市，是重要的国际金融中心、国际航运中心和国际贸易中心，被称为购物天堂，拥有邻近国家和地区不可替代的优越地位。同时香港也是仅次于伦敦和纽约的全球第三大金融中心，

与美国纽约、英国伦敦并称"纽伦港"。

②深圳在跨境金融以及金融创新中有其他城市无法比拟的优势，依托前海自贸试验区，可以进一步深化深港金融合作，在跨境金融领域有着创新和试错的机会。深圳金融产业的集聚效应正不断增强，截至2016年末，前海深港合作区注册的金融类企业有5.09万家，占前海入区企业总数的46.6%，合计注册资本（含认缴）4.4万亿元。前海跨境人民币贷款累计发放365亿元，惠及前海171家企业。

③广州大力发展直接融资，金融与实体经济双向互动，通过直接融资业务的发展，降低企业融资成本，服务实体经济发展。2016年全市直接融资余额达1.35万亿元，在大城市中仅次于上海（1.48万亿元），占全省的60.65%；直接融资占社会融资规模的比重达52.3%，居全国大城市第一位。图8-3展示了2017年发布的全球金融中心排名前十位的城市得分和深圳、广州的得分。

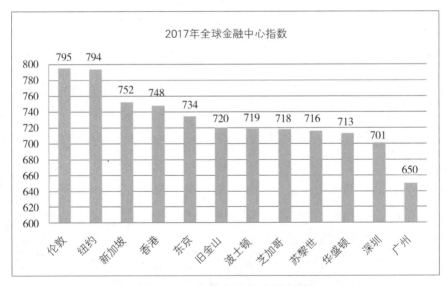

图8-3　全球金融中心排行榜

对于金融中心而言，其核心是金融资源的集聚效应和金融业对产业的辐射效应，根据GFCI对金融中心的分类，伦敦和纽约属于全球性的金融中心，香港、新加坡以及东京属于国际性金融中心，深圳以及广州属于国家性金融中心，台北等金融辐射范围更小的则为区域性金融中心，而像瑞士的苏黎世私人银行中心、芝加哥的商品期货中心和柏林的基金管理中心则被划分为专业性的金融中心。因此，本章拟通过金融竞争力水平指标的构建，来全面地分析整个粤港澳大湾区城市群的金融发展水平，并进一步勾画出粤港澳大湾区的金融辐射能力图，通过构建金融业的战略节点识别辐射重叠区、辐射核心区以及辐射外围区，并有针对性地围绕整个粤港澳大湾区的金融辐射格局，提出相对应的金融发展建议。

关于金融竞争力指标的构建更多地参考了GFCI的一部分核心指标，包括城市的GDP水平、第三产业占整个城市GDP的比例等。由于除了香港、深圳、广州三市进入GFCI的排名以外，其他城市均没有进入GFCI的排名，针对整个粤港澳大湾区城市群，需要重新设计一套合理的金融竞争力指标体系，来衡量各个城市的金融竞争力水平，以便勾勒出核心金融城市的金融辐射范围。有针对性地设计衡量粤港澳大湾区城市金融竞争力的影响，应该考虑经济学的供需关系，即从金融业的需求条件、金融业的供给条件以及金融业相较于其他产业更为明显的规模集聚因素这三个方面综合评价城市群内部城市的金融竞争力水平。所谓金融业的需求条件，具体分析就是城市的经济发展水平、经济制度的完善以及腹地经济的范围等因素，需求越大，势必导致金融产业的发展水平越高，金融集聚效应越高，相应的金融辐射效应也越强。考量供给方面，则是从金融机构自身的资金供给水平、金融人才储备水平、金融深化程度、金融创新水平、经济开放水平以及金融制度完善水平等方面来进行评价。金融集聚水平更多的是分析城市内部的金融网络架构情况，例如金融机构从业人数占总就业人数的比例、金融资产增加值占总资产增加值的比例等因素，能够较好地体现整个金融行业占城市整体经济发展水平的比例，以此来判断金融业的集聚程度。基于以上分析，构建了如表8-2的金融业竞争力评估指标体系。在数据的获取上，主要是通过2015年、2016年《广东省统计年鉴》，2015年、2016年《香港统计年鉴》以及2015年、2016年《澳门统计年鉴》的数据，其中部分数据由于2016年的年鉴只显示了2015年的数据，所以所有数据全部为

2015 年的数据体现。同时，由于香港、澳门在整个国民经济核算方法上跟国内的核算方法存在着一定的出入，在指标的选取过程中存在着一定的偏差，因此本文尽量选择统计口径相一致的指标，但是仍存在一定的口径偏差，难免会对真实的金融业竞争力衡量造成一定的误差。

金融需求水平体现了整个城市的经济运行系统对金融的需求水平，因此，需要从城市的整体经济发展程度来衡量。只有经济发展到了一定规模，金融服务业的集聚效应才能体现，通过金融需求的提升，促进金融行业的集聚和金融资产规模的提升，形成良性循环效应。因此选择了人均 GDP、人均财政收入和固定资产投资总额这三个指标来作为衡量金融需求水平的二级指标。

表 8 – 2　金融业竞争力评估指标体系

金融竞争力水平	
金融需求水平	人均 GDP（X1）
	人均财政收入（X2）
	固定资产投资总额（X3）
金融供给水平	本外币存款余额（X4）
	本外币贷款余额（X5）
	金融业增加值（X6）
	保费收入（X7）
	金融机构数量（X8）
金融集聚水平	金融从业人数/总就业人数（X9）
	金融业增加值/GDP（X10）
	保险密度（X11）
	上市公司数量（X12）

金融供给水平则体现了一座城市的金融业发展水平。最主要的衡量指标就是银行的存贷业务，这能够体现金融业对实体产业的支撑能力，从侧面反映了金融供给能力，因此本书选择了本外币存款余额和贷款余额作为

研究指标。同时金融业的增加值和保费收入则可衡量城市整体金融业的发展水平。保费收入是用于衡量整个城市的保险业务的，选择该指标除了因为该指标能够一定程度地反映该城市的保险产业水平，最主要的是因为该数据的可获得性好，同时香港、澳门和内地的统计口径一致。最后，金融机构数量也能够从侧面衡量城市的金融发展水平和金融供给水平。

金融集聚水平更多的是体现城市的金融网络密度，因此选择了金融从业人数和整体就业人数的比例作为指标，用于衡量整个城市的金融集聚水平。同时金融业增加值和整个城市 GDP 发展水平的比例也可以很好地说明金融业占整个经济发展的占比，能够较好地描述金融业在整个城市中的集聚水平。保险密度和上市公司数量也是在数据获取上较为容易的衡量金融集聚的数据指标。

根据以上指标的设定，使用 EVIEWS 对粤港澳大湾区城市群的 11 座城市采用因子分析法进行测算，给出 11 城金融竞争力评价。具体的分析结果如下：

首先是降维情况，根据碎石图显示，经过因子分析后，对于 12 个二级指标进行降维，最后合并成两个公共因子。碎石图见图 8 - 4。

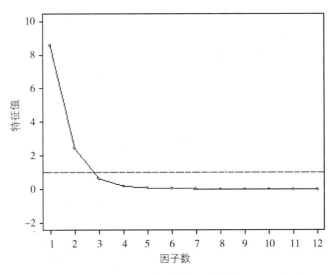

图 8 - 4　因子分析碎石图

从表8-3可以看到，从该表中可分析出，旋转后第一个公共因子的累计方差贡献率为71.23%，第二个公共因子的累计方差贡献率为91.67%，说明两个公共因子能够代表12个二级指标的大部分信息，跟因子分析碎石图的结果一致。经过对载荷矩阵进行方差最大化正交旋转后，第一个公共因子累计方差贡献率为64.44%，第二个公共因子的累计方差贡献率为91.67%。进一步分析因子旋转后的两个公共因子的特征值，第一个公共因子的特征值为7.732，第二个公共因子的特征值为3.267，旋转后的公共因子特征值都大于1，所以进一步的分析是基于两个公共因子形成的打分数据来评判的。

表8-3 方差贡献分析表

主因子	初始解			旋转后		
	特征值	方差贡献率	累计方差贡献率	特征值	方差贡献率	累计方差贡献率
1	8.548	71.23%	71.23%	7.732	64.44%	64.44%
2	2.451	20.44%	91.67%	3.267	27.23%	91.67%

因子旋转能够使初始解中所求出主因子代表变量不很突出，通过进行因子旋转，采取正交旋转的方法得到的载荷矩阵两极分化更明显，主因子其识别更加容易，便于更好地分析主因子所代表的现实意义。旋转后的因子载荷矩阵见表8-4。

由表8-4可以看出，第一主因子在X4，X5，X6，X7，X8，X9，X10等指标上有较大的载荷，而第二主因子在X1，X2，X3，X11，X12指标上有较大的载荷，根据分析，第一主因子更能够代表一座城市的金融规模指标，而第二主因子则是代表一座城市除了金融指标以外的其他经济类指标，可以称为经济支撑因子。根据以上测算，可以得到粤港澳大湾区城市群金融竞争力排行榜，其中，PC1和PC2分别反映了城市的金融规模指标和经济支撑指标，Score则是两者的加权得分，加权得分越高，说明该城市的金融竞争力越高。具体针对粤港澳大湾区城市群各城市的金融竞争力测算见表8-5。

表 8 - 4　因子分析旋转后的载荷矩阵

Variable	PC 1	PC 2
X1	0. 101516	0. 839985
X10	0. 866802	− 0. 381832
X11	0. 264844	− 0. 691591
X12	0. 178694	− 0. 664399
X2	0. 177317	0. 759865
X3	0. 080322	0. 815236
X4	0. 894807	0. 079302
X5	0. 765006	0. 056039
X6	0. 873559	0. 216625
X7	0. 823393	− 0. 136928
X8	0. 712231	− 0. 227873
X9	0. 917115	− 0. 145608

表 8 - 5　粤港澳大湾区城市金融竞争力水平测算

城市	因子 1	因子 2	总分（Score）
香港	1. 703324	− 0. 26137	1. 441957
深圳	0. 580775	0. 253873	0. 834648
广州	0. 852668	− 0. 05037	0. 802299
佛山	− 0. 09009	0. 136636	0. 046548
珠海	− 0. 10168	0. 077595	− 0. 02408
东莞	− 0. 08909	0. 007766	− 0. 08132
澳门	0. 007358	− 0. 22702	− 0. 21967
中山	− 0. 33867	− 0. 02418	− 0. 36285
惠州	− 0. 44094	− 0. 13914	− 0. 58008
江门	− 0. 449	− 0. 11642	− 0. 56542
肇庆	− 0. 48012	− 0. 1801	− 0. 66022

由上表可知，具有明显的金融辐射能力的城市，也就是评分大于0的城市（佛山虽然得分大于0，但是过于接近，并且主要是源于经济支撑因子中得分较高，因此不考虑佛山的金融辐射能力），就是香港、深圳和广州三座城市，总分低于0的城市则是核心城市金融辐射的辐射区域。从表8-5可以看出，香港的金融辐射能力远远领先，深圳的金融辐射能力稍微优于广州，因此，在以金融为主要衡量指标的城市网络结构中，香港属于整个城市群的核心支配城市，深圳和广州在金融上则是承载着副中心的职能。其他城市的金融竞争力和这三座城市相比则显得较弱，更多是受到这三座城市的金融辐射影响。

（三）粤港澳大湾区金融多中心结构错位发展研究

粤港澳大湾区内部的辐射效应则是研究三座城市的金融辐射能力，也就是测算出香港、深圳以及广州三座城市间的金融辐射半径，并以此为依据，勾勒出整个粤港澳大湾区的金融区位优势图，在此基础上有针对性地提出各城市不同的金融服务业发展战略。

测算香港、深圳以及广州三座城市间的金融辐射半径是通过威尔逊（1967年）创立的空间相互作用模型，该模型解决了在二维空间相互作用套用牛顿模型具有计算发散性的问题。威尔逊模型是基于熵最大化原理严格推导出的区域空间相互作用模型，其表达为：

$$T_{ij} = KA_i D_j \exp\left(-\beta r_{ij}\right) \tag{8.1}$$

在模型中，K是归一化因子，一般情况下其值为1；T_{ij}代表的是区域i从区域j吸引到的资源总量；A_i是区域i的资源要素的竞争力水平；D_j是区域j的资源要素的竞争力水平；β是衰减因子，主要受到距离依据区域范围的影响；r_{ij}是第i个城市和第j个城市的空间距离。可以将威尔逊模型进一步简化，思路是参照王铮（2002年）的简化方法，将吸引地区的资源水平要素简化，主要是研究核心节点的辐射能力。简化后的公式为：

$$\theta = D_j \exp\left(-\beta r_{ij}\right) \tag{8.2}$$

其中，θ 为阀值，其实际意义为当一座城市的金融竞争水平随着距离产生衰减到该水平时，则视为其金融辐射能力就到该距离。在该距离以外的区域不受到该金融中心的金融辐射影响。对方程（8.2）取对数，可以得到：

$$r_j = \frac{1}{\beta} \times \ln \frac{D_j}{\theta} \qquad (8.3)$$

根据方程（8.3）可以知道，只要设定好了阀值，在有了各座城市的金融竞争力评价测算之后，就能够根据 β 的取值来测算 r_j，也就是城市 j 的金融辐射半径了。还是参考王铮（2002）的结论，对 β 的取值采取其估算方法：

$$\beta = \sqrt{\frac{2T}{t_{max} \sum D_j}} \qquad (8.4)$$

在方程（8.4）中，T 为区域内相互作用的元素个数，在一个区域内则是用来表示该区域中城市群中的城市个数，因此在本文中，T 的取值为 11。t_{max} 反映的是城市群内部的金融中心的个数。在粤港澳大湾区城市群中，只有香港、深圳和广州可以算作真正的金融中心，因此，在本文中，t_{max} 的取值为 3。$\sum D_j$ 是对城市群中所有城市的行政土地面积进行的求和，即粤港澳大湾区城市群的总体面积，通过对粤港澳大湾区城市群 11 座城市的总体面积进行汇总测算，得出其总体面积为 5.65 万平方公里。在衰减阀值的选择上，考虑到佛山在金融竞争力上的得分为 0.0465，因此，将阀值设置为 0.05，即将得分在该数值以下的城市都视为不具备金融辐射能力的城市，香港、深圳和广州的金融辐射能力一旦衰减到该值以下时，也即视为不具备金融辐射能力。根据以上分析，具体测算出粤港澳大湾区城市群三大金融中心的金融辐射范围为：

表 8-6　粤港澳大湾区城市群三大金融中心金融辐射范围

城市	金融竞争力评分	金融辐射范围（公里）
香港	1.441957	111.27
深圳	0.834648	93.17
广州	0.802299	90.86

在此基础上，勾勒出整个粤港澳大湾区核心金融城市的辐射半径，可以发现有一个金融辐射的叠加区域，该区域覆盖的城市包括广州、佛山、东莞、深圳、香港、中山、珠海以及澳门，基本涵盖了粤港澳城市群的8座城市。围绕着这一辐射核心区域，需要有针对性地对该区域城市的定位进行分工，才能使金融和实体经济相结合，形成两者之间的良性互动。同时，由于该区域的金融中心较多，如果不进行合理规划、错位发展，则会形成较大的区域内部竞争问题，过度的竞争将不利于粤港澳大湾区城市群的整体发展。

在国家的整体规划中，该区域还涵盖了广东省的三个自贸区，分别是深圳和香港交界处的前海蛇口自贸片区、澳门和珠海交界处的珠海横琴自贸片区以及广州和中山交界处的南沙新区片区。从三大自贸区的定位也能够看出我国对整个粤港澳大湾区差异化发展的顶层设计：首先，前海蛇口自贸片区的功能定位是依托深港深度合作，以国际化金融开放和创新为特色，重点发展科技服务、信息服务、现代金融等高端服务业，建设我国金融业对外开放试验示范窗口、世界服务贸易重要基地和国际性枢纽港；其次，南沙片区的功能定位是在构建符合国际高标准的投资贸易规则体系上先行先试，重点发展生产性服务业、航运物流、特色金融以及高端制造业，建设具有世界先进水平的综合服务枢纽，打造成国际高端生产性服务业要素集聚高地；最后，横琴新区片区的功能定位是依托粤澳深度合作，重点发展旅游休闲健康、文化科教和高新技术等产业，建设成为文化教育开放先导区和国际商务服务休闲旅游基地，发挥促进澳门经济适度多元发展的新载体、新高地的作用。

三者的差异化定位也是基于三者所依托的金融中心的特点来区别对待的。广州接壤佛山、中山、东莞，这三市都是以制造业为核心产业，尤其是佛山的制造业。佛山市是粤港澳大湾区城市群中唯一一个第二产业占整体经济比重高于第三产业的城市。以广州为核心的金融中心更多的是针对生产性的金融服务。同时，广州的支柱产业为汽车、电子、装备制造业等先进制造业和信息服务、商务服务业，金融业在2016年整体拉动GDP增长1.0%，是广州第五大支柱产业。广州要依靠总部资源优势和行政资源优势，不断扩充自身经济规模和放大区域中心城市功能，并继续巩固在银行业、保险业方面的优势，重点强化区域性的银团贷款、票据融资、资金结算、产权交易、商品期货和金融教育科研等中心功能，发展总部金融，建设金融商务区。因此，综合广州周边的金融辐射半径的城市发展情况，以及广州自身的产业发展布局，广州的金融服务产业在发展方向上更应该脱虚向实，针对其经济腹地中小企业集中的格局，在金融服务上更加针对普惠性的金融服务，促进"脱虚向实"的信贷资金归位，更多投向实体经济，有效降低企业特别是小微企业融资成本。

香港和深圳两大金融中心更多的是合作而不是竞争，因为两者所面对的市场有所差异，香港更多的是作为人民币离岸中心，承担起我国企业走出去的对外桥梁，凭借其独有的人才、法律、经贸优势，在中国资本开放中具有重要的作用，带领内地缩小中国与发达国家的差距，为国内外企业和资本的对接搭起平台。离岸市场的存在和壮大会有利于扩大两地金融机构的互相准入，放宽 QDII 和 QFII 的投资限制和增加规模，允许更多投资者参与跨境金融交易的市场需求，倒向促进资本项目的开放进程。深圳在创新技术以及金融科技上都有着其独特的优势，在德勤出具的 2017 年全球金融科技城市评分中，香港评分居全球第五位，深圳评分居全球第三十位，双城联合打造全球领先的金融科技中心具有巨大潜力。2017 年 1 月，两地联合签署了《港深推进落马洲河套地区共同发展的合作备忘录》，在落马洲河套地区合作建设"港深创新及科技园"，推动其成为科技创新的高端新引擎、深港合作新的战略支点与平台，共同建设具有国际竞争力的"深港创新圈"。金融业联通方面，2016 年 12 月 5 日深港通的开通，标志着深港两地证券市场成功实现联通。深港通有助于内地资本市场在风险可控的情况下进一步对外开放，并有助于推动人民币国际化，让香港继续为内地的金融改革贡献力量。2017 年 1 月，深圳前海金融科技创新取得新突破，招商银行运用国内首个区块链跨境支付应用技术，让深圳前海蛇口自贸片区用户可通过永隆银行向香港同名账户实现跨境支付。2016 年 12 月底推出了深港通。为了强化香港的债券市场，2017 年还有望开通债券通。所以，深圳联通香港资本市场的作用就显得尤为重要。因此，在整个粤港澳大湾区城市群中，香港作为离岸金融中心、海上丝绸之路的核心地带，需要承担我国构建开放型经济体的重任。而深圳则是香港联通粤港澳城市群乃至整个内陆地区的重要桥梁，自身也具备了高水平的金融服务业和创新产业，不仅能够很好地对接香港，同时作为金融中心、科技创新中心，对整个粤港澳大湾区都具有很好的辐射作用。

横琴新区没有核心金融业的存在，更多的是受到金融辐射的影响。但是在金融辐射上，由于珠江入海口的原因，整个横琴新区受到的深港金融辐射外溢的效益较低。已经建成的港珠澳大桥能够很好地改善这一问题，形成一个环珠江入海口的半小时经济圈，以后该区域的经济发展将值得期待。

从粤港澳大湾区城市群中核心城市的金融辐射半径来看，在三座核心城市形成了两条金融交叉带：一条是以广州为核心辐射整个粤港澳大湾区制造业城市的"脱虚向实"生产性金融服务带，一条是以香港、深圳双城金融叠加形成的跨境双向金融辐射带。两条金融交叉带就像飞机的两翼一样，一条是以推动实体经济的发展为引擎，一条是以"走出去"战略发展为引擎。在两条交叉带中的佛山、中山以及东莞等制造业城市，能够充分享受到双向叠加的金融服务优势，一方面得到普惠性的金融服务支持，一方面又能够通过深圳、香港获取高新技术以及企业"走出去"的金融扶持，在两翼的带动下，更好地发展实体经济。这就需要两条交叉带在其金融发展定位上做到真正的差异化发展，减少区域间竞争，形成合理分工，通过城市金融产业的错位发展，使三大金融中心真正能够为粤港澳大湾区经济的发展提供动力。

三、粤港澳大湾区对广东省各城市的经济辐射效应

广东省作为全国第一的经济大省，其经济发展一直走在全国前列。广东省有着全国经济发展的引擎——珠三角地区，而进一步升级后的珠三角

纳入了香港和澳门，将会使其作为新的粤港澳大湾区的经济核心的引擎地位进一步提升。然而纵观整个广东省，区域城乡发展不平衡的问题一直没有得到很好的解决，整个广东省除了珠三角区域或者说是粤港澳大湾区之外，还有三块区域：（1）西翼地区包括湛江、茂名和阳江三市；（2）山区包括云浮、清远、河源、韶关以及梅州；（3）东翼包括汕头、潮州、揭阳和汕尾。

根据《广东宏观经济发展报告（2016—2017）》的数据，粤东西北地区受传统发展模式影响，经济发展活力不足，经济面临较大的下行压力。珠三角发展领先，粤东西北相对放缓。分区域看，前三季度珠三角地区 GDP增长 8.1%，粤东西北地区增长 7.2%；其中东翼增长 7.1%，西翼增长7.3%，山区 GDP 增长 7.3%。从区域 GDP 增速变异系数看，区域增速差异在长期缩窄后有所扩大。根据广东省 2016 年的统计年鉴，珠三角 GDP（不含港澳）为 62268 亿元，粤西发展最好，也仅为 6076 亿元，粤北为 5430 亿元，山区为 4911 亿元。粤东西北地区加起来不到珠三角 GDP 的 1/3，区域经济发展极不平衡。本节接下来就将分析广东省发展的不均衡现状以及作为经济增长极的粤港澳大湾区对整个广东省其他城市的经济关联度和辐射度。

（一）粤东西北地区经济概况

广东省不含香港、澳门共有 21 个市，由于资源禀赋丰歉程度差异、地理位置不同和政策推进的时序先后，广东省区域发展严重失衡现象亦十分明显。这一问题伴随着市场化的发展，在市场机制下形成的产业、资源、劳动力的集聚进一步加快了珠三角区域和粤东西北地区的经济差距。2013年，广东省全方位启动进一步促进粤东西北地区振兴发展战略，然而几年过去了，整体的经济差异仍然存在，根据《广东宏观经济发展报告》显示，在 2012 年 1 季度至 2015 年 3 季度，各地市间的季度 GDP 增速变异系数从31.5% 缩窄到 7.3%，离散程度逐步缩小，各地市经济发展速度差异缩小。但今年开始，各地市增速变异系数呈扩大趋势，从一季度的 11.0%，到二季度为 12.4%，三季度又攀升至 13.3%。本文通过《广东省统计年鉴（2015）》挑选出几个重要的经济指标，以此来进行具体分析，详细数据见表 8-7。

表 8-7 2015 年广东省各市主要经济指标

	GDP（亿元）	第二产业占比（%）	第三产业占比（%）	人口（万人）	出口（亿美元）	实际利用外资（万美元）	财政预算收入（亿元）	规模以上服务业个数	研究与开发支出（万元）
广州	18100.4	31.6	67.1	1350.1	811.7	541635	1349.47	6333	2122613
深圳	17502.9	41.2	58.8	1137.9	2640.4	649731	2726.85	4478	6726494
珠海	2025.41	49.7	48.1	163.41	288.11	217787	269.96	561	434013
汕头	1868.03	51.5	43.3	555.21	67.55	21767	131.26	125	111951
佛山	8003.92	60.5	37.8	743.06	482.05	237726	557.55	651	1929893
韶关	1149.98	37.5	49.3	293.15	14.25	4807	85.23	132	114858
河源	810.08	45.7	42.7	307.35	28.33	14425	67.48	51	24141
梅州	959.78	36.7	43.7	434.08	22.72	7130	103.59	40	22510
惠州	3140.03	55	40.2	475.55	347.75	110499	340.02	359	597225
汕尾	762.06	45.8	38.7	302.16	15.78	9958	28.83	38	50323
东莞	6275.07	46.6	53.1	825.41	1036.1	531982	517.97	1175	1267890
中山	3010.03	54.3	43.5	320.96	280.07	45683	287.51	430	692376
江门	2240.02	48.4	43.8	451.95	153.72	87940	199.01	199	387361
阳江	1250.01	45.1	38.5	251.12	24.04	8497	67.93	67	84012
湛江	2380.02	38.2	42.7	724.14	28.07	15717	121.86	319	71764
茂名	2445.63	40.9	43.3	608.08	10.99	17190	113.92	168	133088
肇庆	1970.01	50.3	35.1	405.96	47.66	139447	143.36	114	192157
清远	1277.86	37.9	47	383.45	27.09	14201	108.38	141	57931
潮州	910.11	53.2	39.7	264.05	27.64	2044	47.2	46	51109
揭阳	1890.01	59.6	31.5	605.89	67.04	3929	77.4	71	108194
云浮	713.14	42.6	36.5	246	13.6	5451	58.7	29	25596

根据表 8-7 可以发现，整个广东省的 GDP 有 79% 来源于珠三角地区，西翼地区只有 7.7%，东翼只有 6.9%，山区为 6.2%。在产业结构上，珠三角第二、第三产业的总占比为 96.1%，只有 3.9% 为第一产业，其中第二产业结构占比为 48.6%，第三产业占比为 47.5%。西翼地区第一产业占比 17.1%，第二、第三产业占比分别为 41.4% 和 41.5%；东翼地区第一产业占比为 9.2%，其中第二、第三产业占比分别为 52.5% 和 38.3%；山区地区第一产业占比为 16.1%，第二产业和第三产业占比为 40% 和 43.8%。人口上，珠三角人口占整个广东省的 54%，西翼地区占比为 14.6%，东翼地区占比为 15.9%，山区人口占比为 15.3%。在出口、实际利用外资、规模以上服务业以及科研经费支出占比中，珠三角地区占比全部超过 90%，财政预算占比为 86%。由此可见，珠三角区域占据了整个广东省绝大多数的资金、科研资源，其他三块区域在资金、服务业以及科研上的分配则远远少于珠三角区域，形成了极不平衡的资源分配。

为了进一步论证广东省各市发展具有地缘上的集中性，本章采用莫兰指数进行分析。莫兰指数是通过测量城市自身的某一经济指标和它相邻的城市之间的同一经济指标的关联性进行分析。Moran's I > 0 表示空间正相关性，其值越大，空间相关性越明显；Moran's I < 0 表示空间负相关性，其值越小，空间差异越大；Moran's I = 0，空间呈随机性。广义的莫兰指数的加权成比例的向量内积表示：

$$I = \frac{n \sum_i \sum_{i \neq j} \omega_{ij} (y_i - \bar{y})(y_j - \bar{y})}{(\sum_i \sum_{i \neq j} \omega_{ij}) \sum_i (y_i - \bar{y})^2} \tag{8.5}$$

其中 y_i 是一国的某项指标，$\bar{y}$ 是均值，ω_{ij} 是加权矩阵。在本章中，加权矩阵的选择是空间距离矩阵，它是通过定义研究区域内不同单元距离远近关系来建构空间数据的，具体的赋予权重的方法是通过城市核心之间的测绘距离。莫兰指数的值越高，表明地理上的聚集作用越强，也就意味着临近取值的相似性越大。在这里，本章选取的经济衡量指标是人均 GDP。

通过分析可知，整个广东省人均 GDP 高收入地区都集中在珠三角或者说是环珠江入海口区域，而在珠三角区域外围坐落着中高收入地区，在两翼和山区更多的是中低收入和低收入地区。整个广东省在人均收入上空间相关性极高。上一节分析了整个粤港澳大湾区三座核心金融城市的辐射半径,从上节的结论知道,三座金融中心城市的金融有效辐射半径是集中在整个粤港澳大湾区城市群内部的,其对整个广东省的辐射有限,形成一个有层次的环形结构,其浓缩的核心是粤港澳大湾区城市群中的核心城市,第二层是粤港澳大湾区的非核心城市,例如肇庆、江门等,坐落在最外层的是环绕整个粤港澳大湾区城市群的粤东西北地区。测算广东省的莫兰指数,具体结果可以见图 8-5,莫兰指数为 0.71764,说明整个广东省的人均GDP 收入存在着非常强的空间关联性。

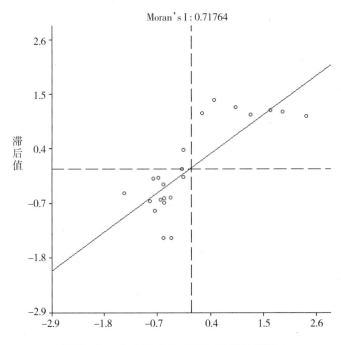

图 8-5 广东省人均 GDP 的莫兰指数

在整个广东省的经济发展过程中,政府针对区域内的发展不协调也提出了一系列方案。2008 年提出的"双转移"战略就是从"劳动力转移"和"产业转移"两个层面考量,将劳动密集型产业从珠三角转出,向东西两翼、粤北山区转移，而东西两翼、粤北山区的劳动力，一方面向当地第二、第三产业转移，另一方面，其中一些较高素质的劳动力向发达的珠三角地区转移。在"双转移"战略实施初期，珠三角产业确实得到了进一步优化，产业结构得到了升级，而粤东西北地区也承接了部分从珠三角转移出来的产业，然而，在第一轮产业转型之后，由于我国经济的下滑，在新常态情况下，粤东西北承接的产业面临着产能过剩和去库存的压力，导致了后续发展受到严重影响。同时，落后产业较低的生产效率在经济下行的情况下面临着无效生产以及关停并转的局势，导致粤东西北在后续的产业承接上没能够跟上，错过了产业升级的最好时机。同时，粤东作为重要的能源基地，粤西作为国家级石化能源基地，粤北作为原料加工基地，粤东西北地区产业重型化特征明显，"双转移"战略并未使粤东西北三地产业结构不合理的局面得到根本性转变和突破。粤东西北地区自身财政收入的弱势，决定了其经济发展对外部资金支持的依赖程度较高，外部资金支持效率对其发展影响较大。而粤港澳大湾区城市群的三大金融中心城市对资金有很大的吸引作用，尤其是近年来房地产的投资吸引了大量的资金，导致外部资金对于粤东西北地区难以形成规模性的投资，资金难以形成集聚效应，进一步制约了粤东西北地区的发展。

（二）广东省内各城市经济网络结构分析

广东省经济发展不均衡，因此，为了进一步分析珠三角乃至升级后的粤港澳大湾区城市群对于周边城市到底是经济外溢效应较大，还是经济受益效应较大，只有建立以经济为流动导向的网络结构，来分析粤港澳大湾区城市群让广东省经济的不平衡发展是进一步恶化还是有所改进。本节采用网络分析法，对广东省区域经济增长的空间关联关系的网络特征进行研究。刻画区域之间的空间溢出效应是勾勒出区域经济增长空间网络的关键，格罗恩沃尔德（2007 年）就通过构建向量自回归模型，通过格兰杰因果检验（Granger Causality）来分析我国区域之间的空间溢出效应。本节的研究思路也是在其基础上，将其省际数据转换为广东省内部各城镇数据，通过构建关于经济水平（GDP 水平）的向量自回归模型来考察广东省内部的经济关系。由于向量自回归模型下得出的因果检验可能是不对称的，能够更好地反映城市间的经济网络关系到底是外溢还是吸引，或者是两者兼备，因此能够刻画出双向网络，依据该方法构建的模型能更好地给出可行性的分析意见。

关于区域经济增长空间网络结构，具体刻画性的指标包括：（1）网络密度；（2）网络关联度；（3）网络等级度；（4）网络中心度。

1．网络密度

网络密度是反映整个网络的关联关系的疏密情况，根据斯科特（2007）的定义，网络密度应该由整个网络实际所具有的关联关系数和最大可拥有的关系数之间的比值获得。具体公式如下：

$$D_n = L/[N \times (N-1)] \tag{8.6}$$

其中，D_n 为网络密度，L 为整个网络实际所具有的关联关系数，$N \times (N-1)$ 为最大可拥有的关系数。

2．网络关联度

网络关联度反映的则是整个网络的可达性（reachability），即衡量整个网络存在的孤立点，或者说不可达点的数量占整个网络最大可拥有的关系数之间的比值，其取值为 [0，1]，具体的计算公式如下：

$$C = 1 - 2 \times V/[N \times (N-1)] \tag{8.7}$$

其中，C 为可达性，V 为孤立点。

3．网络等级度

网络等级度可以用来测算网络结构中的核心节点在整个网络的占比，用来说明网络等级度。网络等级度越高，说明存在具有高度支配要素的节点，其他节点需要接受该节点的外溢效应，其取值为 [0，1]。取值为 1 说明该网络中存在的节点对所有其他节点都有支配能力，取值为 0 说明没有核心节点。用 K 来表示网络中具有双向效应的节点数，max（K）为最大可能的对称可达的点的对数，具体公式如下：

$$H = 1 - K/\max(K) \tag{8.8}$$

4．网络中心度

网络中心度则用来测算各网络节点在网络中的地位，根据弗里曼（1979）对网络中心度的测算公式，可以得出网络中该节点与其他节点的外溢关联关系数 n_i 与最大可能的直接相关联的关系数 $N-1$ 之比，该值越大，说明该节点在网络中的支配地位越高。第 i 个节点的网络支配中心度计算公式为：

$$De_i = n_i/(N-1) \tag{8.9}$$

同理，网络中的受益中心度是用来分析该网络节点通过网络受益关系受益了其他节点的溢出效应，用受益关联关系数 n_i^* 与最大可能的直接相关联的关系数 $N-1$ 之比，该值越大，说明该节点在网络中越属于受益节点。第 i 个节点的网络支配中心度计算公式为：

$$De_i^* = n_i^*/(N-1) \tag{8.10}$$

本书为了测算香港回归以后，整个广东省外加香港、澳门的经济增长网络关系，以广东省各城市、香港和澳门的生产总值（1997—2005）作为测算经济增长空间网络的变量数据，通过向量自回归模型（VAR）来建立两两城市之间的 VAR 模型。通过 ADF 平稳性检验，发现滞后变量选择为 1 期时，通过平稳性检验，即对生产总值数据进行一阶查分处理后剔除数据本身的记忆性，形成平稳的时间序列数据，然后进行格兰杰因果检验。本文的阀值选择为 5%，即拒绝原假设的显著性检验标准为 5%。详细测算结果见表 8-8。

表8-8 广东省（含香港、澳门）经济增长网络关系测算

		受益关系	溢出关系	关联总数	受益中心度	溢出中心度
粤港澳	广州	9	9	18	40.9%	40.9%
	深圳	6	11	17	27.3%	50.0%
	珠海	5	5	10	22.7%	22.7%
	佛山	6	4	10	27.3%	18.2%
	惠州	4	2	6	18.2%	9.1%
	东莞	4	5	9	18.2%	22.7%
	中山	4	4	8	18.2%	18.2%
	肇庆	4	3	7	18.2%	13.6%
	江门	4	3	7	18.2%	13.6%
	香港	1	14	15	4.5%	63.6%
	澳门	1	1	2	4.5%	4.5%
西翼	阳江	2	1	3	9.1%	4.5%
	湛江	2	1	3	9.1%	4.5%
	茂名	2	1	3	9.1%	4.5%
山区	韶关	2	1	3	9.1%	4.5%
	河源	2	0	2	9.1%	0.0%
	梅州	1	0	1	4.5%	0.0%
	清远	1	0	1	4.5%	0.0%
	云浮	1	0	1	4.5%	0.0%
东翼	潮州	2	1	3	9.1%	4.5%
	揭阳	1	0	1	4.5%	0.0%
	汕尾	1	0	1	4.5%	0.0%
	汕头	2	1	3	9.1%	4.5%

　　最终通过检验，存在的经济关联关系数总共有 134 个。因为总共有 23 个城市，最大可拥有的关系数具有双向性，因此为 2×23×22/2 = 506 个。因此可得网络密度为 26%，说明广东省加上香港、澳门的城市之间整体的关联程度总体并不高。因为不存在经济孤立点，即所有城市都或多或少受到其他城市的影响，所以整体网络结果是通达的，网络关联度为 1。网络等级度的测算为 0.76，说明该网络的城市之间的溢出效应受到城市等级的影

响较大，高等级城市即经济发展水平较高的城市产生的溢出效应可能更高，也从侧面佐证了整个广东省发展的不均衡，以及其经济重构所面临的巨大的经济发展惯性难以通过简单的资金补贴对整体经济进行调整。

进一步分析各城市，其中香港最为特殊，其主要表现为经济外溢效应，只有深圳和香港在经济上的影响是相互的。香港作为溢出中心度最高的城市，其经济受益却不成正比，这里面的原因一方面是"一国两制"差异化的经济制度导致了香港和内地经济的联动有限，而香港的实体制造业整体转移至珠三角区域，导致了其具有极大的经济溢出效应。这也解释了为什么香港经济增长的速度跟不上整个珠三角区域经济增长速度的原因，整个珠三角所带来的经济外溢效应由于差异化的经济形态产生的壁垒也无法传递给香港。广州的外溢效应和受益效应最平均，这是因为广州正处于香港和深圳的经济、金融辐射半径之内，其受益主要来源于粤港澳大湾区城市群，而同时，其接壤的城市佛山、东莞、中山等市又多为重要的制造业城市，因此能够形成较好的良性互动。深圳更多的是辐射效应，环视深圳接壤的周边，其接壤的城市有限，不像广州与多市有所接壤，深圳只是与东莞、香港以及汕尾接壤，因此受到的经济受益城市少于广州。但是由于近年来经济的高速发展和科技水平的快速提升，形成了较大辐射能量，有着较大的辐射半径，因此深圳的经济外溢关系仅少于香港，多于广州。在粤港澳大湾区内部，珠海、佛山、中山以及东莞四市在整个城市群等级网络中处于第二级别，具体体现在都有一定的受益城市，同时自身也具备一定的外溢效应。然而从整体来说，可以看到整个经济增长关系网络还是集中在粤港澳大湾区城市群内部，其延伸有限。相较粤港澳大湾区城市的紧密关联现象，粤东西北的整个关联网络像是依附在粤港澳大湾区，更多的是经济受益关系，受益的相关联城市也明显少于粤港澳大湾区内各市。

（三）推动广东省城市均衡发展研究

分析粤港澳大湾区难以辐射带动周边粤东西北城市群发展的原因，其核心问题来源于两方面：

　　一方面是粤港澳大湾区内部多中心的现状导致在经济发展上各自谋划、独立经营，未实现统筹协调、一体运作，进而在规划、结构、功能、制度、产业、配套上无法形成整体优势，难以形成湾区向心力。主要问题可以概括为四个割裂：一是地域空间割裂，难以聚力发展；二是体制机制割裂，难以协调管理；三是政策措施割裂，难以资源共享；四是产业功能割裂，难以优化配套。同时，香港、澳门两个特别行政区和整个粤港澳其余城市互动有限，更多是单方面的。随着内地经济的崛起，香港产业空心化趋势越来越明显，若缺乏制造业的支撑和广阔的经济发展腹地，香港的地位可能还会进一步下降。中央在此背景下提出建设前海，强化粤港合作，不仅仅是要借势香港，实现自身发展，更重要的是要探索出一条实现香港长期繁荣稳定发展的新路子。产业融合是粤港合作的关键，也是未来香港的竞争力所在。如何加强两地间互动，在现有的差异性政治经济体制下，通过过渡区域形成两地的对接可能是较为有效的手段。具体表现在以前海蛇口自贸片区和横琴新区两个自贸区形成中间地带，来加快两地之间的经济互动推进过程。前海作为深港合作的试验田，可以在集聚高端人才和优质资本方面发挥重大作用。香港拥有大量金融、法律、会计、航运等专业化人才，是国际资本集散地，但这些生产性服务业人才和国际资本都需要依托庞大的制造业基础才能有发展空间。实际上，随着香港竞争力的下降，目前已出现青年上升通道狭窄、职业发展空间不足的现象。相反，前海连接纵深广阔的内陆腹地，经济回旋余地大、韧性足，人民币回流管道畅通无阻，实体经济支撑力强大，具备许多香港本身不具有或难以具有的优势，可以为香港的专业化人才和庞大的流动资金提供广阔的发展空间。

　　另一方面是粤港澳如何进一步辐射广东省经济较为落后的粤东西北地区。粤港澳大湾区和粤东西北在经济发展上存在明显的断层，这既是自然条件和基础设施上的原因，也是历史发展过程导致的不均衡发展。要有效推动省域内欠发达地区经济的持续稳定增长，就要完善欠发达地区的基础设施和制度规则，同时运用好税收、财政、信贷、科技扶持等政策手段，在这些常规性的手段落实的同时，加快打通与粤港澳大湾区的经济通道。"双转移"战略提出的初期收到了很好的效果，也说明了承接粤港澳大湾区的产业转移是行之有效的方式。然而，简单的承接产业转移一旦受到经济波动的冲击，势必会导致重新走上无力承接后续产业的道路，然后导致产业联动的经济链条断裂，进一步地减少粤港澳大湾区的经济辐射半径。考虑到以上问题，应该打通的不仅仅是粤东西北与粤港澳大湾区的产业经济通道，更应该利用粤港澳大湾区的科技、高端服务业等已具备较高水平的生产性服务业。在这一方面，广州在生产性服务业的龙头效应需要更好地加以利用，不仅要通过工业园区的方式承接产业转移，还需要在周边形成配套的生产性服务业。除了能够承接产业转移以外，还能够自我供血，形成产业升级，同时也形成和整个粤港澳大湾区的多层次合作交流，才能产生更紧密的联系，从而达到整个广东省经济的协调发展。

四、粤港澳大湾区对泛珠三角区域的经济辐射效应

泛珠三角设计为九省外加香港、澳门两个特别行政区，由于各省都是相对独立的行政区，因此，彼此之间的经济联系不像城市之间那么紧密。要让这个横跨我国东部、中部以及西南部的特大区域协同发展，必须通过产业链布局来打破行政区划掣肘。因此，研究粤港澳大湾区对整个泛珠三角的辐射影响，其实就是研究整个泛珠三角的产业关联程度，通过研究粤港澳大湾区对整个泛珠三角区域的产业转移，来勾勒出粤港澳大湾区对整个泛珠三角的经济辐射效应。因为整个泛珠三角区域过于辽阔，这也就形成了较大的要素禀赋差异和产业优势差异。以产业为关联来分析粤港澳大湾区对泛珠三角的经济辐射效应是重要切入点，同时以产业梯度和产业转移为视角来研究粤港澳大湾区对泛珠三角区域经济带动的发力点，能够从供给侧更好地协调整个泛珠三角区域的发展，通过合理的产业转移促进产能过剩有效化解，促进产业优化重组，降低企业成本，推进发展战略性新兴产业和现代服务业，增加公共产品和服务供给，提高供给结构对需求变化的适应性和灵活性。

（一）泛珠三角经济概况

泛珠三角区域的发展并不是以粤港澳大湾区作为单一引擎的发展，在整个泛珠三角，除了粤港澳大湾区城市群，还有多个城市群以及四个自贸试验区，因此，整个泛珠三角的经济发展应该是以产业为核心的联动式发展。

在泛珠三角区域，除了粤港澳大湾区城市群以外，重要的城市群还有海峡西岸城市群、环鄱阳湖城市群、长株潭城市群、成渝城市群以及环北部湾区城市群。自贸试验区第二批就有广东自贸区、福建自贸区，第三批更是加上了四川自贸区。

①海峡西岸城市群以福州、泉州、厦门、温州、汕头为五大中心城市，带动由 21 个城市组成的海西城市群。相较于粤港澳大湾区城市群作为国家级城市群的定位，海峡西岸城市群属于区域性的城市群，其产业特色主要是石材陶瓷、水暖厨卫、鞋服轻纺、机械装备、光电信息这五类产业。该城市群产业结构同质问题严重，制造业结构趋同，同时，产业链过短，往往都是城市内的配套产业链，这就导致了该城市群各城市间关联度不高，相互恶性竞争问题严重，影响整体城市群的协调发展。

②环鄱阳湖城市群是以鄱阳湖为核心，由环绕湖区的南昌、九江、景德镇、鹰潭、上饶等个地级市构成，整个江西省的支柱产业均集中在环鄱阳湖城市群。整体城市群产业链渗透较为深入，城市间有明晰的产业分工，例如景德镇的陶瓷、家用电器业，上饶的精密机械加工业，鹰潭的铜冶炼业，南昌的制造业，九江的石化、造船、建材、纺织业等。但是第三产业发展较为缓慢，城市产业急需升级。

③长株潭城市群地处湖南省中东部，核心城市为长沙、株洲以及湘潭三市，围绕湘江呈"品"字格局分布，三大核心城市直线距离不足 20 公里，关联紧密。长沙以电子信息、工程机械、食品、生物制药为主，株洲以交通运输、设备制造、有色冶金、化工原料及陶瓷制造为主，湘潭以黑色冶金、机电与机械制造、化纤纺织、化学原料及精细化工为主。然而长

株潭城市群总体实力还不强，产业结构不优，经济结构性矛盾仍然突出，缺乏有强大带动力的产业集群和引领未来的战略性支柱产业。

④成渝城市群横跨四川省和重庆市，以成渝经济区为依托，以成渝两市为双核。在产业发展上，双核之间存在较大的竞争因素，主要原因是信息技术产业以及汽车产业上同质化较高，导致两个核心之间竞争大于合作。行政区的分割导致了该城市群产业链都集中在双核周围，双核的互动较少，如果能够打破行政区的掣肘，打破行政分割，实行专业化协作，这个城市群一定能在西部和全国发挥更大的作用。

⑤北部湾城市群是国务院于 2017 年 1 月 20 日批复同意建设的国家级城市群，规划覆盖范围包括广西壮族自治区的南宁市、北海市、钦州市、防城港市、玉林市、崇左市，广东省的湛江市、茂名市、阳江市和海南省的海口市、儋州市、东方市、澄迈县、临高县、昌江县。城市群规划陆域面积 11.66 万平方公里，海岸线 4234 公里。依托北部湾海港优势，北部湾城市群在石化、钢铁、电子信息等产业都有长足的发展，然而，城市群总体集聚能力不强，除南宁外其他城市明显规模偏小，这种经济结构失衡在一定程度上阻碍了生产要素流动和城市间的经济协作互补。

根据《中国自由贸易区总体方案》的内容，广东、福建、湖北以及四川自贸区在定位上也存在差异性。

①广东自贸区定位：依托港澳、服务内地、面向世界，将自贸试验区建设成为粤港澳深度合作示范区、21 世纪海上丝绸之路重要枢纽和全国新一轮改革开放先行地。

②福建自贸区定位：充分发挥对台优势，率先推进与台湾地区投资贸易自由化进程，把自贸试验区建设成为深化两岸经济合作的示范区；充分发挥对外开放前沿优势，建设 21 世纪海上丝绸之路核心区。

③四川自贸区定位：主要是落实中央关于加大西部地区门户城市开放力度以及建设内陆开放战略支撑带的要求，打造内陆开放型经济高地，实现内陆与沿海沿边沿江协同开放。

（二）泛珠三角产业梯度研究

由于区域经济是一个综合性的经济系统，区域间的产业发展水平除了受到区域经济发展的影响，还受到历史、劳动力水平、区域空间以及社会意识形态等一系列的影响。最终所有的叠加形成区域间不同的产业结构，形成了产业梯度。我国产业转移一个明显的特征是产业转移半径的邻近化，具体表现为国内一般的产业转移半径较短，都是以省级行政区为单位的邻近转移。这是由于我国区域经济具有较高的地缘性关联效应的原因，即经济发展水平较高的省份周围环绕的其他省份经济发展的差距一般不会太大，这就给产业转移提供了便利和基础。产业半径的相邻化同时也意味着西部大开发等战略较难实现，对于区域经济的发展更应该注重层次性、渐进性的发展。

泛珠三角区域各省之间长期以来就有较好的合作关系，除了海南省以外，其他省份的经济发展水平差距不算明显，广东省一枝独秀，因此，广东省在产业转移上更多是作为转出地。考虑到广东省的大部分产业根基都集中在粤港澳大湾区城市群内，因此，分析整个泛珠三角的产业转移就是分析粤港澳大湾区的产业转移。

本书分析产业转移的思路参考了戴宏伟所著的《区域产业转移研究》书中的统计方法，通过构建产业梯度系数来分析整个泛珠三角的产业梯度格局。考虑到当下产业转移主要还是集中在第二产业，因此，选择通过工业增加值这一数据来刻画泛珠三角工业梯度。戴宏伟的产业梯度测量方法主要是通过两个维度去衡量：

一是劳动生产率的比较，具体公式为：

$$比较劳动生产率 = \frac{地区某产业增加值在全国同行业增加值中的比重}{地区某产业从业人员在全国同行业从业人员中的比重}$$

二是产业的专业化生产程度，一般用区位商来刻画，具体公式为：

$$区位商 = \frac{地区某产业增加值占本地区 GDP 中的比重}{全国相应行业增加值占全国 GDP 中的比重}$$

　　产业梯度系数就是比较劳动生产率和区位商的乘积。本章数据选取了《中国工业统计年鉴（2016）》的数据，统计了全国以及泛珠三角九省的工业增加值和就业人数以及 GDP，并对比较劳动生产率、区位商和产业梯度系数进行了测算。具体结果见表 8 - 9。

表 8 - 9　2016 年全国及泛珠三角九省测算

产业	地区	增加值（亿元）	就业人数（万）	GDP（亿元）	比较劳动生产率（％）	区位商	产业梯度系数
工业	全国	235183	5069	682635			
	广东	30259	981	72813	0.66	1.21	0.80
	湖南	10945	122	28902	1.94	1.10	2.13
	江西	6918	138	16724	1.08	1.20	1.30
	四川	11039	160	30053	1.49	1.07	1.59
	贵州	3316	43	10502	1.68	0.92	1.54
	云南	3848	68	13619	1.23	0.82	1.01
	海南	486	9	3702	1.19	0.38	0.45
	福建	10820	236	26980	0.99	1.16	1.15
	广西	6540	76	16803	1.85	1.13	2.09
批发零售	全国	66203	883	682635			
	广东	7626	97	72813	1.90	1.08	2.05
	湖南	1877	21	28902	1.70	0.67	1.14
	江西	1187	18	16724	1.41	0.73	1.03
	四川	1871	31	30053	1.30	0.64	0.84
	贵州	671	12	10502	1.17	0.66	0.77
	云南	1335	25	13619	1.15	1.01	1.16
	海南	441	6	3702	1.10	1.23	1.35
	福建	2046	28	26980	1.55	0.78	1.21
	广西	1135	13	16803	1.53	0.70	1.07

续表

产业	地区	增加值（亿元）	就业人数（万）	GDP（亿元）	比较劳动生产率（%）	区位商	产业梯度系数
交通运输	全国	30370	854	682635			
	广东	2928	83	72813	0.76	0.90	0.69
	湖南	1291	24	28902	1.14	1.00	1.14
	江西	736	21	16724	0.75	0.99	0.74
	四川	1220	41	30053	0.65	0.91	0.59
	贵州	920	12	10502	0.71	1.57	1.11
	云南	305	17	13619	0.38	0.50	0.19
	海南	188	7	3702	0.62	1.14	0.71
	福建	1547	25	26980	1.36	1.29	1.75
	广西	803	20	16803	0.87	1.07	0.93
金融业	全国	57500	607	682635			
	广东	5757	46	72813	2.69	0.94	2.53
	湖南	1104	24	28902	0.99	0.45	0.45
	江西	897	13	16724	1.53	0.64	0.98
	四川	2202	26	30053	1.63	0.87	1.42
	贵州	607	9	10502	1.52	0.69	1.04
	云南	982	10	13619	1.14	0.86	0.98
	海南	243	4	3702	1.28	0.78	1.00
	福建	1681	18	26980	2.02	0.74	1.50
	广西	1018	13	16803	1.65	0.72	1.19

根据表 8-9 可以看出，广东省的产业梯度优势主要集中在金融业和批发零售业这一块，在工业和交通运输业不具备比较优势，相反，整个产业梯度还低于其他省份。其中工业这一块主要是产业生产效率较低，区位优势还在，这是产业转移后的结果。但是工业的产业转移还不完全，其产值

还比较大，但效率已经比不上湖南等省份，因此可以考虑将它转向产业效率较高的湖南、贵州、广西三省，降低工业的生产比例。批发零售业可以转向福建，福建在效率和区位优势上都具有一定的承接优势。海南由于产业数量太小，所以即使产业梯度略高于福建，但是整体产业还是转向基础较为完善的福建更加合理。广东金融业的优势主要表现在具有极高的产业效率，导致了整体产业的产业梯度较高，可以考虑往四川、广西以及福建三省进行一定的转移，因为这三省产业效率高，而区位优势不明显，将金融业转移，能够很好地提升这三省份的区位优势，形成更好的产业辐射。

简单的产业转移并不能起到立竿见影的作用，因为市场更倾向于集聚。产业转移更多是政府意志的行为，因此需要构建一个有效的产业转移机制，通过政府主导，在产业转移之前先行搭好产业转移平台，以企业行为为主导，生产要素和禀赋资源为载体，城市乃至省级合作为契机，推动产业从具有优势地位的区域向相对落后区域的转移。结合之前分析的各城市群的问题掣肘，在如此大范围的区域进行产业转移、产业升级，关键要解决的问题是产业链的构建。由于地方政府的一厢情愿，导致多城市群内部产业同质化，产业链过短，配套产业集中在核心城市，而没有形成一条完善的、有效分工的产业链，从而导致各城市产业恶性竞争，严重影响了产业升级效率。有鉴于此，整个泛珠三角的产业转移行为更应该从顶层设计开始，科学考量各区域的区位优势和要素禀赋，统筹布局产业分布，加快区域协商机制的建立，通过建设区域性的统一市场，将产业链延长、细化，各省份错位发展，通过产业链的重构推动区域产业转移合作，促进泛珠三角的产业融合，实现区域经济协调发展。

第九章

粤港澳大湾区的战略定位

粤港澳大湾区已经上升到国家战略层面，在"一带一路"倡议中占有重要地位。粤港澳大湾区是连接"一带一路"沿线国家的重要桥梁，是英语、葡语和侨乡的三大文化纽带。除此之外，粤港澳大湾区也是中国目前已经签订或正在谈判或正研究的自贸区的战略要地，比如中国东盟自贸区、中国东盟自贸区升级版。因此，推进大湾区建设必定会加速推动国家重大战略的落地。

自中国改革开放以来，港澳资本就开始陆续进入珠三角地区，带动了珠三角地区经济的发展。最开始是港澳的劳动密集型制造业向珠三角转移，港澳的产业由此开始转型，服务业得到大力发展，这个时候也开始陆续出现了对粤港澳合作的学术研究。之后随着香港、澳门的回归以及中国加入WTO，真正开始出现了实质性的合作，有了CEPA协定、《粤港澳合作框架协议》《珠三角发展纲要》《粤港合作框架协议》以及《粤澳合作框架协议》等相关协议的签署，该阶段粤港澳区域合作的发展定位就是构建一个次区域经济合作体，充分发挥粤、港、澳三地的比较优势，从而推动三地经济发展。

一、粤港澳大湾区经济逐渐崛起

随着三地经济合作发展至今，粤港澳三地的经济结构发生了翻天覆地的变化，无论是在交通互联，还是在产业格局抑或经贸合作上，广东与港澳都形成了更紧密的合作关系。2014年，深圳市《政府工作报告》第一次提出了"湾区经济"概念，表示要以湾区经济的发展推动粤港澳经济合作。为了构建我国开放经济体系新格局，我国实施了"一带一路"倡议，组建丝路基金，采取了设立亚洲基础设施投资银行等一系列举措。这些举措见证着我国从参与全球经济一体化转变为主动推动全球经济一体化，是我国主动扩大和深化对外开放的重要战略。2015年3月，由国家发改委、外交部、商务部联合发布的《推动共建丝绸之路经济带和21世纪海上丝绸之路的愿景与行动》的宣告中提到，要充分发挥深圳前海、广州南沙、珠海横琴、福建平潭等开放合作区的作用，深化与港澳台的合作，打造粤港澳大湾区，成为"一带一路"的排头兵和主力军。由此可见，粤港澳大湾区已经上升到国家战略层面，在"一带一路"倡议中占有重要地位。粤港澳大湾区是连接"一带一路"沿线国家的重要桥梁，是英语、葡语和侨乡的三大文化纽带。除此之外，粤港澳大湾区也是中国目前已经签订或正在谈判或正研究的自贸区的战略要地，比如中国东盟自贸区、中国东盟自贸区升级版，因此推进大湾区建设必定会加速推动国家重大战略的落地。大湾区的作用是不可替代的，它既是广东"走出去"，继续深化改革的需要，也是港澳发展的需要。粤港澳大湾区的建设已经得到广东省与港澳地区的一致认同，同时也是国家实施重大战略的重要组成部分。

世界上著名的湾区都具有开放的经济结构、强大的集聚外溢功能、高效的资源配置能力、发达的国际交往网络以及宜人的生活环境，是带动当地区域经济发展的重要增长极，技术变革的引领者。对标世界上三大知名湾区——纽约湾区、旧金山湾区和东京湾区，经过多年发展之后，它们都形成了各自的特色优势：纽约湾区被誉为"金融湾区"，因为这里的主导产业是金融商务服务业，是各种大银行、金融、保险等机构的云集地，也是世界金融的核心枢纽和商业中心；旧金山湾区是全球的高科技研发中心之一，云集着众多像苹果、谷歌这样的高科技企业，吸引着大量的风险资本集聚，因此也是风险资本的聚集地；东京湾区被誉为产业湾区，因其拥有发达的工业产业，同时也是世界500强企业集聚度最高的湾区。

伴随着我国改革开放的步伐和近年来经济的高速发展，粤港澳大湾区作为前沿阵地，已经悄然具备了成为世界第四大湾区的条件，将成为世界湾区经济的"第四极"。首先，粤港澳大湾区海岸线位于东北亚和东南亚的要塞重地，拥有全球最大的港口群和全球最大的机场群。2016年粤港澳大湾区经济总量达到1.3万亿美元，在四大湾区中排名第三，进出口贸易是东京湾区的3倍。粤港澳大湾区拥有庞大的经济体量，虽然人均GDP处于末位，但GDP增速却是第一。其次，整个粤港澳城市群产业体系完备，香港是国际金融中心和物流中心，是全球最自由的经济体，同时也是高端服务业中心；澳门的会展业、旅游业蓬勃；广州、深圳是创新城市；整个珠三角也是著名的"世界工厂""制造业中心"，制造业发达，同时湾区内服务业占比已经超过了80%。由此大湾区已然形成了先进制造业和现代服务业双轮驱动的完备的产业体系，是我国区域经济发展的重要增长极。第三，香港是国际金融中心，深圳是国家金融中心，金融引领作用强，在两者带领下，目前，粤港澳大湾区已经吸引了七十多家世界排名前100位的银行，

2015 年港交所已经超越纽交所，成为全球最大 IPO 市场。因此，从整个湾区的经济体量、产业体系、金融业发展水平以及湾区的发展潜力和创新势头来看，可以说粤港澳已经具备了世界级一流大湾区的条件。

但是与其他三大湾区相比，粤港澳大湾区存在一个很大的不同点，那就是其他三大湾区都是同质的，都是在同一个国家、同一个行政区划内，而粤港澳则是异质的，三地分属不同的行政区划、不同的关税区。粤港澳拥有香港和澳门两个特别行政区和自由港，深圳和珠海两个经济特区，南沙、前海蛇口和横琴三个自由贸易试验区，粤港澳之间的合作属于跨境合作，属于"一国两制"下的合作，因制度造成的屏障阻碍了三地之间的深度融合，降低了区域融合效率。但若能跨越体制带来的障碍，则多重经济体制叠加下，叠加效应产生，能够释放出更大的经济能量，加速提升大湾区的市场化和国际化程度。

基于以上种种考虑，建设粤港澳大湾区，我们应以国家"一带一路"为指导，同时结合广东自由贸易试验区建设，遵循一流湾区经济发展规律，将粤港澳打造为最具经济活力和国际竞争力的全球科技创新高地、金融创新高地、国际物流中心、国际经贸中心、先进制造业和服务业中心，以及宜居的优质生活圈，打造首个异质区间特区＋湾区＋自贸区的特色世界级经济湾区。

基于湾区共同的经济特征，建设粤港澳大湾区，需不断增强其在全球的资源配置功能，使其成为开放的国际化区域；需构建高端的产业体系，从而成为全球经济的发展高地；需拥有发达的创新体系，从而成为创新发展的领先区域，同时还需拥有高度的区域融合，从而能够超越行政边界，发挥其叠加效应。

二、打造湾区全球科技创新高地

世界上一流的湾区，都具有一流的创新能力。创新是经济增长的驱动力，只有创新才能迈向强国。面对新的工业革命和美欧"再工业化"，我们必须重视创新，跟上世界科技前沿趋势，加快改革，提高创新能力和核心竞争力。将粤港澳大湾区打造成科技创新高地不仅是湾区各地发展的需要，也是落实国家创新驱动发展战略、建设世界科技强国的必然要求。

首先，粤港澳大湾区具备成为全球创新高地的能力。从城市创新能力方面来说，广州、深圳、香港是知名的创新城市，根据《2017 中国城市创新力排行榜》，大湾区内的两个城市深圳和广州分别名列第二和第四（港澳未计入排名）。而在世界知识产权组织等机构联合发布的《2017 全球创新指数报告》中，深圳 – 香港地区以"数字通信"为主要创新领域，在全球"创新集群"中排名第二。其次，广州和香港高校林立。广州在广东省的高校数量在珠三角居于首位，而香港拥有数所全球闻名的高校，如香港大学、香港科技大学、香港中文大学等，能够为湾区输送高素质的科技人才，也能为湾区提供科技研发成果。深圳拥有完善成熟的创新创业环境，涌现了像华为、大疆等一批世界领先的高科技企业，被称为"中国硅谷"。2015 年深圳高新技术产业增加值为 5847.91 亿元，占 GDP 比重 33.4%，高新技术产品进出口额达到 2542.48 亿美元，研究与开发经费支出占全市 GDP 的比重达到了 4.05%，专利合作协定拥有量达到 1.33 万件。不仅如此，深圳的创新环境还吸引了众多世界 500 强在深圳设立总部，如美国苹果公司华南运营中心、美国微软公司物联网实验室、美国高通公司的无线通信和物联网技术展示中心等，为深圳带来创新能源。第三，以佛山、东莞、中山等为代表的制造业发达城市，构建了庞大的产业体系，可以让创新发明迅速落地，实现产业化；深港两地的交易所也为湾区内科技创新企业提供了重要的资金支撑，由此也产生了众多的产业基金、风险投资等，带动了金融业的繁荣。

2016 年，广东全省研究与开发经费支出占 GDP 的 2.52%，全年专利申请总量到 505667 件，专利授权总量 259032 件，专利合作协定申请受理量 23574 件，高新技术产品产值 5.9 万亿元，增长 10%。由图 9 – 1 可看出，广东省在高科技的投入及产出上年年递增。

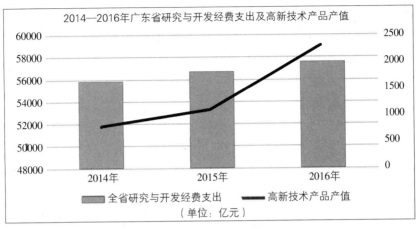

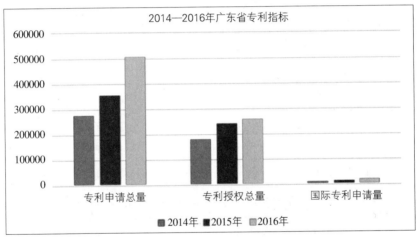

图 9 – 1　广东省科技指标

由此可见，粤港澳大湾区完全有能力打造仅次于美国硅谷的高科技产业引领区。打造粤港澳大湾区全球科技创新高地，需要构建一个有着完善分工合作的高度开放的区域创新体系，搭建全球科技创新平台，统筹利用创新资源。

（一）构建完善分工合作的区域创新体系

利用湾区内各个城市的创新要素比较优势，构建一个以深圳、香港、广州、澳门－珠海为核心的创新极，辅以珠三角其他城市的产业创新优势的区域创新网络。发挥四大核心创新极引领辐射的功能，带动湾区区域创新发展，同时拓展国际创新合作，积极融入国际创新网络。

利用香港的高端服务业优势，建立服务业创新中心，力求成为金融服务、专业服务、商贸服务、科技服务、物流业创新中心；利用香港最强联系人角色，整合湾区创新资源，开放对外创新网络，引领湾区对接国外创新资源；同时香港境内有数所全球闻名的学校和研究机构，可推进高校、科研院所与湾区内企业的交流，提升研发能力，推进科研成果的转化。

利用深圳完善的创新环境及其发达的高科技产业优势，重点布局通信网络、生命健康、新能源、新材料、节能环保等战略新兴产业，重点突破这批产业的关键技术和核心技术，以取得世界领先地位。

依托广州中山大学、华南理工大学等高校和中科院广州分院及研究性企业，在基础前沿研究上实现突破，重点在云计算、量子通信、智能制造、机器人等领域开展研发，突破核心技术。

澳门和珠海联手依托澳门大学、中山大学珠海校区等高校，重点在微电子、海洋设备、中医院等方面实现创新突破，同时发挥澳门与葡语国家、拉美国家的联系网络，对接湾区与葡语和拉美国家的创新资源。

发挥珠三角其他城市的制造业优势，布局各地产业园，加强与创新城市、创新资源的对接，实现创新成果的商业转化。如东莞以松山湖高新技术产业园为核心，北接广州科学城，南接深圳南山区，承接广州和深圳的创新资源，建设两个"创新带"，打造横贯珠三角东岸的创新走廊。

构建一个完善分工合作的区域创新网络，实现创新要素的自由流动，从整个湾区层面去规划，共建共享国家级科研机构、研发平台，构建湾区研发中心，避免重复建设，充分利用各地特色优势，才能发挥出最大的创新效益。

但若要建立一个要素可自由流动的区域创新体系，还需创新合作机制及合作方式。2008年，《珠江三角洲地区改革发展规划纲要（2008—2020年）》的实施为粤港澳三地区域合作创新提供了政策保障，加速了三地合作进程。其后《粤港合作框架协议》《粤澳合作框架协议》的签署，进一步从政策上推动了粤港澳区域合作，鼓励三地在协商一致的前提下共同编制区域合作规划，完善三地行政首长联席会议机制。

（二）搭建全球科技创新平台

目前湾区内聚集了 6 个国家级高新园区、2 个国家软件园、12 个 863 基地、1 个国家级大学科技园、三十多所有研究生培养资格的高校和科研单位。应努力推进有关机构对接国家重大科技项目和科技计划，共建国家创新平台；推进各地高校、科研院所与各地产学研平台、专业院校和骨干企业的联系和交流，共建合作平台，全面深化湾区内各地区的科技产业创新合作，实现创新从研发到科技成果的商业化转化。

另外，落马洲河套地区毗邻深圳，2005 年，深港双方就成立了联合小组，就河套地区开放的可行性进行合作研究。目前，香港和深圳两地政府已经签署了《关于港深推进落马洲河套地区共同发展的合作备忘录》，致力于共同将落马洲河套地区发展成"港深创新及科技园"，就合作领域和合作内容、开发机制以及打造深港科技创新合作区等达成了基本共识，建立重点创科研究合作基地，吸引海内外顶尖企业、研发机构和高等院校进驻。整个科技园占地 87 公顷，为香港科学院的 4 倍。可以以河套地区科技园为中心，同时将深圳的福田保税区发展为"边境贸易加工区"，以及将与河套相连的蚝壳围建设成为"边境科技创新园"，三地联合，推动粤港创新区域及平台的发展。

（三）建设面向全球的创新策源地

应以"一带一路"倡议为指导，鼓励湾区内领军企业通过并购、合作、合资等方式，到"一带一路"沿线国家设立研发中心、产品设计中心，合作建设国际技术转移中心和推广基地、科技企业创新园和孵化器等创新载体，消化吸收创新先进技术；鼓励境内外投资者在湾区内设立国际科技创新中心和平台，吸引跨国公司在湾区内设立研发中心；鼓励湾区内研究机构、高等院校和大型企业与世界一流的科研机构建立长期合作关系，参与科技全球化进程，开拓重大科技计划和专项成果的全球市场，全面增强湾区作为海上丝绸之路桥头堡的创新辐射功能。

（四）优化湾区的创新生态环境

打造湾区创新引擎，还需优化湾区的创新生态环境，鼓励和支持社会资本在粤港澳大湾区内设立创业投资基金，支持企业的创新升级，激发区域创新创业活力，支持创新创业平台建设，促进大众创业、万众创新。可发挥深圳科技金融发达的优势，努力打造亚洲最大创投中心，同时鼓励有实力的创投企业到沿线国家设立创投机构和创投基金。建立属于湾区的创新人才政策，利用创新氛围和人才政策吸引境内外科技人才。利用香港、深圳资本市场功能，为创新企业提供多渠道的资金支持。

还要重视政府职能，出台政策规划，鼓励创新氛围，优化创新生态，吸引高端人才，推进科技公司与高校和基础研究平台的合作，使得湾区高校的高端人才能留在湾区。同时政府应在户籍、人才、教育及税收等方面给予政策红利，如在出入境方面，发放高端人才绿卡，使得湾区内外人才能自由流动；通过减税或税收补贴，吸引高科技企业；推进政府与科技公司的合作，让科技融入公共安全、交通、教育及就业等政府事务中。

三、打造湾区金融创新高地

金融是现代经济的核心，通过区域金融合作，可以有效聚集资本，促进资本的优化配置，为区域经济发展提供有效资金支持。

金融合作一直是粤港澳经济合作的重点，为此，粤港澳三地为推动金融合作做了很多努力。2003 年内地与香港签署了《内地与香港关于建立更紧密经贸关系的安排》，规定了内地与香港在银行、保险及证券领域合作的五项措施，进一步开放服务贸易领域中的金融服务，在保险、银行及证券方面的服务都分别做出了具体承诺。随后的 2004 年及 2005 年，又分别签署了《内地与香港关于建立更紧密经贸关系的安排》的补充协议及"补充协议二"，对金融服务贸易的开放进行了补充及修正。2010 年《粤港合作框架协议》对于金融合作提出了更为具体的合作内容，首次提出了要以香港金融体系为龙头，以广州和深圳等城市的金融资源和服务为支撑的分工明确的区域金融合作。

（一）湾区具备打造金融创新高地的基础

在《全球金融中心（GFCI）报告》中，香港和深圳都被评为亚洲金融中心，而在《中国金融中心（CFCI）报告》中，深圳被评为全国性金融中心，广州被评为区域金融中心。根据最新一期"全球金融中心排行榜"，广州第一次从候补金融中心名单进入了正式全球金融中心名单，香港、深圳、广州排名分别为第四、第二十二及第三十七位。而在最新一期"中国金融中心排行榜"，深圳和广州分别排名第三、第四位，且排名上升幅度处于领先地位。

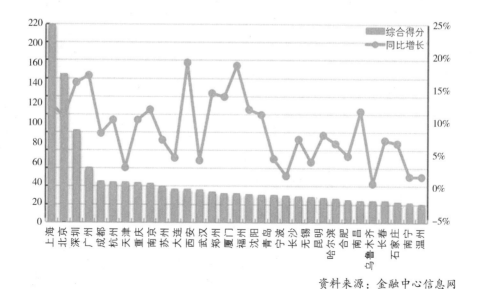

资料来源：金融中心信息网

图 9 - 2　中国金融中心指数排名

根据 GFCI 开展的金融中心评价网络问卷调查，有望进一步取得显著发展的 15 个金融中心中，前 6 个分别是上海、新加坡、迪拜、香港、青岛、深圳，这其中有 5 个来自中国，有 2 个来自粤港澳大湾区。由此可见，粤港澳大湾区已经具备打造金融高地的条件，与其他湾区的金融业试比高。

表 9–1　有望进一步提升影响力的 15 个金融中心

金融中心	过去 24 个月中被提及次数
上海	119
新加坡	94
迪拜	78
香港	68
青岛	57
深圳	55
卡萨布兰卡	38
都柏林	33
卢森堡	31
多伦多	30
直布罗陀	24
北京	23
釜山	21
伊斯坦布尔	12
阿布扎比	12

资料来源：第 21 期全球金融中心指数

（二）构建区域金融网

打造湾区金融创新高地，首先需要构建一张区域金融网络，打破湾区内制度壁垒，促进区域内金融要素的自由流动，构建以香港为龙头，以深圳、广州为支撑，其他城市为腹地的金融体系网，充分利用各地的金融特色优势，共创金融合作新格局。

金融业是香港的优势产业，金融人才众多，金融管理经验先进，金融市场体系完善。2015年，国际货币基金组织和世界银行的报告显示，香港在全球金融中心的排名位列第三，是世界上重要的商业和金融中心。同时它还是世界上最开放的保险市场，全球前20大保险公司中，有14家在香港，并且香港证券交易所IPO市场融资额一直处于世界领先地位。而广东是国家的经济金融大省，金融资源丰富，金融需求旺盛，金融市场活跃，是香港国际金融中心的天然腹地，还是比较成熟的商业银行中心。其中深圳是比较成熟的风险投资中心，可以发挥其创业投资、私募融资的优势，澳门、珠海在债券市场和资产管理方面具有比较优势。

香港应该发挥其国际金融中心的优势，成为境内外企业的上市融资中心。同时因为它的地缘优势，香港交易所人民币产品的上市和交易额都独占鳌头，其在离岸人民币产品交易和风险管理方面都具有相对优势，成为最重要的人民币离岸结算中心以及资产管理中心。香港应继续扩大以人民币计价的贸易和融资业务，将香港打造成人民币离岸中心，推动人民币国际化进程。另外，因其发达的金融业，香港还是亚洲最大的创业投资资金中心。利用这一功能，将香港的风险投资资金引入湾区的其他城市，不仅能带动湾区内经济发展，还能推动湾区金融业的发展。澳门是中国与葡语国家、拉美国家联系的桥梁，可利用这一优势，搭建中国与葡语、拉美国家的商贸金融合作服务平台，建设中葡人民币结算中心。

深圳作为国家金融中心，应成为香港国际金融中心功能的延伸及补充。首先应积极对接香港的金融资源，以金融创新为突破口，深化深港金融合作。其次应充当人民币国际化的"桥梁"及香港人民币离岸中心的后援基地，发挥深圳的桥梁作用，充当人民币"走出去"及"走回来"的中介，内地的资金通过深圳进入香港，而香港金融机构可筹集人民币向内地企业发放贷款等。

深圳还应充当国家的创业投资中心。2010年，深圳市政府发布了《关于促进股权投资基金业发展的若干规定》，并在此基础上制定了扶持政策，营造了创业投资机构发展的良好的营商环境，在大力培育本土创业投资机构的同时，积极引进国际上著名的创业投资机构。应进一步推进中小企业板及创业板的发展，同时加强深圳创业板与香港创业板的合作，推动湾区企业的发展。

广州作为区域金融中心，是央行大区分行、区域性商业银行总行、国有商业银行区域性大分行的聚集地，银监会、保监委、证监会等也在广州设立了省级分支机构，使广州具有金融地区总部优势，加快吸引了金融地区总部在广州的集聚，设立金融地区总部中心。广州的银行体系健全，体量巨大，应加快与港澳银行的机构互设，大力推进广州银行业与产业的结合；发展产业金融，如汽车金融、物流航运金融、房地产金融等；加强与香港的期货市场合作，争取设立广州期货交易所，建设期货交易中心。

（三）依托自贸区及河套区，促进湾区金融合作与改革

应依托深圳前海、广州南沙、珠海横琴三个自贸区，探索建设跨境金融合作示范区，内设金融研发中心、期货交易中心、金融外包服务区、金融产业园等，为推进内地金融制度改革试水。第一，鼓励三地在银行业、保险业、证券业的合作，放宽三地对这些行业金融机构的准入门槛，鼓励跨境互设。在银行业合作方面，鼓励银行跨境互设，如广发银行在澳门设立分行，在香港设立了代表处，港资银行在广东的分支机构数量也在增加；鼓励创新金融服务方式，为两地企业提供更为便利和实惠的金融服务；发展跨境贸易人民币结算业务。2009 年，广州、深圳、珠海、东莞成为全国开展跨境贸易人民币结算试点市，而港澳则成为首批跨境贸易人民币结算的境外试点，三地银行可联合开展跨境人民币银团贷款业务。在证券基金业合作方面，则主要表现在 QFII、QDII、跨国并购、海外上市等方面。在保险业方面，香港的保险业特别成熟，是最开放的保险市场，因此广东应该进一步降低香港的保险准入门槛，允许互设保险机构，促进保险业的紧密合作。第二，促进湾区内金融机构进行跨境兼并重组，取消对持股比例的限制，如招商银行收购香港永隆银行。第三，支持湾区内的金融机构开展跨境业务，丰富和拓展跨境金融业务类型，包括存贷款、现金管理、项目融资、信用卡等。第四，促进深港两地资本市场的合作和资源共享。2012 年的深圳香港金融合作高峰论坛提出，鼓励符合条件的在深金融机构

和企业赴港发行 H 股、人民币债券等，建议香港交易所和深圳交易所做股票双边买卖，促进粤港澳金融市场一体化，允许两地企业根据需要，无障碍选择深港两地资本市场融资。第五，加快发展债券市场，鼓励广东企业到港澳发行债券，建立三地区域性债券市场。除此之外，还可开展包括跨境办税业务、跨境电商融资、在线融资等多方面的跨境金融服务，努力推进湾区内金融基础设施和支付服务的合作，构建湾区区域金融网。

落马洲河套地区被认为是粤港金融合作最为理想的区域。2008 年，深圳市"两会"提出，应仿照伦敦金融城模式，将河套地区设立为深港金融城，打造成一个金融特区和金融改革的试验区。利用河套的特殊区位，可以首先发展面向内地开发的"边境金融"，作为粤港金融合作的突破点。

（四）促进湾区金融创新

金融创新主要体现在制度创新、产品创新、主体创新、工具创新等多个领域，落实国家创新政策，吸引各类金融要素及金融机构在湾区内集聚和发展。国务院发布了《"十三五"国家战略新兴产业发展规划》，提出要推进供应链融资、科技保险等金融产品创新，落实加强网络信息保护和信息公开的有关规定，加快推动制定网络安全、电子商务等法律法规。

应依托广东三大自贸区，探索国际化的金融开发和创新。利用互联网技术，加快科技与金融的融合，开创科技金融、智能金融服务的新模式；创新金融服务模式，开办和推广知识产权、收益、收费权和应收账款质押融资；大力发展融资租赁业务，推动投融资便利化；建立人民币海外投资贷款基金项目，创新跨境人民币业务；推动发行多币种的产业投资基金、离岸业务、跨境资产抵押等产业。鼓励自贸区金融创新政策的先行先试，打造金融创新示范区。

在金融科技方面，由于区块链与人工智能技术的快速发展及其在金融业的不断渗入，加快推动了金融科技的发展，正改变着传统的金融模式。金融科技在智能投资、风险管理、财富管理上已经应用广泛，各金融机构都在谋求与科技公司的合作，创造新的金融产品和金融服务，如支付宝、微信支付、众筹、网贷等，扩大了市场容量，弥补了传统金融的缺陷。而在金融服务上，金融科技可提供跨市场、跨地域、跨机构的金融服务，提升金融服务效率和用户体验。香港与伦敦、纽约、新加坡、硅谷被誉为世界前五大金融科技中心城市，应立足粤港澳大湾区建设，发挥香港的金融优势，推动湾区在金融科技领域的紧密合作，将湾区打造成金融科技产业发展高地。金融科技的快速发展还催生了一批金融科技公司，促进金融科技公司与各金融研究院、金融实验室及高校等的合作整合科学研究与业界的优势资源，推动金融科技技术的发展。2017 年 3 月 28 日，国内领先金融科技公司香港金融数据技术有限公司（FDT）与中科智谷人工智能工业研究院（AIV）在香港签署战略合作协议，探索金融人工智能技术与香港金融市场全方位的融合，FDT 与 AIV 在金融科技技术领域都已达到国际前沿的创新水平。FDT 在金融人工智能、金融云计算、金融大数据、金融智能投顾技术上的研发已经处于领先地位，与 AIV 的合作既是市场的驱动，同时也有粤港澳大湾区建设政策的支撑。这对香港来说，必然能提升香港在金融科技上的竞争力，巩固其世界金融科技中心的地位，而对于湾区来说，双方的合作必然助力湾区金融市场的发展，孕育出一个金融科技的蓝海。

（五）将湾区打造成对外开放的金融枢纽

应以"一带一路"为指导，以港澳为窗口对接国际金融平台。香港位于"一带一路"倡议的中心，是广东金融业走向世界的国际平台，它的融资制度灵活透明，通过赴港上市，有助于提升国际声誉。应支持大湾区符合条件的金融机构加速在海外布局网点，拓展海外市场；创造条件吸引海外金融机构入驻湾区，带来金融创新，带来金融人才；湾区内城市可共建"一带一路"沿线国家人民币海外投贷基金，为国家及湾区内企业走出去提供投融资服务，同时也支持"一带一路"沿线国家和地区的企业进入湾区发行人民币股票；引导企业在香港设立资本运营中心，使香港成为"走出去"的信息平台和融资平台；发挥澳门作为内地与葡语国家的联系人角色，构建商贸金融服务平台，为内地与葡语国家之间的经贸合作提供金融服务。

四、打造先进制造业和服务业中心

改革开放四十年来，粤港澳已经经历几个阶段的区域合作，有效促进了三地的经济发展，同时也带动和辐射了全国。珠三角地区已经成为世界上规模最大的制造业基地，港澳地区也实现了产业转型和升级：香港是现代物流业与金融业中心，澳门是融博彩、会展、休闲度假于一体的旅游娱乐中心和区域性的商贸服务平台，粤港澳三地都形成了各自的产业特色。近几年，受国际经济的影响，珠三角出口贸易在低位徘徊，而国内人工及能源等成本步步高升，因此，珠三角原来的产业发展模式已经无法跟上现代经济发展的步伐，产业转型和升级已经时不我待。而港澳现代服务业的发展也受到空间的限制，仍然需要扩充其发展腹地，从而巩固香港贸易、航运、国际金融中心的地位及澳门的国际旅游中心地位，因此应消除粤港澳区域合作障碍，创新湾区区域合作机制，推动粤港澳产业合作由原来"前店后厂"的产业转移合作模式，进入到产业协同发展的新阶段。

首先应创新政府的引导职能，强化湾区市场驱动机制。香港的市场机制较为成熟和完善，而我国由于历史的因素，政府的作用还很强大。湾区需要优化各级政府之间的合作交往模式，全面规划各级政府间的竞争，达成共识，将粤港澳作为一个区域整体来谋划合作，创新统领全局的粤港澳合作的协调机制，消除各自的利益矛盾，消除区域市场壁垒，从而逐步达到湾区商品规格的统一，实现经济行为的法制化和契约化，推动湾区的市场化进程，形成市场统一、产业互补的区域合作新格局。其次，应创新粤港澳合作组织模式，提升湾区合作效率。以粤港澳三地共同面临的课题如生态环境污染治理为合作契机，通过协调、磋商、谈判等方式共同解决合作中面临的各种难题，加速推动三地的区域合作进程。

粤港澳大湾区整体城市构架分为三个层次：核心层为珠三角9个城市和港澳2个城市，第二个层次为整个广东和港澳，广东除珠三角9个城市外的其他城市给大湾区提供了广阔的经济腹地；第三个层次往东延伸到福建、中国台湾等地区，往西延伸到广西、贵州、云南等地区，往北延伸到江西、湖南等地区，因此粤港澳大湾区是一个具备强大腹地优势的湾区。同时大湾区往西就是北部湾经济区和东南亚，外接东盟，要实现对内辐射，带动腹地发展，同时强调对外连接，抢占全球产业链的制高点。

（一）打造湾区合作共赢的产业发展体系

粤港澳经过几个阶段的合作发展，已经步入深度合作发展阶段。由于港口群的带动，使得整个湾区内形成了不同的产业集群，充分发挥各自产业优势，实现产业错位发展，打造湾区合作共赢的产业发展体系。广州和深圳可利用其科技创新和研发优势，重点打造通信、新能源、新材料、云计算、智能制造、机器人以及节能环保等高科技和新兴产业，目前深圳已经孵化出大疆无人机、翎客航天、光启科学等一批硬件科技企业，同时也是全球第一大消费电子制造基地；香港依托其国际自由港先发优势，打造以金融业、科技咨询服务业为龙头的现代服务业产业体系；澳门重点打造会展业、旅游业及商贸服务业；东莞、佛山、中山、惠州、江门、肇庆制造业经过发展，在全球已经具备了一定的知名度，重点发展先进制造业，如东莞的 IT 制造业、中山的白色家电、佛山的陶瓷等产业。

应由广州、深圳高新科技产业和新兴产业带动湾区内的产业升级；由东莞、中山、佛山等珠三角其他城市承接，将先进技术的科技成果转化，高端制造，规模化生产；由香港为产业提供专业的、高端的服务；澳门会展业可以为产品项目展览提供平台，各地加强对接协作，合理分工，由此打造一条利益共享、协作配套的湾区产业链。

（二）打造先进制造业中心

打造有国际影响力的先进制造业中心，首先需要密切跟踪世界科技和产业发展方向，培育其先导性、支柱性产业。其次，选择新一代信息技术、绿色环保、生物、高端装备制造、新能源、新材料等产业，突破其关键核心技术，培养战略新兴产业，提升产业链附加值。第三，目前整个湾区既存在通讯电子信息、新能源汽车、无人机、机器人等高端产业集群，也存在东莞等地的石油化工、服装鞋帽、玩具加工、食品饮料等中低端产业集群，因此可对技术含量高和附加值高的工业提供免税等政策支持，从而促进中低端产业向高端产业转型。第四，建立高水平的技术进出口交易平台，推动产业技术交流；承接外包业务，重点承接软件外包业务，促进产业技术创新。第五，提升珠三角制造业的发展质量，培育先进装备制造业，增强产业配套和协调发展能力，推动制造业由大变强。2016 年，广东省先进制造业增加值达 15739.78 亿元，增长 9.5%。

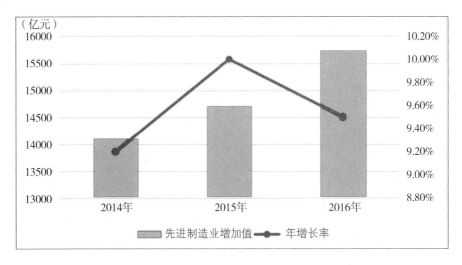

图 9 - 3　2014—2016 年广东省先进制造业

（三）打造现代服务业中心

对标其他各大湾区，服务业占比都很高，若要对接国际产业，粤港澳也要加大力度发展其高端服务业，而港澳最大的产业优势就在于服务业，应发挥港澳服务业的引领作用，带动整个湾区服务业的发展。首先，香港是世界金融、贸易、物流服务中心，澳门是世界上最有吸引力的博彩、旅游中心，也是湾区重要的商贸服务平台。要利用港澳优势发展服务贸易，制定港澳服务业投资珠三角的促进政策，对港澳服务业进入珠三角提供便利化措施，推动珠三角的服务贸易加快发展。同时，珠三角有着强大的内陆腹地城市，港澳应以珠三角为跳板，推动服务业向内陆进军。其次，珠三角应加大对港澳服务业的开放力度，引进专业人才，鼓励到珠三角开办会计、法律、咨询等专业服务机构，推动大湾区服务业的发展，加快现代产业体系的建设。湾区可重点在信息、物流、金融等产业上进行密切合作。广东不仅具有发达的制造业，全球很多的电脑及通讯设备方面产品都在广东制造，也拥有众多的软件公司，而香港在软件硬件上都很发达，因此双方在信息产业方面合作市场很大；在金融服务方面，香港可以与珠三角企业合作，为他们提供符合国际标准会计财务审核服务、提供国际认可的法律意见及商务纠纷的调解仲裁服务。最后，应发展现代服务贸易，发展基于互联网、物联网的服务产业，推动信息服务建设，健全物流、信用、支付等电子商务体系。2016 年广东省现代服务业增加值达到 25568.17 亿元，年增长率为 10.4%。

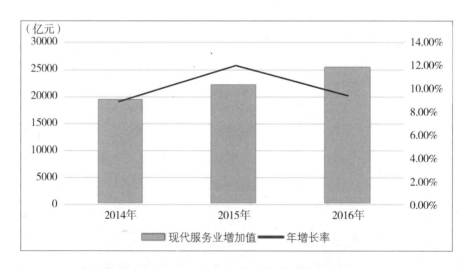

图 9 - 4 2014—2016 年广东省现代服务业

（四）以自贸区为试点，促进湾区产业转型与融合

大湾区必须通过深化改革转变经济发展方式，破解传统发展模式的瓶颈制约，才能在未来的全球一系列产业大变革中赢得更大的发展空间。自贸区是集改革、开放、创新于一体的平台，高标准建设广东自由贸易试验区，积极探索珠三角与港澳产业深度合作机制，将自贸区建设成为粤港澳深度合作示范区，促进湾区产业转型与升级。目前广东有三个自贸区挂牌，分别是深圳前海蛇口、广州南沙、珠海横琴。三大自贸区要充分利用国家给予的先行先试政策，创新先行，深化体制改革，充当好改革开放的排头兵。首先，广东自贸区应扩大对港澳开放，消除准入的壁垒和政策障碍，促进三地产业深度融合。基于各地产业优势，三个自贸区应实行错位发展：广州南沙应重点发展航运物流、国际商贸、航运金融等生产性服务业，打造一个以生产性服务业为主导的服务枢纽；深圳前海蛇口重点发展金融、信息服务、现代物流等战略新兴服务业，重点推进与香港的产业合作，引进香港的高端服务业；珠海横琴重点发展旅游休闲、商务金融等产业，重点拓展与澳门的产业融合，打造国际级商务金融平台。其次，利用自贸区自由的营商环境，推动跨境金融、跨境电子商务和跨境采购的发展，加快粤港澳三地产业要素的自由流动，加快产业创新与转型，并加深服务产业合作。

（五）以"一带一路"倡议为指导，拓展湾区产业对外开放新格局

粤港澳大湾区是一带一路的战略节点，而香港和澳门是湾区中连接内地与"一带一路"沿线国家的重要窗口，是珠三角和内地企业走出去以及国外企业走进来的重要桥梁。

香港是国际著名的自由港，根据经济自由度指标和世界经济自由报告，香港被评为世界上最自由的经济体。它不仅与欧美市场在经贸上有着长期的密切联系，同时也与东南亚国家有着频繁的经济交往。而澳门则主要与

葡语、拉丁语国家经贸往来密切,是世界级休闲旅游中心,也是中国与葡语和拉丁语国家的商贸合作平台。可依托三大自贸区,对接香港的国际金融中心、国际航运中心以及澳门的商贸服务平台,将湾区打造成"一带一路"对外开放的门户枢纽。

首先,营造湾区自由的"引进来"的营商环境。香港连续 22 年被评为最自由的经济体,营商自由、贸易自由、金融自由、法制健全,最能与国际规则衔接。珠三角地区应借鉴香港国际化、法制化、市场化的营商环境的先行经验,加快推进符合国际规则的质量、技术、安全、环境、劳工等标准,提升对高标准国际规则、标准的适应力,打造与国际规则相衔接的优良营商环境,以此加快吸引跨国公司在珠三角设立研发中心、地区总部,或者推动湾区产业与国外产业的合作,从而带来国外高新技术,引领湾区产业创新与转型,提升参与高水平国际竞争的能力。其次,加快推进湾区企业"走出去"的管理体制改革,提升湾区国际经济合作的竞争力优势。香港有着成熟的服务业,可以为企业走出去提供会计、设计、法律、金融、咨询等国际化的专业服务,如香港发达的金融业可以为珠三角企业境外投资提供投融资服务,也可设立人民币投贷基金,为"一带一路"沿线国家和地区提供金融贸易服务;完善的法律制度为企业走出去提供法律咨询以及帮助解决国际纠纷;鼓励珠三角家电、轻工、电子信息等具有比较优势的行业走出去,在境外投资设厂,支持石油、化工、建材等行业到境外建立生产基地,提高境外投资的质量;发展电子商务,电子商务可以开拓国际市场空间,企业建设境外营销网络,建设境外商品营销中心,从而拓展其国际市场空间,推动企业走出去;发挥珠澳商贸服务合作平台的功能,为中国与葡语及拉美国家产业合作提供各种专业性的服务。

五、打造湾区国际物流中心

粤港澳已经具备成为国际物流中心的条件。首先,在城市化及交通基础设施方面已经足够完善。目前，整个粤港澳大湾区港口群密集，既拥有香港港、深圳港、广州港构成的三个世界级港口群，同时还有由东莞港、珠海港等构成的国内大型港口群。尤其是香港港，它是全球最繁忙和最高效率的国际集装箱港口之一，也是全球供应链上的主要枢纽港，其集装箱吞吐量一直名列世界前茅，2011 年、2012 年排在上海、新加坡之后，保持在全球第三位。且香港港一直是私人企业经营管理模式，完全遵循自由港政策，货物通关率高，外汇自由进出，是闻名全球的自由港。而在机场群这一块，目前粤港澳大湾区拥有香港、广州、深圳、澳门、珠海 5 座干线机场，同时正在规划的有深圳第二机场和珠三角新干线机场。大湾区也正在加快铁路网、公路网、城际轨道网、城市轨道网建设，促进大湾区"1 小时生活圈"的形成，目前正在规划建设的有虎门二桥、赣深高铁、广汕高铁等。海陆空口岸也正在加快一体化建设，创新口岸通关形式，提升口岸通关效率。其次，从物流体量上来说，2014 年整个广东省物流总值占全国的8%，跨境物流总值 6.61 万亿。因此，无论从城市化及交通基础设施建设上，还是从物流体量上来说，湾区都已经具备成为国际物流中心的基础条件。

虽然粤港澳大湾区已经具备成为国际物流中心的基本条件，但离国际一流水平还有很大差距。要将粤港澳建设成为国际物流中心，首先要推进大湾区内交通基础设施的统筹规划，使之成为功能互补的港口和航运枢纽、机场与航空枢纽以及铁路和多式联运枢纽，同时还要加快信息基础设施的布局以及物流服务和供应链的管理，从而提升物流业的国际竞争力。其次，粤港澳大湾区还需协同合作，面向全球，加强对外交通网络的建设。

（一）加强大湾区内交通基础设施的互通互联

首先，进一步加强珠三角与港澳在重大基础设施方面的更紧密合作，推进大湾区重大基础设施一体化建设，完善信息基础设施，建设现代化综合交通运输体；创新粤港澳跨境基础设施建设，按照优势互补、互利共赢的原则，统筹谋划各港口建设，加强珠江口东西岸港口资源的优化整合，形成功能互补、错位发展的港口群，避免无序竞争和重复建设。同时积极发展电子商务、金融、信息、咨询、贸易等现代航运服务业，增强湾区航运业的配套协作功能，提高大湾区整体国际航运服务水平。

其次，对于机场群，应扩改建珠三角地区现有机场，如广州白云机场、深圳宝安机场等，新建广州第二机场、南沙通用机场、惠州机场二期等，从而优化珠三角机场群的布局，同时推进珠三角地区机场与港澳机场的合作，构建大湾区内多层次的航空运输体系。除此之外，还需提升湾区机场群信息、金融、咨询等配套服务保障能力，拓展航空配套服务市场。

第三，建设大湾区"快速公交网"，统筹规划整个湾区内铁路网及公路网的布局，主要包括高快速路网、城市轨道网、城际轨道网的规划建设，加强城市间的衔接与协调，促进大湾区高速快捷的"1小时生活圈"的形成。

最后，完善湾区内多向通道网，推进铁路、公路与港口及机场的对接，建成海空航线与快速公交网的综合交通运输网络，实现客运"零距离"换乘和货运"无缝化衔接"，提升港口与机场的疏运能力，推进湾区交通一体化，提高综合运输服务效率。

湾区在交通互联这块应统筹规划，实现粤港澳三地机场、港口错位发展、功能互补，避免无序竞争；共建共享交通基础设施，避免重复建设，资源浪费。目前广州的布局中心在南沙，抓紧推进轨道交通、高快速路的建设，预计投建南沙通用机场。中山在谋划与广州的快速地铁建设，东莞在谋划与深圳对接，惠州接力赣深铁路、广汕高铁对接广州、深圳、东莞、河源、汕尾等重点城市。此外，惠州正谋划机场二期和空港经济区，打造新干线机场；珠海将借助港珠澳大桥和港珠澳大桥海底隧道的建成，构建湾区多层次的综合交通枢纽体系。

（二）推进粤港澳大湾区对外交通网络建设，打造对外交通门户枢纽

在"一带一路"倡议的指导下，粤港澳大湾区必须具备联通世界的能

力。只有信息流、物流、资金流都能经过它中转分拨到世界各地，它才能成为物流枢纽。要打造"一带一路"物流枢纽，得构建一个立足粤港澳，同时辐射亚太、面向全球的综合物流通道和网络体系，形成一个海陆空并进、功能完备、通关便利的全球枢纽。它既是航运中心，也是航空中心，同时还是公铁水多式联运中心，打造一个与商业流和资金流相匹配的物流和供应链管理中心。

应以"一带一路"为战略指导，推进粤港澳国际通道的建设，深化粤港澳大湾区与21世纪海上丝绸之路沿线国家港口、机场的合作对接，积极发展面向东南亚及欧美国家的国际航空航运网络，发展离岸贸易和转口贸易，形成亚太供应链中心枢纽，提升国际中转功能。还应加快港口转型升级步伐，提高国际中转业务比重，打造国际采购、国际配送平台，形成区域生产性服务中枢与亚太综合交通枢纽，增强大湾区港口群的全球航运中心功能；积极拓展"一带一路"沿线国家国际航空客货运输网络，研究开辟直航航线，增加航线班次，增开通往"一带一路"经济带沿线国家国际货运班列，增强和扩大其国际空港辐射功能；与广西、云南协同合作，推进与泛珠三角地区和东盟的陆路国际交通互联，并加强与南亚、东盟"泛亚铁路"通道的对接。可鼓励国内航运航空等交通运输企业设立海外基地和分公司，扩大低空领域开放、发展民用直升机服务等，不断增强其国际空港的辐射功能；利用深圳及周边城市信息企业聚集、信息产业发达等优势，加快推进互联网技术与交通运输领域的融合，开设交通运输公共信息服务平台，推进交通运输与信息服务对接，提高湾区内信息互联互通功能，同时构建国际信息网络核心节点，增强国际信息港节点功能；优化湾区海陆空口岸布局，加强口岸一体化，创新口岸通关方式，提升客货通关效率。

还应在粤港澳大湾区三地跨区域合作、共建交通基础设施的基础上，构建物流国际产业链。打造保税仓储物流基地、集装箱枢纽站；打造区域性国际采购、国际分销和国际中转分拨配送中心；发挥保税区政策，把湾区建设成为连接国内外两个市场，货物流、信息流、订单流、资金流充分聚集的国际交易平台，强化粤港澳大湾区的国际贸易集成功能，实现贸易、产业及资本在粤港澳大湾区内的循环流动。

六、打造湾区国际经贸中心

（一）营造湾区良好的营商环境，提升湾区国际贸易集成功能

香港因其优越的地理位置、低税率、专业的服务、良好的金融环境及完善的法律环境，商业运作透明，政府干预少，是世界公认的理想营商城市。它吸引了众多跨国公司设立亚太总部，带动了科技、人才等要素在香港的集聚，推动了香港经贸的发展，并且经过与内地及其他国家多年的贸易往来，极大地增强了香港作为国际金融中心、贸易、航运及信息中心的地位，也有效地带动了湾区保险、运输、仓储、咨询及其他相关服务行业的共同发展，为香港经济注入了新活力，巩固了香港国际商务中心的地位。澳门也是一个重要的商务服务平台，其在博彩旅游业及会展业方面具有优势，一直在内地与葡语、拉美国家之间充当信息沟通、中介服务和侨务服务等方面的桥梁，为内地与境外提供技术合作与交流的平台。

珠三角地区应依托其自贸区、产业园、物流园和保税区集聚科技、人才、金融等要素，深化与港澳在经贸、人才、教育、金融、交通运输等方面的合作与交流，发挥香港金融业、物流业，澳门会展业、旅游业、文化教育等优势产业等对湾区其他城市的辐射效应；引进香港澳门优势产业企业或机构，对接港澳国际化的营商规则，优化大湾区的营商环境，从而提升大湾区的国际贸易集成功能。

（二）以港澳为依托，推动内地与其他国家的经贸往来

应充分发挥香港国际贸易中心的地位及资讯发达的优势，集聚国内外贸易机构，促进香港贸易经济的发展，同时带动整个湾区贸易经济的发展；

依托香港"购物中心"的优势，打通国内外两个市场通道，推进内外贸一体化；依托香港高端的服务业，打造服务业集聚平台，为内地与其他国家的经贸往来提供专业性服务，如为内地企业在香港上市集资提供香港符合国际水平的会计及财务审核服务，为内地企业向外扩展与境外公司合作提供国际认可的法律意见，为内地与其他国家之间的国际性纠纷提供丰富的国际纠纷调解仲裁经验，从而推动内地与其他国家之间的经贸往来。

澳门的博彩旅游业蓬勃，在发展会展业上具有一定的优势。澳门成立了展览及会展协会，目的就是协助葡语及拉丁语系国家进入中国市场。近年来，澳门致力于旅游基建设施的改善，同时大力培训会展业专业人才，致力于打造一个国际旅游会议中心。澳门是中国与葡语国家的商贸合作服务平台，充当内地与葡语和拉丁语国家联系人角色，成为内地企业走出去、境外企业引进来的桥梁。它还是中葡经贸合作会展中心、葡语国家食品集散中心和中葡中小企业商贸服务中心，将发展成中国与葡语国家及一带一路沿线相关国家的产品展销中心、国际会展中心、博览中心。

香港、澳门成为湾区中小企业经贸合作平台的优势在于，港澳商贸运作法律机制接近国际标准，而澳门能够提供较低的营商运作成本，同时生活悠闲，与香港紧张的生活工作步伐形成对比，因此香港、澳门可以成为互相补充的中小企业商贸平台。

2016年广东省进出口总额为63029.47亿元，占全国总进出口额的25.9%，而香港的贸易总额为75966亿元。应依托港澳作为国际贸易中心及国际商务平台，搭建湾区全国性进口商品基地，打造湾区消费品和重要工业原材料进口交易平台，建设湾区技术进出口交易平台，搭建国家级产品设计与贸易促进中心，充分利用这些平台，推进湾区与"一带一路"沿线国家与湾区的经贸往来。

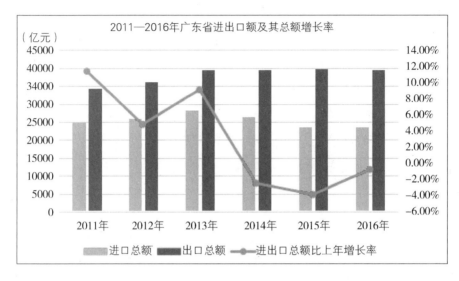

图 9-5　2011—2016 广东省进出口额及其总额增长率

七、打造湾区优质生活圈

湾区若要吸引人才集聚，还得将自己打造成一个生态文明、环境优美、文化繁荣的宜居、宜业、宜游的城市群。因此应促进湾区文化商旅的融合发展，发展绿色低碳经济，建设人才高地，打造高端旅游业，从而形成湾区优质生活圈，并加速湾区人才、科技等要素的集聚。

（一）发展湾区绿色低碳经济

第一，加强污染治理。重点加强对重度污染河流及海域的治理，尤其是制造业发达的珠三角区域；加强粤港澳三地关于水污染治理的合作与交流，推动三地对水污染的共同治理。第二，推动污染产业的转型升级。对于污染排放超过标准的企业予以取缔，或者推动其改造转型；大力发展高端服务业，提升第三产业的比重。第三，加快低碳技术的研发，建设低碳试点，实施零碳排放示范工程。第四，构建多层次的交通运输网，创新绿色出行方式，减少交通工具的碳排放量。第五，构建绿色金融，建设碳排放交易平台及碳定价中心。

（二）培养湾区教育影响力，打造人才高地，加速人才聚集

应整合湾区教育资源，鼓励粤港澳三地高校互设分校，或者互设优势学科；鼓励高校与各地优势企业共建研究院或科研中心；推进各地大学城、人才培训基地的建设；积极引进国外世界一流大学和一流学科，培育湾区教育的国际影响力，以此吸引国内外的高端人才聚集。

此外，完善湾区的医疗保险、出入境、税收养老等制度，建立国际化的人才政策，积极吸引国内外创新人才、高层次人员，将粤港澳打造成创新人才、高端人才及国际性人才的集聚地。

（三）打造世界级国际旅游品牌

大湾区不仅仅是经济发达的象征，同时也是休闲旅游胜地，对游客有着很强的吸引力。从世界三大湾区来看，其旅游产品、配套建设、旅游人数等都处于世界旅游业的前沿。而粤港澳大湾区完全具备打造领先旅游业的基础，湾区拥有特色鲜明的旅游线路、完备的公共基础设施和配套的"行游住食购娱"服务要素，足够满足国际旅客休闲商务等多种需求。香港在人文旅游资源方面具有不可比拟的优势，它是中西方文化融会贯通的一个国际性大都市，其文化教育、社会生活、建筑都呈现多元化、国际化的特征，还有购物天堂和美食天堂之称，能吸引大量的国内外游客。而澳门的旅游业是其支柱性产业，因为它也是一个东西方文化交汇地，其生活方式、建筑等也都呈现多元化文化特征。此外，澳门的博彩业是吸引大量游客的重要原因，号称世界三大赌城之一，目前在发展商务会展旅游活动上也具有很大的优势。珠三角的旅游资源也极为丰富，而且广东有很大的内陆腹地，可对接内陆与港澳及其他国家的旅游资源。

打造湾区国际旅游业品牌，首先要跨越粤港澳三地制度障碍，推动三地旅游业深层次合作。可依托港澳地区成熟的游艇产业，将游艇邮轮等高端旅游作为重点合作项目，加快建设游艇自由行试点。应便利粤港澳三地通关政策，打通三地旅游通道，对接粤港澳三地的旅游资源，促进旅游机构、旅游从业人员及旅游相关服务业等要素在大湾区的自由流动，促进旅游产业集聚，打造精品旅游产品及线路，推进粤港澳大湾区旅游业的同城化，同时对接广东强大的内陆腹地旅游资源，带动内陆的旅游业发展。

其次，在推动粤港澳三地旅游业资源整合时，应发挥三地旅游业优势，实行错位发展，功能互补。香港是世界购物中心，主要发展购物休闲旅游；澳门目前的发展目标是建设集休闲、娱乐、博彩为一体的世界级旅游度假胜地；广东主要发挥其自然生态资源的优势和历史文化优势，发展生态休闲旅游、地方特色文化游。三地实行差异化发展，打造湾区旅游业体系。

最后，应打造国际旅游合作圈，利用"一带一路"发展契机，对接湾区与"一带一路"沿线国家的旅游资源。海上丝绸之路本来就是一条文化之路，蕴藏着丰富的文化旅游资源。湾区可依托自贸试验区，加强国内外旅游资源的对接和旅游项目的合作，简化邮轮游艇的出入境签证手续，建立湾区国际旅游试验区；借助香港和深圳的邮轮母港，开发海上丝绸之路旅游产品和精品线路，并通过"广东国际旅游文化节""广东国际旅游博览会"等平台打造国际旅游合作圈。

第十章

粤港澳大湾区城市群
协调发展分析

粤港澳大湾区城市群协调发展实质上是包括港澳在内的珠三角城市群融合发展的升级版。过去"前店后厂"的贸易格局，将升级为先进制造业和现代服务业有机融合的新格局。未来将重点在共建"一中心三网"，形成辐射国内外的综合交通体系；发展成为全球重要科技产业创新中心；共建核心金融圈，推动粤港澳金融竞合有序、协同发展；改善社会民生，共建大湾区优质生活圈等四个方面推动大湾区的协调和可持续发展。

2017 年 7 月 1 日是香港回归 20 周年纪念日，中共中央总书记、国家主席习近平乘专机抵达香港，并发表重要讲话，指出在回归纪念之际，规划和建设粤港澳大湾区上升为国家战略，未来将进一步促进两地繁荣发展，为庆典献上厚礼。香港在回归的 20 年中，虽然在国内依然有着特殊战略地位，在金融、政府管理、教育资源以及地理位置上仍保持着优势，但与此同时，其发展瓶颈也更加明显。未来与内地的融合之路，是香港最正确且必需之选。

专家指出，粤港澳大湾区城市群协调发展实质上是包括港澳在内的珠三角城市群融合发展的升级版。过去"前店后厂"的贸易格局，将升级为先进制造业和现代服务业有机融合的新格局。未来将重点在共建"一中心三网"，形成辐射国内外的综合交通体系；发展成为全球重要科技产业创新中心；共建核心金融圈，推动粤港澳金融竞合有序、协同发展；改善社会民生，共建大湾区优质生活圈等四个方面推动大湾区的协调和可持续发展。随着未来粤港澳大湾区规划和政策的落地，大湾区经济有望进一步融合发展，经济地位进一步提升。

一、粤港澳大湾区各城市的功能定位

粤港澳大湾区未来将成为引领泛珠三角、辐射东南亚、服务于"一带一路"的枢纽，在香港的带动下，依托广州、深圳、澳门、珠海，形成以南沙、前海和横琴为重要支撑点的大湾区金融核心圈。作为粤港澳大湾区中经济体能最大组成部分的广州、深圳、香港，应该发挥其各自的优势，完善和提升从研发、制造、产业运作到贸易运输的创新链和产业链，打造出一个层次更丰富完整、覆盖面更全的科技湾区形态。

（一）各个城市的功能安排

粤港澳大湾区各城市之间的协调发展，不应该局限于城市的聚集式发展，可以朝着内部结构更加多样化的形式发展，形成都市连绵区或过渡带。该都市连绵区以深圳和香港为核心，在城市的发展中，起到主轴作用的就是沿珠江口东岸的深圳以及广州；经由广州向珠江口的西岸进行延伸，将佛山、中山、珠海等城市连接起来，连接的形状呈现出拱形，构成了主都市带；在这个区域之外的珠江三角洲城市都可以作为外延区，包括江门、肇庆等城市，形成一种环绕关系。它们经过较长时间的发展，能够与其他城市进行融合，形成都市的绵延区。在珠江口地区的主都市带，应该不仅包含上面提到的珠三角城市群，还需要对周边城市进行进一步的整合，根据自身的特点发挥各自特长，分工协作，这样才能够实现都市的协调和稳定发展。我们可以将此城市群划分为广佛大都市区、港深惠莞大都市区和珠澳中大都市区等三大都市区，分别有各自的功能定位。

1. 广佛大都市区

广佛大都市区以广州为中心城市，周边的佛山等城市作为外延区，也在都市区之内。佛山和广州因为地理位置的关系，具有很多天然联系，而且在经历了经济改革之后联系更加紧密，具有很好的经济基础。特别是佛山在进行了整合之后，能够实现与广州的地铁连接，这样两个城市就能够在一个交通网当中，不仅是地铁，在高速交通上也是相连的，可以实现以广州的发展带动佛山的目的，两个城市的发展能够进行融合。

在大都会区，我们可以根据广州的特点，将其定位为中心城市，重点发展商业、物流、金融、咨询、科技、教育等第三产业，以及汽车工业、高新技术等第二产业，具有发展成为国际性大都市的潜力。对于佛山而言，其发展比广州要落后一些，因此可以定位为次一级的中心城市，可以辅助广州实现部分中心城市的作用，在一些基础产业发展的前提下，加快在通信业、智能制造业等方面的发展。

2. 港深惠莞大都市区

港深惠莞大都市圈是以香港和深圳为中心的城市，向外延伸至东莞、惠州等地区。在珠江东岸，深圳与香港因为位置以及便利交通的关系，相互的经济来往密切；东莞紧靠深圳，逐渐发展成为包括华为等深圳大企业在内的对外拓展首选地；惠州经过多年建设，形成了由深水港、铁路、公路、机场组成的完善的、便利快捷的交通网络。

香港是全球性的金融中心，在粤港澳大湾区，可以起到连接大湾区和全球的作用。香港所具备的金融中心地位和制度优势非常明显，专家指出，它未来能够为粤港澳大湾区提供企业融资支持，吸引到更多国外资本，有条件成为粤港澳大湾区的经济和金融中心。学界也赞同类似观点，认为粤港澳大湾区可以吸引到更多优质的国际资本，可以作为一个重要平台参与到国际竞争中。随着港珠澳大桥及广深港高速铁路的相继建成，香港与整个粤港澳大湾区之间的交通往来时间大大缩短，交通的便利将为两地的资金流动和讯息流动提供理想条件。前香港特别行政区长官梁振英表示，在粤港澳大湾区发展过程中，香港应该把握时机，投入更多资源和精力去服务内地市场，把握机遇发挥优势。有数据显示，超过30万香港人在内地工作，随着两地交通越来越便利，选择在内地定居、做生意和求学的港人越来越多，香港完全可以凭借其专业服务、金融、贸易等方面的优势，与湾区共同发展并获利。

深圳是最早提出"粤港澳大湾区"概念的城市之一，本世纪初就有学者提出这一概念。深圳市政府于2013年底正式提出发展湾区经济，2014年写入深圳市《政府工作报告》。在粤港澳大湾区各城市的功能定位上，深圳具有这几个特点：首先，位置毗邻香港；其次，科技产业创新能力在各城市中实力最强；再次，科技和金融要素能够紧密结合，这些也是深港合作的优势和互补性所在。2017年的首个工作日，深港两地更是签署了《关于港深推进落马洲河套地区共同发展的合作备忘录》，提出将共同建设香港和深圳两地的创新及科技园，这成为粤港澳大湾区进一步深入合作、协同打造全球竞争格局的标志性事件。

促进深圳与香港的合作，自贸区还将继续发挥桥头堡功能。如前海蛇口自贸片区逐渐发展成为粤港澳大湾区对外开放的窗口，2017年深圳市《政府工作报告》指出，为了推进自贸区建设，要加快制度革新与对外开放步伐，提高湾区整体的开放程度。深圳将以突出制度方面的改革作为主要任务，建立新要求，制定完善的交易规则；加大对外金融贸易方式的创新，形成全方位的创新成果；加快前海深港现代服务业合作区建设，打造深港基金小镇等。

东莞地理位置比较特殊，最初发展主要是依靠制造业，因为其挨着香港和深圳比较近，容易受到这两个城市发展外溢的影响。从经济以及城市发展的产业结构进行分析，东莞地区作为以莞城等地区为主区域的核心区和国际制造业名城，将借这个机会努力打造粤港澳大湾区的国际性制造中心，并且朝大力打造智能制造以及完整生态链的方向发展，不断增强对人才的吸纳和凝聚力。厚街以及虎门等西部的地区也将进入广佛大都市发展区，樟木头以及往南地区会融入港深都市区的发展当中。

3. 珠澳中大都市区

在珠澳中大都市区，核心的城市就是珠海、澳门以及中山，这三个城市不仅在地理位置上邻近，而且经济联系也很紧密。港珠澳大桥的建成，使珠海将成为珠江西岸唯一陆路连通港澳的城市。从地理位置以及经济特区特征来看，珠海与深圳是有相似之处的，不同之处在于珠海的外延空间比较大，对于周围的城市能够实现很好的辐射。如澳门和珠海一直就土地方面展开合作。2009年以来，珠海横琴区的发展至少为澳门拓展了将近6平方公里的地域面积，土地开发采用多种不同形式，让珠海享受到各种政策优惠带来的好处。如今，这一政策红利有望进一步拓展到中山的翠亨新区、江门的大广海湾新区、广州南沙等地。

澳门的经济体比较微型，以传统的旅游业以及博彩业为主，能够凭借语言优势实现与其他国家和地区的联系，充分发挥这些优势，才能实现在区域经济中协作发展的目标。

中山定位于建设珠江西岸地区综合性的交通纽带。中山市以名人而命名，政治影响力要超过其他两个城市，在经济实力方面弱于珠海。因地理位置受到限制，可以将中山定位为珠三角经济区的重要通道枢纽，与广佛大都市区形成紧密的联系，同时又能够与港深大都市区形成一定的辐射，拓展以江门为副中心的对外延伸区域城市群的联系，成为高速发展的高新区产业和专业化的制造业基地。

从珠三角整体来看，对于广州和深圳来说，其经济发展和工业化程度最高，可以作为中心城市带动周围城市的发展；珠海、佛山、东莞和中山的工业化程度要低于广州和深圳，可以作为各小集群的中心城市，不仅能够受到中心城市的辐射带动，实现自身经济的发展，也能作为小集群的中心，对所在地产生推动作用；对于惠州、江门、肇庆等地来说，目前尚处于被其他中心城市带动的地位。

（二）粤港澳大湾区各区域的产业选择

香港和澳门自 20 世纪末回归以来，经济建设发展迅速。香港始终是国际上重要的金融中心，但是由于现在经济经历转型发展，其产业资源已经渐渐充分发挥全部优势，经济发展逐渐向金融、贸易、高科技、影视文化等方向进行转移，在劳动力方面要依靠内地的输出，逐渐北迁到惠州、东莞、佛山等城市。随着深中大桥、港珠澳大桥等大型基础设施的成功开通，珠江口将会形成连接深圳和香港、广州和佛山，以及珠海和澳门这三大经济圈的封闭式路网，形成粤港澳大湾区城市群立体结构的重要支架，这将充分打开大湾区发展的想象空间。

未来粤港澳大湾区将会进一步开放推动区域产业经济的发展，将湾区的优势发挥出来。我们应抓住湾区内各地区之间发展不均匀和资源分布不一的特点，将传统电子制造业、能耗高效率低的工业生产等产业转往内地，在广州、深圳、香港、澳门等较发达城市重点发展金融、旅游、文化创业等高精尖和虚拟经济产业，充分调配各地优势，使资源进一步合理配置，实现区域产业联动与高效发展。

在香港制造业转移的背景下，珠三角城市之间的不同地区如果具有比较相似的产业结构，而且在建设中都以劳动密集型产业为主，呈现为依赖国际市场的外向型经济，必将产生资源浪费和效率低下。在这样的发展方式下，必须结合自身发展特点和城市的不同发展阶段，进行合理布局和功能定位，在产业上实现错位发展，避免产业同构、无序竞争的出现。粤港澳大湾区各区域的产业选择如下：

1. 广州和深圳是珠三角里面工业化程度最高的城市

深圳以创新生态完善著称，广州则拥有丰富的高校科研院所和强大的科研力量，且现代制造业发达，有贯通全国乃至全球的交通运输体系。深圳作为整个粤港澳大湾区中的主要中心城市之一，同样也是珠三角东部集群的中心，具有较好的物流运输、商贸以及高新技术产业基础。考虑到其具有特区政策优势以及地理位置优势的特点，在产业定位上应注重考虑与香港的配合，成为香港连接内地的中心点，重点发展金融商贸、物流以及创新创意产业等，帮助香港实现第三产业对内辐射，实现角色的互相补充；制造业方面应发展信息技术等创新产业，继续发挥其高科技产业的特色。广州的定位是成为一个综合性的区域中心，因为广州拥有众多的高校和科研人才，可以成为区域的政治、经济、文化中心。此外，广州在工业以及制造业方面具有良好的基础，是珠三角的中心，它拥有大型钢铁、汽车制造等基础产业，在以后的发展过程当中，应该保持重工业发展的优势，带动整个珠三角地区的产业发展，同时也要实现产业升级，发展以电子信息为主的高新技术产业。第三产业也不能落下，要实现资源的有效整合，在物流以及会展等方面积极推进，重点发展商贸、地产、教育产业等，强化其作为中心城市的扩散作用。

2. 珠海、佛山、东莞、中山这四个城市处于工业化的后期

珠海将逐步发展成珠三角的后花园。港珠澳大桥通车之后，珠海和澳门之间交通更为便利，横琴的开放将使得珠海与澳门之间的合作更加畅通。此外珠海在环境方面具有优势，生活成本较低，越来越多的港澳居民会选择来珠海进行旅游和消费。珠海可以利用优质环境加快旅游业、住宿餐饮业、娱乐业等为主的第三产业发展。在制造业方面，要发挥重要的地理优势，在港口的建设以及海洋的装备制造方面加强重点建设，将电气机械做大做强。同时，珠海教育发展也十分迅速，建成了很多高校，结合教育特点，应该能将信息技术的优势发挥出来，在高新技术产业实现长足发展。

佛山、东莞、中山并不是都市圈的中心城市，只能在区域中作为中心城市，属于三大都市圈的副中心。这三个城市重点发展的是第二产业，在制造业以及工业方面拥有较好的基础，在发展中可以为中心城市进行导流，在基础性工业产业发展的同时，加快通信、智能制造等高新产业的发展，实现产业转型升级，力争成为以先进制造业为主体的现代化大城市。在此基础上，还需要在交通运输方面进行改进，以促进经营租赁、零售业以及体验型服务业等传统行业发展。

3. 对于江门和惠州来说，其工业化发展还处于中期阶段

与其他地市相比，它们的农业产业比例相对较高，因此在劳动力方面，应提高第二产业和第三产业就业比例，提升工业化发展水平。惠州作为珠三角东部集群的次一级中心，位置上紧挨深圳和东莞，这三个城市已经基本形成通信工程方面的完整产业链，惠州可对周边这两个城市的相关产业转移进行承接，在工业上实现错位发展。另外，惠州在工业发展上有一定基础，其主要的发展行业是自动化制造等产业，而且已经慢慢向环保材料、新能源方向升级。江门在汽车零部件制造等产业上有一定基础，这些产业经过长时间发展已经具备一定优势，因此在以后的发展当中应该重点发挥这些产业的基础作用。同时，这些城市还要在第三产业上下工夫，如惠州可重点发展珠三角小时生活圈旅游业，江门可重点发展商贸、会展及旅游业。

4. 肇庆在次一级经济圈中主要处于接受辐射的地位

肇庆是整个珠三角中最落后的地区，工业发展也处在起步阶段，在粤港澳大湾区经济体中处于跟随其他中心城市发展的地位。其当前最主要的任务是根据自身情况，对其他工业中心的产业实现转移，在工业化进程中实现快速发展，减小与其他城市之间的差距，并结合西江资源优势促进运输业发展。与此同时，还要充分利用地域广袤的旅游条件，实现旅游、餐饮业的快速发展。

二、粤港澳大湾区城市群的发展路径和趋势

（一）把握"一带一路"倡议机遇，实现粤港澳合作开放发展

2015 年国家发布了关于"一带一路"倡议的规划文件，宣布实施"一带一路"建设，这样的举措具有重要的意义。中国在实施"一带一路"倡议的过程中，能够结合地区各自所长，实行更加开放的战略，加强各地区互动与协作，发展开放的经济政策。相关的文件指出，我国沿海地区以及港澳台地区应该发挥自身特点，找准定位，深化粤港澳大湾区协作。为了打造粤港澳大湾区，促进各个组成成员的和谐发展，可以通过加强深圳前海、广州南沙、珠海横琴之间的合作，并深化与港澳台合作的方式来实现。发挥海外侨胞以及香港、澳门特别行政区独特优势，积极推动"一带一路"建设，在海上丝绸之路中发挥自己重要的作用，这也是对粤港澳区域合作在"一带一路"建设中进行的全新定位。

在我国对外经济贸易当中，对外投资总量逐步扩大，已超出外商对内投资水平，资金进出形成顺差，已然成为重要的资本输出国。这不仅表明我国贸易转型，从大国走向强国，也说明中国积极主动采取投资拉动，对我国目前的生产、销售、服务促进效果明显。粤港澳大湾区作为丝绸之路的重要枢纽，在"一带一路"倡议中承担着重要角色。粤港澳大湾区应该充分发挥自己的优势，在国际市场上寻求竞争与合作，为"一带一路"的顺利实施发挥自身的作用。

在我国过去经济发展的过程中，香港、澳门作为内地对外开放的联络人，在我国改革开放中扮演重要的角色。近些年，广东对香港和澳门的进出口总额占全省总额的六成，广东外商投资中港澳投资占比达到六成，广东联合港澳企业对外投资占全省六成以上。从这些数据可以看出，广东和

港澳合作非常紧密。对于"一带一路"倡议的实施，部分国家和地区还没有建立起紧密联系，在推动此倡议的过程中，港澳地区应结合"一带一路"沿线国家的不同发展程度和市场需求，寻求更加积极以及更加深入的合作，以求最大限度地发挥自身的优势，实现"走出去"战略，与沿线国家协作共进，实现粤港澳开放合作发展的进程。

（二）以自贸区建设为契机，促进粤港澳深度融合发展

我国在广东已经设立了自由贸易试验区，试验区的建立能够进一步促进粤港澳经济圈的发展以及融合，同时为经济圈城市的稳定发展提供机会。在 20 世纪的改革开放之后，广东省的发展变化巨大，甚至很多学者建议广东走出港澳的发展圈，这样的看法还是比较片面的。对广东省而言，其是第一批先行改革的省份，地理位置较好，具有比较多的专业人才，能够实现经济以及科技的较快发展。广东经济在不断发展的过程当中，与港澳之间的关系也在慢慢发生改变，之前是依赖港澳的发展，到现在已经不单纯是依赖关系，已经实现贸易等各方面的融合发展。广东自贸区的设立不仅实现了粤港澳大湾区的进一步融合，还在一定程度上辐射带动了广东其他地区的发展。但广东的经济发展不均衡，东西两边以及山区地区经济发展还十分落后，所以自贸区对这些地区的辐射带动作用发挥就显得十分重要。当然，我们要实现的辐射发展并不是要把原属于广州、深圳、东莞等发达地区的产业进行简单的转移，而是要根据地方的特点进行技术以及产业的升级，这样就可获得更加广阔的发展空间。

广东自贸区的设立也能够促进粤港澳地区的合作，为其发展提供发展平台。粤港澳与"一带一路"沿线国家之间的贸易畅通、资金融通有着良好的基础。在"一带一路"倡议不断实施的过程当中，粤港澳地区应该不断增加对外开放的程度，在专注机遇的时候将沿海的经济进行深度融合，这样能在很大程度上促进我国综合国力的发展。为此，国家提出建立粤港澳大湾区的发展定位，提出了适合经济发展的新方向，这样就能够有效推动"一带一路"倡议的发展。自由贸易区战略的提出，为粤港澳深化合作

发展提供了新的契机。

自贸区发展战略的施行，需要站在国家高度，力求在国际竞争中立于不败之地，为我国经济增长拓展新的道路，实现中国经济的全新升级。广东自贸区主要还是依靠港澳的地理位置以及服务内地来发展，自贸区建设将为粤港澳的进一步发展提供动力，应将自贸试验区建设成为粤港澳深度合作的示范区、"一带一路"建设的重要枢纽和改革开放的实验先行地。这样的定位需要几方面的合作，除了自贸区的发展与粤港澳都市圈的合作，还需要与"一带一路"倡议相结合，与内地进行的改革开放也要紧密结合。按照自贸区的建设设想，广东的三大自由贸易区各自履行不同的职能。深圳前海、蛇口以金融商贸、高新技术等服务业为发展重点，旨在打造一个全球性的贸易和金融据点；广州南沙区的主要发展对象是新金融、商贸等产业，其目标是建成有特色的高新产业基地，并提供具有全球领先水平的综合配套服务；珠海横琴区部署于发展旅游休闲、教育等产业，建设国际商旅服务基地，为促进澳门经济发展提供持续动力。

在经济区域划分过程中，这三个功能区域都具有自己的定位以及指导思想，其共同的目标之一就是要深化粤港澳大湾区合作。其实现目标的过程，就是体现粤港澳大湾区深度合作的过程。在这个过程中，广东自贸区的设立为粤港澳合作提供了发展契机，自贸区和粤港澳的融合发展不仅强调广东自身发展，香港和澳门的协同发展也同样十分重要。自贸区建设应该要配合港澳两地的产业发展趋势，一方面充分利用好港澳两地的成熟经贸人才，形成产业互动，另一方面作为内地拓展对外的窗口，协同粤港澳大湾的经济共建，助力实施"一带一路"倡议任务。

自贸区的规划很多，不仅有南沙地区主要发展高端制造业的规划，在其他几个区域之内也进行了规划，主要是侧重于服务业的发展。自贸区规划的主要原则是遵循市场化和国际化的需求特点，推进粤港澳大湾区的开放程度和自由化贸易程度，实现金融方面的创新发展。贸易自由化是自贸区建设推动粤港澳大湾区发展的关键所在。

2015 年内地与香港签署了服务贸易协定 CEPA，并于次年实施。该协议规定，内地部门将对香港开放达 153 个，涉及九成以上世界贸易组织的服务业。若用负面清单，只限制120个项目，其中28个已放松。在跨境服务领域、电信、文化等方面采用正面清单，增加了28项开放措施。中国内地给香港最惠待遇，换句话说，在未来，中国与其他国家和地区签署的自由贸易协定若比CEPA好，这些协议都对香港有效。采取这种方式可以促使跟负面清单有关的配套设施和制度尽快建立。除协议所规定的指定措施以及相关机构的设立和变更外，香港市场在此范围内的贸易类投资公司的章程和合同需要在内地备案以便管理。总体而言，香港打入内地市场在程序上简单了许多。

同样在2015年，内地与澳门签署了"关于建立更紧密经贸关系的安排"的服务贸易协议，并于次年正式实施。自此，中国内地的153个服务贸易部门对澳门开放，占WTO贸易分类标准的95%以上。协议包括体育类服务等新开放服务项目在内，共有62项国民待遇服务项目。在澳门，采用商业服务打入市场具有与内地公司同等的待遇。

中央政府与港澳签订的《关于建立更紧密经贸关系的安排》是以国民待遇的形式外加负面清单，以此落实贸易开放政策。此协议成为内地和港澳贸易自由化的里程碑。根据世贸组织规定，中国在实行"十二五"发展目标前已经实现了港澳贸易自由化发展。

在此基础上，我们还需要看到，现在的内地与香港和澳门签署的协议已经实现贸易自由化，但是是否能够顺利实施，仍是一个问题。世贸组织界定了贸易自由化，将目前的服务业分为12类，共计160小类。从数量上看，现在的服务部门已经达到了标准的95.6%，但开放质量不能忽视。在内地当中，协议的实施具有一定的阻力，贸易开放程度并没有达到协议所要求的程度。虽然在2016年，国际货币基金组织同意我国的人民币已经能够自由使用，这为发展提供了很大的便利，但人民币自由兑换目前还处于受限制状态，从而导致自由化的服务贸易、人员流动、信息流动等都难以实现，即使已经开放的部门都仍然存在很多的限制。因此，内地与港澳贸易自由问题还值得我们努力推进。

广东自贸区的发展目标是：首先要在3~5年之内实现改革，主要就是能够营造国际化以及市场化的环境，能够实施比较开放的经济体制，而且能够做到粤港澳的深度合作，这样就能形成国际化标准的环境，同时为投资提供很大的便利，带动周围城市的发展，监管安全高效安全的自贸区。在自贸区之内实现深度合作，需要抓住国家自贸区发展的机遇，按照自贸区的发展定位要求，进行深度合作，与此同时也需要把握合作的目标。在关税方面，港澳与内地不同，其独立关税的发展状况非常明确。因此，在"一国两制"政策的指导下，深入合作才能促进经济一体化发展。但是，在发展中还是存在很多的问题，往往对于"两制"的问题认识不清，对于彼此并没有分清楚，此时就无法实现深度的合作。广东与港澳经济一体化的深度合作与发展应该有一个基于国际标准的市场，并且要有优良的法律环境和开放的制度环境，并在各个领域和环节中得到一一落实。

（三）实现创新驱动型发展战略，促进粤港澳合作的发展和创新

广东地区建立自由贸易区意义重大，自由贸易区能否推动大湾区经济发展以及加深粤港澳之间的深度合作是重中之重。经过四十年的改革开放，粤港澳的经济飞速发展，经济合作基础良好。在这以前，存在着低端产业市场的竞争与合作，如果想要实现两者的深度融合，那么就需要在之前的基础上进行创新，不能只是局限于比较低层次的重复，必须通过创新来谋求发展，实现突破。地区的深度融合与国家进行的创新战略发展是分不开的，中国经济发展快速，而现在的经济增长速度已经由高速变成了中高速增长，未来将会迎来中等收入陷阱带来的问题，能否解决这个问题取决于经济结构的转型升级进程。所以，国家关于建立广东自贸区的指导思想是把重点放在国家战略上，尝试通过改革来推动发展，推动内地与港澳的合作，以点带面，发挥示范效应和带头效应。

此外，社会如果想要实现持续稳定的发展，离不开创新，这在很多国家的发展中已经得到了检验。广东自由贸易区地理环境优越，应充分利用粤港澳地区的创新环境和氛围，为我国创新驱动的发展提供源源不断的动力。自由贸易区应抓住机遇，与粤港澳地区开展深度合作。中共中央通过的十三五规划建议中提出，创新、开放、协调、共享、绿色五大发展理念

中，创新发展是核心。

粤港澳合作创新可以借助自由贸易区作为通道，进行科技、制度、管理、商业模式等方面的创新，其中以科技创新为重。从很大程度上来说，通过思想方式的开放学习和转变，体制以及管理方面的创新比较容易实现，但是科技创新则比较难。在进行科技创新的过程当中，首先就是要加强创新能力，而且要实现自主的创新。从不断的发展中可以看出，核心技术往往会关系到国家的安全，无法靠简单的引进来实现，要依赖自主性开拓和创造。粤港澳合作创新在从前的合作模式上一定要有所突破，一定要实现自主创新。之前的经验可能不适应现在的发展，而且可能会成为制约因素。在这样的前提下，我国要坚持自主创新之路，不断推动创新，在创新后引进消化吸收，加快创新步伐，拥有更多自主专利，加快创新制度建设，促进创新能力发展。

粤港澳地区在科技创新方面还是拥有很多先进经验的，如果能够实现合作，将会取得很好的发展。同时，不足之处也是存在的，主要与科研人员不足、科研水平低下、难以形成有效的合作等问题有关，当然，实现科技创新突破也与其他因素有密切的联系。在这样的背景之下，我们还需要发展的观念以及制度方面的创新，将自己的优势发挥出来，同时建立自主的创新体系，为发展提供持续的动力，将自贸区的发展作为创新的先行者，为创新发展提供一个良好的平台。

三、粤港澳大湾区各城市协调发展的建议

（一）提高三方政府官员对协调发展的认识和政府施政效率

粤港澳大湾区各城市协调发展的本质，就是要实现三地区经济一体化，重点是要建立大珠三角都市带和大珠三角都市连绵区。要想实现粤港澳地区的发展，就要构建相应的发展中心，而这样的发展中心就是珠三角的都

市带以及其连绵区，这样就能够做到经济一体化。我们在发展的时候要吸取国外先进的经验，同时分析我国现有的国情以及政策，找到适合自己发展的道路，对区域经济的建设作出比较合理的规划，对于在这个区域内进行治理的思路和问题需要进一步探讨。有研究者建议参照北美自贸区的模式，试图对粤港澳地区的决策进行完善，也有专家建议成立国家层面的领导小组进行专项管理，实现三地经济协调一体化发展。两种观点的共同之处在于，均顺应时代发展潮流、顺应"一国两制"的思想，试图采取较为灵活的解决办法，谋求更加长远的利益，实现专业化的区域治理。

由于我国实行"一国两制"的方针，港澳是区别于内地的单独关税区，隶属于不同的管辖区域，商品、人口都不可以自由往来，在经济方面，三方必须遵循不同独立经济体之间的关系，即国际贸易关系。在这种情况下，如果粤港澳地区要实现经济一体化，只能在国际区域经济一体化和国内区域经济一体化之间形成新的一体化的关系。在实施 CEPA 之前，粤港澳经济一体化一般处于一体化的功能方面，其特点是自发完成，借助民间协调来完成；在 CEPA 实施之后，这种一体化就成为制度的一体化，使得每个部分的经济更加融合，此时政府部门应该多加合作，起到主导和协作的作用。这样的模式不是政府全权取代了市场，而是政府在自己的职能范围内为市场服务。我们知道，内地与港澳地区的经济制度以及社会制度都不相同，政府在行使自己权利的时候方式也是不同的，这就需要三方政府形成比较和谐的调节机制。对于这方面的问题也要认识清楚，不能局限于以往的管理模式，要能为地区的一体化建设贡献自己的力量。

（二）完善制度构建和促进建设协调机制

三地湾区经济的协同发展过程实质上是经济体制和制度不断创新的过程。当前应顺应制度建设要求和一体化转变的趋势，加强内部制度建设，在发展的同时将制度建设放在首位，制度建设包括法律法规制度、营运环境等方面。应探索并设立粤港澳商营规则，与制度建设相匹配，推动粤港澳大湾区养老、医疗、教育等领域的发展，以最大限度地实现经济以及民生方面的政策融合。通过整合粤港澳经济社会交往合作以及文化法律，深化"一国两制"的探索实践，使"一国"之下的"两制"通过制度衔接和融合，在制度和发展上互为一体。

机制的协调、制度的完善可以从如下几个方面入手：

第一，继续完善广东和香港的合作联席会议，适当时候可以扩大为粤港澳三地会议，规范运作，例如经常性召开会议和会后支持机制建立，以及落实跟进好会议决议的执行情况。为此，三地政府相关职能部门的对口沟通合作机制应尽快建立起来，最大限度地实现信息资源的共享，共同努力，尽量减少制度成本。

第二，举行珠三角地区市长和港澳均可参与的联席会议，这样珠三角城市群与港澳协调发展的理念就可以在会上得到沟通和共享，实现区域内部之间的信息沟通以及共享，能够协调大型公共设施建设工程等跨市域建设的问题，让彼此之间紧密发展，货物、人员、资金的流通问题也能得到研究和解决。

第三，建立三方政府与企业之间的变通对话机制，这样政府就能够听到企业的需求，在市场以及企业的基础上不断完善自己的目标以及方式方法，真正做到为人民服务。对于企业而言，可以派专人向政府表达自己的诉求，同时能对地方的经济建设提出自己的意见。通过不定期参加各种联席会议，构建合作与协调平台，同时在三方之间实现互通，在不同的体制之间能够行使自己的权利，为企业做出很好的指导，共同创造良好的营商环境。

第四，建立一个开放的平台供研究者们进行探讨，将各种民间协会、学会等的作用发挥到极致，使之成为三方协调发展的得力参谋。同时，建议成立一个大珠三角发展研究院，这样就能够很好地协调各个部门之间的合作。同时在政府与大学之间要形成协调的力量，成立专门的课题组进行研究，在经费共筹以及成果共享方面要多加支持。

四、粤港澳大湾区经济可持续发展的建议

（一）实现区域产业分工与优势互补

粤港澳大湾区内不同区域的合理分工是促进区域健康发展的基础，也是促进区域间有效合作的前提。《珠江三角洲地区改革发展规划纲要（2008—2020年）》等文件对粤港澳经济的分工做出了基本谋划，明确珠三角地区要大力发展高端产业，同时要具有自主创新性，在国际上打造领先的制造产业基地，为国家建设一批具有国际知名度的品牌，在服务体系方面能够实现与香港的对接；要建设与港澳地区错位发展的航运、物流、贸易中心；粤港澳共同打造珠江口湾区经济，共同建造南沙、横琴、前海自贸区，全力培育新增长极。

具体来看，香港的优势产业如贸易、航运、金融和专业服务等需要与珠三角制造业对接起来，达到优势互补的产业分工格局。国际上特别重视创新，而深圳地区就有很大的潜力，在香港，其金融业以及现代的服务业都处于国际的领先水平，而珠三角地区具有比较高端的制造业，在这样的背景之下，大湾区的建设具有很大的潜力，能够建设成为集创新、服务、高端产业于一体的基地。同时，产业要能够支撑起创新的建设，而香港在这方面并没有基础，因此就需要深圳提供支持，这样就能够体现出集聚的效应。2017年初，落马洲河套地区的创新及科技园这个互惠互利的平台落成，一方面为港人提供了创新科技平台，另一方面为深圳高科技企业输出大量专业人才，对其打入国际市场贡献巨大。香港具有比较强劲的科研能力，同时也是国际化的大都市，而珠三角有良好的工业基础，两个产业能够实现较好的衔接，这样就能够带动大湾区的经济发展。

想要实现粤港澳大湾区的紧密联系以及分工合作，还需要解决下面的几个问题：首先，在各个地区之间实现统筹管理，基础设施能够相互协作，

这样就能够促进彼此的合作，不能各自为政或故步自封，应加强基础设施的体系化建设，为粤港澳大湾区发展建设高水平的营运环境。其次，要充分利用香港完善的制度优势和丰富的产业经验，推进建设以香港为龙头的商旅、会展、航运等产业体系。再次，要发挥自贸区等功能性经济体的功能，布局战略新兴产业。最后，要重视改善粤北经济发展环境，改变落后低端的产业现况，打造粤港澳大湾区的产业突破。

（二）强化区域社会公共服务对接

广东地区要积极学习港澳先进经验，将单纯的技术和资金引进转变为全方位的学习，对顺应经济发展与社会发展趋势的管理制度与规则持开放式学习态度，提升公共服务的软实力，并将其与环境配套条件相结合，打造出有竞争力的优势。想拥有强大的竞争能力，知识、技术和人才缺一不可，可通过加强粤港澳在人力资源方面的合作，为湾区发展提供人力支撑。还应紧跟国家城镇化发展目标，积极引入港澳成熟公共服务经验，打造行业高标准，为公共服务建设提供有效支持，同时探索促进医疗、养老等社会保障合作的新模式，推动社会和谐发展。

（三）设立统筹协调机制，实现要素流动

粤港澳大湾区的经济建设依赖于商品、人员以及资本的流动，这三个方面是建设经济一体化的基础。但是，港澳地区的性质对三地商品和生产要素流通造成了一些障碍，不利于经济的协调发展。基于此，在粤港澳经济的协调发展中，要采取一些措施来促进三地之间的双向沟通，可从以下两个角度来进行：一方面，建立健全的制度，为三地的贸易畅通和资金融通提供便利。如我国颁布的旨在消除三地之间各类障碍的内地与香港"关于建立更紧密经贸关系的安排"等文件和措施，为投资以及贸易的发展提供了自由化的发展便利，内地与港澳《关于建立更紧密经贸关系的安排》系列的补充协议，又推进了粤港澳的贸易和投资发展；另一方面，完善海陆空交通运输网络建设。加强珠澳、港深在海运上的合作，共同提升国际

航运服务能力；利用深圳机场和香港机场的交通便利条件，打通两地空运合作通道，打造跨越两地的高效空港；利用港珠澳大桥连接三地陆路的优势，结合高铁、城轨，打造高效能陆运圈，以此为轴线，建立粤港澳大湾区与周边地区的密切联系。

另外，为了促进本地区的深度合作，也可以设立大湾区发展合作委员会，分担三地政府间的部分功能，创新区域合作的体制机制，让商品、资本以及技术等实现有序流动，实现资源高效配置，让地区的建设更加便利，同时也减少资金的花费。还可以构建全球性的高端人才、要素和市场平台，搭建资金融通、基础设施的互联互通和贸易畅通等平台。围绕行政区的划分，共同探讨并进行中长期合作规划的制定，站在各区域发展的角度去进行资源整合和制定总体规划，部署新的目标。通过对区域基础设施的合理规划布局，实现三地更加便利的通关通行，完善交通配套设施建设，提升城市服务管理水平，提高资源要素的流动效率，进一步降低其流通成本。

（四）以创新为核心带动湾区经济发展

国际上有不少值得借鉴的湾区案例，例如东京湾区有优良的制造创新能力，纽约湾区的金融创新能力赫赫有名，旧金山湾区的科技创新能力闻名全球，如果能成功借鉴这三种能力并且有效利用在大湾区建设上，那么我们的大湾区将成为世界上非常具有竞争力的经济发展区。科技创新离不开研发能力，同时也需要开放生态、科技金融、现代制造业等资源要素的全面支持，而在这个创新的熔炉当中，只有集聚各方因素才能够产生比较好的效应，为产业升级添砖加瓦，为科技发展提供源源不断的动力。在国家政策方面，应致力于支持中国企业从这个桥头堡"走出去"，把大湾区打造成全球性创新中心，同时鼓励国外企业在粤港澳中心设立区域中心以辐射内地市场。比如，建立粤港澳大湾区创新合作鼓励机制，共同制定三地创新政策以惠及企业，而香港、澳门可以发挥自己桥梁的作用，为创新进行牵线搭桥，发展金融创新产业，同时也为各种创新的企业提供大量的资金支持。

参考资料

[1] 刘艳霞：《国内外湾区经济发展研究与启示》，《城市观察》2014 年第 3 期，第 155~163 页。

[2] 王宏彬：《湾区经济与中国实践》，《中国经济报告》2014 年第 11 期，第 99~100 页。

[3] 邓志新：《湾区经济发展战略下深圳自贸区的构建》，《特区经济》2014 年第 12 期，第 15~17 页。

[4] 鲁剁歌：《湾区经济：揭示成熟城市形象的璀璨转型》，《城市记忆》2014 年第 4 期，第 80~85 页。

[5] 查振祥、查理：《深圳发展湾区经济路径研究》，《深圳职业技术学院学报》2014 年第 4 期，第 29~31 页。

[6] 陈晓丹、唐天均、车秀珍等：《湾区经济视角下的深圳湾区环境提升策略研究》，《特区经济》2014 年第 12 期，第 64~66 页。

[7] 鲁志国、潘凤、闫振坤：《全球湾区经济比较与综合评价研究》，《科技进步与对策》2015 年第 11 期，第 112~116 页。

[8] 康学芹：《粤港澳增长三角次区域经济一体化研究》，中国社会科学出版社，2014 年版。

[9] 周运源：《粤港澳经济非均衡发展趋向一体化研究》，中国社会科学出版社，2011 年版。

[10] 张建中、张兵、陈瑛：《边界效应与跨国界经济合作的地域模式——以东南亚地区为例》，《人文地理》2002 年第 1 期。

[11] 张旭华：《跨境经济合作区的构建与中国的跨边境合作策略探析》，

《亚太经济》第 2011 年第 4 期。

　　[12] 颜彭莉：《粤港澳大湾区：全方位对外开放新坐标》，《环境经济》，2017 年。

　　[13] Michael E. Porter, *Competitive advantage: creating and sustaining superior performance*, New York: FreePress, 1985.

　　[14] 安虎森：《区域经济学通论》，经济科学出版社，2004 年版。

　　[15] 孙久文：《区域经济学》，首都经贸大学出版社，2007 年版。

　　[16] 魏后凯：《现代区域经济学》，经济管理出版社，2006 年版。

　　[17] 张可云：《国外空间计量经济学研究回顾、进展与评述》，《产经评论》2016 年第 1 期，第 5～21 页。

　　[18] 孙久文、姚鹏：《空间计量经济学的研究范式与最新进展》，《经济学家》2014 年第 7 期，第 27～35 页。

　　[19] 陆大道：《区域发展及其空间结构》，科学出版社，1998 年版。

　　[20] 崔功豪、魏清泉、刘科伟：《区域分析与区域规划》，高等教育出版社，2006 年版。

　　[21] 陈才：《区域经济地理学》，科学出版社，2009 年版。

　　[22] 曾菊新：《空间经济：系统与结果》，武汉出版社，1996 年版。

　　[23] 陆玉麒：《区域发展中的空间结构研究》，南京师范大学出版社，1998 年版。

　　[24] 聂华林、赵超：《区域空间结构概率》，中国社会科学出版社，2008 年版。

　　[25] 涂文明、曹邦：《增长极战略的实现机制与中国实践模式的重构》，《当代财经》2012 年第 9 期。

　　[26] 刘佳宁：《科技、金融、产业“三融合”的广东实践》，《南方经济》2015 年第 9 期。

　　[27] 李仁贵、章文光：《法国增长极战略实践及其启示》，《发展研究》2012 年第 7 期。

　　[28] 王晓雨：《中国区域增长极的极化与扩散效应研究》，吉林大学，

2011 年。

［29］汪海：《沿海创新增长极引领中国经济转型升级》，《现代经济探讨》2015 年第 4 期。

［30］朱明：《从硅谷的发展历史看雄安的未来定位》，《证券时报》2017 年第 4 期。

［31］翁樟美：《杨浦科技园区创新发展问题研究》，同济大学，2017 年。

［32］全球第一互联网博物馆，"硅谷出了毛病"，2015 年，http：//www.techcn. co。

［33］全球第一互联网博物馆，"硅谷的历史"，2015 年，http：//www. tech-cn. co。

［34］论文宝："硅谷与中关村的比较分析"，www. lwbao. com。

［35］许爱瑜：《广东制造业产业转型问题研究》，暨南大学，2011 年。

［36］潘捷、张守：《改革开放以来粤港澳金融合作方式：回顾与展望》，《国际经贸探索》2014 年第 9 期。

［37］左连村、廖喆：《粤港澳联合创新区研究》，《产经评论》2010 年第 1 期。

［38］吴哲：《高新技术企业总量跃居全国第一》，《南方日报》2017 年第 4 期。

［39］林健芳：《粤港澳大湾区综合交通体系建设积厚成势》，《中国交通报》2017 年第 3 期。

［40］Marcia Oliveira, Joao Gama, *An overview of social network analysis*, *Wiley Interdisciplinary Reviews – Data Mining And Knowledge Discovery*, 2012.

［41］Breiger R, *Structure of economic interdependence among nations*, *continuities in structural inquiry*, 1981.

［42］Everett M, *Textbook at Essex Summer School in SSDA*, *Social Network Analysis*, 2002.

［43］Wasserman S, *Faust K, Social Network Analysis：Methods and Applications*, *Journal of Women's Health*, 1994.

［44］ White HC, Boorman SA, Breiger RL, *Social structure from multiple networks: Blockmodels of roles and positions*, The American Journal of Sociology, 1976.

［45］ D. A. Smith, D. R. White, *Structure and dynamics of the global economy: network analysis of International trade 1965—1980*, Social Forces, 1992.

［46］ Krackhardt, D. Graph, *The Oretical Dimensions of Informal Organizations*, Computational Organizational Theory, 1994.

［47］ Freeman L. C, *Centrality insocial networks: conceptual clarification*, Social Networks, 1979.

［48］ Snyder D, Kick E. L, *Structural position in the world system and economic growth, 1955—1970: a multiple network analysis of transnational interactions*, The American Journal of Sociology, 1979.

［49］ Stefano Schiavo, Javier Reyes, Giorgio Fagiolo, *International trade and financial integration: a weighted network analysis*, Quantitative Finance, 2010.

［50］ Lorenzo Cassi, Andrea Morrison, AnneL. J. TerWal, *The Evolution of Trade and Scientific Collaboration Networks in the Global Wine Sector: A Longitudinal Study Using Network Analysis*, Economic Geography, 2012.

［51］ Nicolaas Groenewold, Guoping Lee, Anping Chen, *Inter-regional spillovers in China: The importance of common shocks and the definition of the regions*, China Economic Review, 2007 (1).

［52］ Long Gen Ying, *Understanding China's recent growth experience: A spatial econometric perspective*, The Annals of Regional Science, 2003 (4).

［53］ J. F. Brun, J. L. Combes, M. F. Renard, *Are there spillover effects between coastal and noncoastal regions in China?*, China Economic Review, 2002 (2).

［54］ Q. Zhang, B. Felmingham, *The Role of FDI, Exports and Spillover Effects in the Regional Development of China*, Journal of Development Studies, 2002 (4).

［55］ Long Gen Ying, *Measuring the spillover effects: Some Chinese evidence*, Papers in Regional Science, 2000 (1).

［56］ Chase Dunn, P. Grimes, *World-Systems Analysis*, Annual Review of Soci-

ology，1995.

[57] 刘华军、张耀、孙亚男：《中国区域发展的空间网络结构及其影响因素——基于2000—2013年省际地区发展与民生指数》，《经济评论》2015年第5期。

[58] 刘华军、张耀、孙亚男：《中国区域发展的空间网络结构及其时滞变化——基于DLI指数的分析》，《中国人口科学》2015年第4期。

[59] 李敬、陈澍、万广华、付陈梅：《中国区域经济增长的空间关联及其解释——基于网络分析方法》，《经济研究》2014年第11期。

[60] 李国平、吴爱芝、孙铁山：《中国区域空间结构研究的回顾及展望》，《经济地理》2012年第4期。

[61] 潘文卿：《中国的区域关联与经济增长的空间溢出效应》，《经济研究》2012年第1期。

[62] 陈雄兵、张宗成：《再议Granger因果检验》，《数量经济技术经济研究》2008年第1期。

[63] 王强：《人文—经济地理学科建设与发展方向探讨——2012年人文—经济地理学未来发展座谈会综述》，《经济地理》2012年第4期。

[64] 叶明确：《1978—2008年中国经济重心迁移的特征与影响因素》，《经济地理》2012年第4期。

[65] 朱丽萌：《欠发达地区主体功能分区实证研究——以江西省为例》，《经济地理》2012年第4期。

[66] 程遥：《健康城镇化背景下的流动人口发展趋势与对策》，《经济地理》2012年第4期。

[67] 苏华、陈伟华、陈文俊：《要素生产率和要素配置作用下的中国城乡收入差距》，《经济地理》2012年第4期。

[68] 路旭、马学广、李贵才：《基于国际高级生产者服务业布局的珠三角城市网络空间格局研究》，《经济地理》2012年第4期。

[69] 胡浩、金凤君、王姣娥：《我国国家历史文化名城空间格局及时空演变研究》，《经济地理》2012年第4期。

［70］吴丽娟、刘玉亭、程慧：《城乡统筹发展的动力机制和关键内容研究述评》，《经济地理》2012 年第 4 期。

［71］张佑印、顾静、黄河清：《中国区域旅游产业结构变化的空间差异分析》，《经济地理》2012 年第 4 期。

［72］龙拥军、杨庆媛：《重庆城市经济空间影响力研究》，《经济地理》，2012 年第 5 期。